現代経営学

経営学研究の新潮流

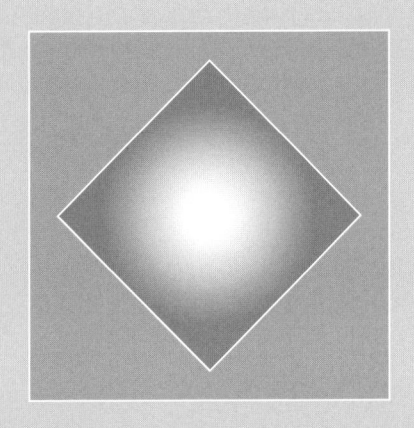

櫻井克彦［編著］

税務経理協会

まえがき

　本書は，多様なステークホルダーの展開，企業の社会的責任に対する関心の高まり，拡大し厳しさを増す企業競争，技術革新の進展，地球環境問題の深刻化，企業経営をめぐるリスク要因の増大，等といった今日の企業環境動向に関連させながら，企業と経営管理を理論と政策の両面から考察しようとする。考察に際しては，企業とステークホルダーの関係に焦点を当てた「企業と社会」論的アプローチをはじめ，経営学研究における近年の新たなアプローチがとられる。本書は経営学研究の主要主題を取り上げつつ，現代の企業とその経営管理についてその特質と課題を論じるものである。

　こうした意図をもつ本書は序章，第Ⅰ部「現代の企業」，第Ⅱ部「現代の経営管理」の2部11章からなる。経営学研究の基本領域は企業論研究および経営論研究に分けることができるが，第Ⅰ部は企業論研究に，第Ⅱ部は経営論研究に関係しており，それぞれ，経営学研究における企業論関連領域の主要主題ならびに経営論関連領域のそれが論じられる。なお，第Ⅱ部では関連トピックスに関しても考察がなされる。各章の意図と内容はそれぞれのリード文に示されているが，本書の構成と内容を簡単に述べるならば，以下のようになる。

　序章は，経営学とその課題に関して論じる。経営学についてその方法，展開動向，および経営学研究への「企業と社会」論的接近が述べられる。序章に続く第Ⅰ部「現代の企業」は，経営学研究のうちの企業論研究が主要な考察対象とするところの企業とその環境について，その今日的特質を尋ねる。第Ⅰ部は5つの章から構成されるが，第1章は企業形態について説明する。多種多様な形で存在している企業を把握するために，いくつかの観点から企業の分類・整理がなされる。第2章は，現実の企業の行動様式に影響を与えるところの経営目的について論じる。企業目的と経営目的の違い，企業経営における経営目的の役割や重要性が述べられる。第3章は，企業環境とステークホルダーを取り

上げる。ステークホルダーなる概念を手掛かりに，企業と社会の関係およびその変化の解明が試みられる。第4章は，企業の社会的責任について考察する。企業の社会的責任なる概念の理論的な背景，内容，および近年の展開について説明が行われる。第5章は，コーポレート・ガバナンスを扱う。コーポレート・ガバナンスに関してその概念と構造，関連理論，および改革の動向が述べられる。

　経営学研究における経営論研究を扱う第Ⅱ部「現代の経営管理」は，第Ⅰ部と同じく5つの章から成り立っており，企業の主要な経営管理関連の主題とそれをめぐる今日的課題について概観する。冒頭の第6章は生産経営を扱う。生産経営の生成，「トヨタ生産方式」に代表される日本的生産システム，さらには，生産経営における今日的課題が論じられる。第7章は企業資本の調達と運用に関わるところの財務管理を取り上げる。キャッシュ・フロー等の基礎概念，資本調達や資本構成に関する理論について説明がなされ，投資決定その他の財務政策が論じられる。第8章は女性活用に焦点を当てつつ，人的資源管理に関して述べる。ダイバーシティ・マネジメントの視点から，日本企業における女性活用をめぐる問題点が考察される。第9章は，今日の国際競争に企業が対応するために不可欠となっている技術経営について説明する。戦略的資源として技術を活用し，新しい価値の創出を狙う技術のマネジメントが論じられる。最後に第10章では，リスクマネジメントおよびクライシスマネジメントについて述べる。リスクマネジメント研究の整理，企業リスクの発生メカニズムおよび対応施策の考察がなされる。

　本書の構成と内容は以上の如くである。経営学研究の主題ないし問題領域には経営学研究の方法と歴史，企業形態，経営目的，企業環境，企業の社会的責任，経営者とコーポレート・ガバナンス，経営政策，管理機能・組織，管理各論—生産管理，財務管理，人的資源管理ほか—，等が含まれるが，本書は，こうした主題の多くに加えて，技術経営およびリスクマネジメントといった企業経営のトピックスを取り上げており，経営学に関心を抱くものに対し，経営学に関する基礎的な概念と理論を体系だった形で提示する。さらに本書は，各章

まえがき

において経営学研究の最新の知見を示すことを通じて，学習者がより高度な経営学理論を学ぶための手引きを提供する。本書にあっては各章で，初学者向け部分に加えて，中・上級学習者向け部分や研究者のための最新情報が適宜取り上げられており，本書が大学学部の経営学関連講義のテキストとしてのみならず，研究書としても意義をもつよう工夫がなされている。なお，用語やその概念については執筆者の見解を尊重して，各章の間で敢えて厳密な統一を図ることはしていない。こうした本書が類書のなかで多少とも特色をもち，経営学教育と経営学研究に些かなりとも貢献することができるならば，編著者として望外の幸せである。

　本書がなるにあたっては，多くの方々にお世話になった。本書の執筆者一同が日頃ご教示をいただいている，日本経営学会をはじめとする諸学会の先生方に対し，執筆者を代表して感謝申し上げる。また，本書の刊行をご快諾いただいた㈱税務経理協会，本書の企画から刊行まで面倒をお掛けした書籍企画部の峯村英治氏，そして校正でお世話になった書籍製作部の吉冨智子氏に御礼申し上げる。最後に，テキストとしてのみならず研究書としても意味をもたせようとする本書の困難な狙いを理解し，積極的に協力してくれた執筆者の皆さんに編著者として感謝したい。

2006年4月

櫻井　克彦

目　　次

まえがき

序　章　経営学とその課題 …………………………………………… 1
 1　経営学の方法と領域………………………………………………… 2
 2　経営学研究の発展動向……………………………………………… 8
 3　経営学研究と「企業と社会」論的アプローチ…………………… 19

第Ⅰ部　現代の企業

第1章　企業形態 ……………………………………………………… 29
 1　出資の形態による分類—公企業と私企業—…………………… 30
 2　私企業の分類—2005年までの形態—…………………………… 34
 3　私企業の新しい分類—2006年からの形態—…………………… 42
 4　企業規模による分類………………………………………………… 45
 5　その他の企業形態…………………………………………………… 48

第2章　経営目的 ……………………………………………………… 53
 1　経営目的の検討と設定の意義……………………………………… 54
 2　経営目的と企業行動………………………………………………… 59
 3　制度と現実の相互作用……………………………………………… 68

第3章　企業環境とステークホルダー …………………………… 77
 1　「企業と社会」を考える手掛かりとしてのステークホルダー概念…… 78
 2　ステークホルダー概念の起源……………………………………… 81
 3　ステークホルダー研究の焦点……………………………………… 84

4　発展的考察―企業と社会の関係を適切に捉えるためには― ……………90

第4章　企業の社会的責任 …………………………………………………95
　1　はじめに ……………………………………………………………………96
　2　社会的責任の理論的背景 …………………………………………………96
　3　現代企業の社会的責任 …………………………………………………101
　4　企業社会戦略 ……………………………………………………………107

第5章　コーポレート・ガバナンス …………………………………117
　1　ガバナンスのイメージをつかむ ………………………………………118
　2　ガバナンスの問題領域と基本構造 ……………………………………123
　3　ガバナンスをめぐるさまざまな理論 …………………………………130
　4　ガバナンスをめぐる制度改革と提言 …………………………………135
　5　更なる学習に向けて ……………………………………………………140

第Ⅱ部　現代の経営管理

第6章　生産経営 …………………………………………………………149
　1　生産経営が誕生した背景 ………………………………………………150
　2　科学的管理法 ……………………………………………………………152
　3　フォード・システム ……………………………………………………156
　4　トヨタ生産方式の2本柱と改善活動 …………………………………158
　5　セル生産（屋台生産方式） ……………………………………………164
　6　生産経営の今日的課題 …………………………………………………166

第7章　財務管理 …………………………………………………………169
　1　キャッシュ・フローと財務管理 ………………………………………170
　2　現在価値計算と投資決定 ………………………………………………173

　　　　　　　　　　　　　　　　　　　　　　　　　　　　目　　次

　　3　リスクを考慮した評価モデル ……………………………………179
　　4　資本調達に関わる諸問題 …………………………………………184

第8章　人的資源管理─女性活用─ ……………………………………193
　　1　人的資源管理とその研究課題 ……………………………………194
　　2　ダイバーシティ・マネジメント …………………………………195
　　3　日本における働く女性 ……………………………………………196
　　4　女性が活躍できる職場 ……………………………………………202
　　5　女性が就業継続していける企業 …………………………………205
　　6　女性登用とポジティブ・アクション ……………………………208
　　7　女性と企業業績 ……………………………………………………210
　　8　ま　と　め …………………………………………………………212

第9章　技 術 経 営 ………………………………………………………217
　　1　技術のマネジメント ………………………………………………218
　　2　プロセス革新と現場尊重 …………………………………………221
　　3　生産システムの進化と人の役割 …………………………………225
　　4　技術と技能は車の両輪 ……………………………………………229
　　5　革新への挑戦 ………………………………………………………231

第10章　リスクマネジメント ……………………………………………237
　　1　リスクマネジメントの系譜 ………………………………………238
　　2　リスクとクライシス ………………………………………………240
　　3　リスクマネジメントとクライシスマネジメント ………………243
　　4　リスクマネジメントとクライシスマネジメントの更なる理解 ……254

索　　引 …………………………………………………………………………259

序　章

経営学とその課題

　本章では，経営学についてその方法，展開動向，および「企業と社会」論的アプローチを眺めることで，経営学の概要を理解する。はじめに，経営学の主たる考察対象を現代企業とし，考察の主要領域として企業構造と企業行動を取り上げる。また，経営学を技術論，つまり理論を根底とする政策論として理解する。このような経営学は企業論と経営論から構成されることになるが，次に，企業論研究および経営論研究の流れを概観する。最後に，これからの経営学研究に対して「企業と社会」論が持つ意義について眺める。

1 経営学の方法と領域

(1) 経営学の方法

① 経営学の対象と領域

　経営学研究では考察対象・領域と考察方法，すなわち広義の方法をどのように考えるかが問題となるが，ここでは技術論としての経営学の立場に立ち，経営学の性格を，企業の構造（仕組みと特質）と企業行動（経営行動）をめぐる諸主題について，理論を根底に経営政策的提言を行うものとして理解する[1]。

　はじめに，経営学の考察対象ないし対象について見ていくならば，経営学が何を考察対象とするかについての経営学研究者の見解は，人々の協働組織としての組織をすべて対象として挙げる見解[2]と，組織のうちの生産組織，とりわけ企業なる生産組織をもって研究対象とする見解とに大別することができる。前者を組織経営学あるいは一般経営学，後者を企業経営学と呼ぶならば，経営学研究は歴史的にはまず企業経営学として始まり，今日，一般経営学としてその考察対象と考察内容を広げる方向にある。ただ，一般経営学にあっても，そこでの研究の焦点は多くの場合，企業なる組織に置かれると見てよく，この限りでは経営学は，主として企業を研究の対象とする学問であると解することができる。また，企業の行動，とりわけ大企業のそれは今日，単に経済のみならず，社会・文化や政治の領域にまで大きな影響を及ぼしており，企業，わけても大企業は社会の代表的組織であると言える。よって，ここでは，経営学の主たる研究対象を企業，とりわけ，現代の代表的企業といってよい大規模株式会社企業として理解することにする。

　経営学の主要な考察対象を企業とした場合，次に問題となるのは，考察対象たる企業の何について考察するかである。企業とは，広くは財・サービスを生産する組織を，一般にはそうした組織のうちでも営利性ないし収益性の原則をその基本的な行動原則のうちに含む組織を言うが，ここでは後者の企業を対象に，その構造と行動を考察するものが経営学であるとする。

序　章　経営学とその課題

　企業の構造は，さまざまな要素ないし要因によって規定される。企業における出資・所有の形態および，所有・支配・経営の関係のあり方は，主要な企業構造規定要因の1つであって，企業の仕組みと特質の適切な理解のためには，出資・所有の形態，所有・支配・経営の関係，およびかかる関係の面での企業発展の動向といったものについての考察，つまり，企業の形態と体制の考察が不可欠である。また，企業の特質は企業目的ないし経営目的のうちにとりわけ現れるのであって，企業構造の理解のためには，企業目的ないし経営目的について考察することも，重要となる。さらに，企業の構造と行動は企業を取り巻く環境によって基本的に規定されるのであり，ここから企業とその経営行動の十分な理解のためには，企業環境ないし経営環境とその構成主体について知ることも必要となる。そして，これらのことは，経営学研究の主要な主題に企業形態・体制，企業目的，および企業環境が含まれることを示している。

　他方，企業行動ないし経営行動のあり方は，とりわけ，企業内部の第1次的主体たる経営者の決定によって規定されるといってよく，ここから企業行動の理解のためには経営者の機能や組織の考察，ならびに経営者行動の活性化と規律づけの仕組みとしてのコーポレート・ガバナンスないし企業統治の考察が重要となる。また，企業行動の具体的な内容のあり方は，経営者による経営政策活動ないし経営活動（経営理念と経営目標の設定，経営戦略の策定と実施，総合管理活動）および管理者による管理活動（人々に対する管理および，企業内の諸機能の改善）によって，大きく規定されるのであって，かくして，経営政策活動ないし経営活動と，管理活動についての考察が，企業行動の理解のために不可欠となる。これらのことは，経営者，経営政策，および管理が経営学研究のもう1つの主要な主題であることを物語っている。

　以上，経営学研究の対象ならびに領域・主題について論じてきたが，ここでは，企業構造の究明と企業行動ないし経営行動の考察をもって経営学研究の主たる領域と見，企業構造研究ないし企業論研究と経営行動研究ないし経営論研究をもって経営学研究の基本的分野と考えることにしたい。また，それぞれの研究分野における主要な考察主題を上記のように解することにする。

② 技術論としての経営学

それでは，このような経営学は，上述の考察主題をどのような仕方で論じようとするのであろうか。この点については，経営学における技術論的性格を指摘することにする。

ある問題領域に関する知識の収集・整理・体系化を図るものとしての科学は，さまざまに分類あるいは細分類される。たとえば，自然科学と人文科学なる分類や，狭義人文科学と社会科学なる分類[3]，事実科学と形式科学なる分類[4]，理論科学と規範科学の分類がそれである[5]。ここは経営学を，社会科学に属するものとして，また事実科学であり自然科学とも共通性を有するものとして[6]，そして，技術論ないし規範科学として理解することにする。

ここに技術論としての経営学とは，一言で言えば，理論を根底とする政策論としての経営学を意味する。技術論的経営学は，次の2つの要素によって構成される。第1の要素は，企業とその経営行動についてその実態の説明およびその将来の予測を行うところの理論を提示することである。また，第1の要素から導出される，企業の必然的目的およびそれを巡る因果法則に基づきつつ，企業の到達すべき目的ならびにかかる目的の達成のための手段を述べるところの政策論を提示することが，第2の要素である。そして，技術論的経営学では，後者の要素に重点が置かれることになる。

(2) 経営学における理論と政策論

① 経営学における理論

ここでは経営学は，理論的要素と政策論的要素とからなるものと見るが，次にこれらの要素についてさらに見ていくことにする。

技術論的経営学は理論を根底とした政策論として形成されるが，理論的側面について説明する[7]ならば，一般的に言って理論とは，離れて存在する現象・事物の間の関係を何らかの方法によって説明しようとするものであって，この意味では理論は変数間の関係である。かかる関係には，類型関係や，構造や過程の関係，因果関係が存在するが，技術論的経営学では因果関係としての

理論がとりわけ重要とされる。ついでながら、理論における変数の数を少数に限定するとき、導出される理論は抽象度の高い一般理論となる。それは多くの状況について説明力、妥当性を有する一方、その説明は抽象的なものに終わりがちである。変数の数を多くするとき、特定の状況についてのその説明力は大となるが、他の状況へのその妥当性は小となる。状況の範囲を限定し、その限りにおいて変数の数を増大せしめると、理論は中間理論としての条件づけ理論（コンティンジェンシー理論）となる。

経営学における理論体系は一連の理論法則ないし理論命題からなるが、企業関連現象のうちに存在する理論法則の導出には、仮説の提示と事実に基づくその検証が手続としてとられることになる。理論的命題の導出に際してとられるこうした手続は、自然科学と共通する。そこでは、研究者はまず、企業構造と経営行動に関わる諸現象について観察し、それに基づいて諸現象間の関係についての仮説を構築する。ついで、現実との照応や実験を行いつつ、仮説の妥当性を具体的に検討する。このようにして、妥当性が実証された仮説を命題として確立するとともに、得られた一連の命題の体系化と論理的演繹のうちに理論体系を形成するのである[8]。

② 政策主体および価値判断

既に触れたように、技術論としての経営学は、経営学の役割を理論・法則の導出・提示に止まらず、企業経営に関する政策的提言の提唱を含むものと解する。ここではかかる政策提唱に関連して、次の2点を指摘しておく。第1は、政策実践主体として企業自身が、より具体的には、企業行動ないし経営行動の第1次的主体たる経営者が想定されていることであり、第2は政策提言において提示される政策的命題は主観的・規範的性格の命題であってはならず、それは客観的な理論法則に立脚した必然的・不可避的性格の命題であるべきであるという立場がとられることである。

第1点は、ここでの立場が、企業とその行動のあり方を企業の外部者の視点から論じることにあるのではなく、企業経営者ないし企業それ自身の視点から論じることにあることを述べるものである。このことは、何らかの企業外部者

が経営者の行動に支配的影響を及ぼしている場合にも妥当する。

第2点は，技術論としての経営学は，企業が追求すべき目的および，かかる目的の達成のためにとられるべき手段を論じるが，そのような目的と手段は，あくまで，企業においてとられざるを得ない目的と手段を意味することを述べるものである。換言すると，ここで主張される技術論的経営学は，超越的規範しての規範ではなく，必然的・不可避的な法則・論理としての規範にのみ関わるのであり，そこでは，経営方策的提言は価値自由ないし没価値の原則に従うことになる。

経営学と価値判断の関係についてのこのような見解は，管理 (management) の科学の性格に関してサイモン (H. A. Simon) はじめ多くの論者が主張してきたところと共通するものである。サイモンは，管理の諸原則が科学的命題たりうるかを尋ねつつ，科学は理論的なものと実践的なものに分けうるが，実践的命題と理論的命題はその命題を使用する人間の動機に関して異なるに過ぎないとし，管理の過程についての命題は事実的な意味においてその真偽を断定しうるときにのみ科学的であって，この点では社会科学と自然科学との間に差異はないとする。そして，管理の科学は他の科学と同様，純粋に事実的な叙述にのみ関連し，科学には倫理的主張の入る余地は存在しないこと，また，管理の科学は理論的な形態と実践的な形態のいずれもとりうることを指摘する[9]。

企業の社会的影響力の増大，企業行動に対する社会の関心の高まり，企業の社会的存在化・制度化の進行といった，今日の企業をめぐる一連の動きを背景に，近年の経営学研究にあっては，企業の社会的責任や経営倫理に対する関心が増しており，企業の社会的責任や経営倫理に関する経営政策の提言も少なからず展開されている。しかしながら，提言が技術論としての経営学における命題として，つまり，そのような意味での規範的命題として経営学的に意味を持ちうるためには，命題の客観的妥当性ないし必然性が明らかにされていることが，不可欠である。第2点は，以上のことを指摘するものである[10]。

③ 経営学の体系

　最後に，経営学の研究領域の体系について，示しておく[11]。既にある程度指摘したところであるが，経営学研究の基本領域の1つは，企業構造の解明に関わるものとしての企業研究ないし企業論研究である。そこでの研究の狙いは，企業，とりわけ現代企業というものの本質を明らかにすることにある。そこでは，企業はその環境との相互作用のうちに存在しており，経営環境の変化が企業とその行動の変容に導くことが念頭に置かれるとともに，企業の形態・体制，目的，および環境を中心に企業の仕組みと特質が考察される。今日の社会にあっては，企業の社会的責任に対して社会の人々の関心が増大しており，このことは，企業の社会的責任についての研究もまた，企業論研究の主要主題に含まれることを物語っている。

　経営学研究の他の基本領域は，企業行動ないし経営行動の解明に関わるものとしての経営論研究である。そこでは，経営者，経営活動ないし経営政策活動，および管理活動が，研究の主要対象領域となる。企業行動の中心的な担い手は経営者であり，企業行動のあり方は，経営者と管理者の主体的な意思決定に基づく経営活動ないし経営政策活動（経営目的の設定，経営戦略の策定と実行，および総合的な管理）と管理活動（企業内の諸活動の改善と管理）によって大きく規定される。なお，専門経営者の企業支配力の増大に伴い，経営者をだれの利益に向かわせるか，どのように規律づけるかをめぐって諸方面で論議が盛んとなっている中で，コーポレート・ガバナンスが経営論研究（および企業論研究）の新たな主題として出現している[12]。

　これらのことを念頭に置いて経営学の学問体系を示すならば，経営学の基本的な体系は，以下のA，B，2つの学問群によって構成されることになる。

　A：企業論。それは，企業形態・体制論，経営目的論，および経営環境論（社会的責任論を含む）からなる。

　B：企業行動論ないし企業経営論。それは，経営者論（コーポレート・ガバナンス論を含む），経営政策論（広義経営戦略論および総合管理論），および管理論（管理機能論および管理各論）からなる。

2 経営学研究の発展動向

(1) 経営論研究の動向

　今日の経営学研究の源となる研究が出現したのは，19世紀末のアメリカとドイツにおいてであった。それ以降，経営学研究はアメリカ，ドイツに限らず，日本を始め他のいくつかの国においても盛んとなっていく。ここでは，とりわけ20世紀後半以降，世界の経営学研究に大きな影響を与えてきたアメリカの経営学研究についてその展開動向の一端を見ていくことで，経営学への理解を深めるための一助としたい。経営学研究は企業論研究と経営論研究に大別されるが，アメリカの経営学研究で最初に展開を見たのは経営論関連の研究であって，はじめに，ベアード（L. S. Baird）ら[13]に従いつつ，アメリカにおける経営学研究のうちの経営論研究の流れを追うことにする。

　ベアードらは，企業等の組織の経営管理者（manager）が対応を迫られる問題ないし課題を技術的問題（technical issues），管理的問題（administrative issues），および制度的問題（institutional issues）の3範疇に分類しつつ，経営管理（management）の研究の流れを示している[14]。彼らは，歴史的に見ると実務家と理論家が最初に取り上げた問題が技術的な問題であって，それはいかにして作業をより速く，より効率的になし遂げるかを扱うこと，2番目の問題は管理的問題であり，各個人よりは，むしろ組織全体をいかに生産的ならしめるかの方法に焦点を当てるものであって，そこでは研究者は管理者にとってとりわけ重要な，組織構造と人間行動なる問題を取り上げたこと，3番目の問題は制度的な問題であって，それは組織全体を指導し指揮することに，ならびにその環境によって影響されるシステムとして組織を経営することに関係することを指摘する[15]。

① 技術的問題の研究

　まず，技術的問題の研究の流れについてのベアードらの説明の骨子を示すならば，以下のようになる[16]。

序　章　経営学とその課題

　技術的問題は組織がその製品もしくはサービスを産出するために用いる，生産の手法と活動（methods and operations）に関わる。19世紀後半までに多くの産業で企業経営者は，効率に関心を寄せた。その理由の1つは，石油や鉄鋼のような産業における巨大企業（スタンダード石油やU.S.スチール）の出現であった。これらの産業における中小の企業はより低い単位あたり生産コストの達成によってのみ，巨人に対抗して存続しえた。このことはエンジニアと経営管理者を導いて，生産性と効率の増大のための方法を工夫させることとなった。

　職務を遂行する最良の方法ならびに職務遂行に必要な熟練を明らかにしようとする彼らの体系だった試みは，テイラー（F.W.Taylor）[17]によって科学的管理（scientific management）と名付けられた。科学的管理の基礎は，職務を分析してその必要な遂行時間と最善の遂行方法を発見すること，職務遂行に向け従業員を訓練すること，および彼らの業績に応じて賃金を支払うこと（差別出来高制（differential piece rate system））であった。テイラーの初期の著作から刺激を受けて，時間動作研究をさらに進めた研究者にギルブレス夫妻（F.Gilbreth and J.Gilbreth）が挙げられる。

　フォード（H.Ford）は，生産方法における異なった種類の革命を引き起こした。彼はフォード自動車会社を創設したが，そこでは1913年に組立ラインが稼動を始めた。古いシャーシー組立システムの下では，部品は固定した組立場所に運ばれ，シャーシー組立がなされた。作業者と部品置き場を通過するようシャーシーをロープで引っ張ることで，フォードは組立時間を半分以下に短縮した。フォードが開発した組立ライン技法はすぐに産業に普及し，たとえばシカゴとシンシナティの食肉加工工場では，動物の屠体を作業者から作業者に運ぶために高架式移動滑車が用いられた。滑車が鎖で繋がれ動力化されたとき，屠体は一定の速度で動かされるが，これは真の組立ライン——そこでは機械が作業のペースを指示する——であって，そこでは不要な動きの除去，専門化の増大，および生産性の劇的な改善が生じた。

　第2次世界大戦は産業界に，より多くの軍用財へのニーズとその生産のための資源を与え，会社と経営管理者は改めて，生産方法の革新に関心を寄せた。

この結果,生産技術面で2つの意義深い発展が見られたのであって,それらはオートメーションとオペレーションズ・リサーチ(OR)である。オートメーションはコンピュータ技術と結びついており,コンピュータ制御の製造設備は労働者を機械の操作者から監視者に変えた。生産と品質における均一の水準の保証も,オートメーションの最も重要な結果の1つである。ORは,数学的モデルを用いて,さまざまな状況と代替案を分析・比較しようとする管理手法である。CAD／CAMのような,IT技術における今日の発展は,ロボットが人間全部に置き換わる全自動化工場を出現せしめつつある。

② 管理的問題の研究

次にベアードらは,管理的問題の研究の流れを,以下のように示す[18]。

技術革新で達成可能なレベルを超えて生産性を高めるために,経営管理者と研究者は人々の管理のための諸方法をデザインした。これらの方法は組織構造論と人間行動研究という,異なるが相互依存的な2つの分野で展開された。

テイラー,ギルブレス夫妻,およびフォードが組織の技術的活動に注意を向けていたとき,フランス人のファヨール(H. Fayol)[19]は組織の管理的(administrative)レベルに焦点を当てた。彼は,6つの基本的な活動が組織の操作に不可欠であるとした。それらは技術的,商業的,財務的,保全的,会計的,ならびに管理的(managerial)活動である。ファヨールは第1に,管理活動を組織における他の諸活動から区別したことで,第2に,管理活動をその中核的諸機能の見地から定義したことで,管理思想の分野の先駆者となった。彼は中核的諸機能を計画化,組織化,命令,整合,および統制として示した。これらの管理機能は,技術的活動(生産)をはじめ,組織の活動のすべての局面で遂行されねばならないとされた。ファヨールはまた,管理者を導くべき管理諸原則のリストを提供した最初の人であった。これらの原則には分業,権限と責任,規律,命令一元性,指示一元性等といった14のものが含まれるとともに,ファヨールにあっては原則の適用は状況ごとに分別をもってなさるべきことが強調された。フォレット(M. P. Follett)[20]も,ファヨールの理論がアメリカに導入された時期に管理的問題の研究に大きく貢献した学者である。ファヨール

序　章　経営学とその課題

と同じく，彼女も諸原則と諸管理技法が各状況において，その独自の要請に一致する形で異なって適用されねばならないと論じ，このことを状況の法則と呼んだ。彼女はまた，組織の諸単位間でのコンフリクト減少と整合増大のために管理者は上位目標——組織の全労働者が共通に抱きうる目標——を用いうると論じた。

　ファヨールが管理をより効果的なものたらしめることに焦点をあてた一方，ウェーバー（M. Weber）[21]は組織の構築に焦点をあてたアメリカの管理研究に影響を与えた。彼の主要な貢献は，官僚制組織の特質についての概観である。組織がスムーズに動くのに必要であると彼が主張する，そうした特質とは，①分業，②権限の階層，③公式的な選抜，④キャリア指向，⑤ルールと統制の公式化，⑥非人格性である。彼は，事実に基づいて意思決定がなされるような，そして専門的知識と業績によって人々の報酬と処罰が決められるような効率的な組織を創ることに関心を抱いた。

　ところで，科学的管理は管理の有効性の改善のための包括的モデルとしては不適切な面も有していたのであって，効率的な生産方法，よりよい工学技術，および作業手順のより入念な統制は，しばしば労働者の抵抗に出会った。かくして研究者は，より生産的たるべく人々を刺激する人間的要素を特定すべく研究を行うに至ったのであって，1つの重要な発見は，従属観もしくはグループの部分たるという知覚がしばしば個人の職務満足にとりバイタルであるということであった。よく知られているこの種の研究は，シカゴ近郷のホーソン（Hawthorn）にあるウェスタン・エレクトリック社工場でメーヨー（E. Mayo）らによって1924年に始められた一連のそれである[22]。1931年から始められた第3回目の実験で，メーヨーとその仲間はバンク配線工達の行動と相互作用を観察し，グループの規範が生産性に強力にして複雑な効果を持つことを明らかにした。グループは，規範を強制するための非公式的なメカニズムを展開させていた。生産性への影響において人間的要素が物理的条件と少なくとも同じ程度に重要であることを証明することによって，メーヨーらは管理研究に新しい次元を加えたのである。

1930年代から40年代において，管理者と研究者は，人々の欲求と態度が，時には，生産システムと同等もしくはそれ以上の影響を労働者の業績と生産性に対して持つことを悟り始めた。機械よりも人々を強調する，管理へのアプローチ全体を述べる語として人間関係論（human relations）なる用語が用いられ，多くの企業経営者が管理への人間関係論アプローチを支持した。そうした経営者の1人が，バーナード（C. I. Barnard）であった。彼の最も価値ある貢献の1つは，非公式的組織の概念であった。彼は，組織が効果的に動くかどうかにしばしば強力に影響するところの，人々の非公式的なグループ化とネットワークを，組織構造は説明していないということを認識した。これをさらに進めて彼はまた，従業員は権限をもつ者の命令に従わない自由意志を持っており，そして従業員はそれが何らかの形で自分達の利益になると感じないなら，命令に従わないかもしれないと論じた。1938年のその著作[23]で彼は，成功している経営管理者は，労働者の目的と経営管理者の目的とを調和させるべく，いかに人々と仕事をしていくかを知っていると論じた。

　なぜ人々は働くのか，何が人々を動機付けているかを理解する必要は，第2次大戦間において特別な意義を持った。高齢労働者やたくさんの婦人が労働力に加わった。経営管理者は自分たちが指揮することに慣れてきた人々とは大いに異なる労働力をもって，戦時の巨大な生産要請に対応することを必要とした。経営管理者はかかる労働者から最大の努力を獲得しようと研究者に助けを求めた。心理学者たるマズロー（A. Maslow）[24]は，労働者の欲求に焦点を当てる，管理への新しいアプローチをはっきり述べた最初の人であった。彼は言う。人々はカネを第1に働くのでもないし，カネのためにのみ働くのでもない。むしろ，彼らは食と住のような基礎的欲求および自尊心と個人的達成のような高次の欲求を含む一連の欲求——それらはすべて潜在的に，仕事を通じて達成可能である——を持つ，と。これはマズローの人間欲求の体系として知られるようになるとともに，その欲求を満たすことで労働者をいかにして動機付けるかに関して新たなアイデアをもたらした。

　1950年代においては，マグレガー（D. McGregor）[25]が労働者と仕事に対する

序　章　経営学とその課題

その態度とについての古い想定を，メーヨーやマズローによってなされた新たな想定と対比させ始めた。1960年のその著で彼は，労働者についての古い想定は廃棄されるべきであり，人本主義的アプローチが選択されるべきであるとした。彼がX理論と呼ぶ古い想定のうちには，人々は本当は働くことを欲しない，彼らは入念に監督される必要がある，彼らはその仕事に誇りを持たない，といった考えが含まれる。マグレガーが対極として示すもの——Y理論と呼ばれる——は，人々は働くことを欲する，彼らは自分自身を監督しうる，彼らはその仕事に誇りを持つ，というものであった。マグレガーは，もし経営者が従業員を，責任あり，知的で，生産的であるとして扱うなら，彼らはまさにそうなるであろうと論じた。

③　制度的問題の研究

ベアードらは，制度的問題の研究の流れを次のように示している[26]。

技術的ならびに管理的問題の研究が展開しつつあるとき，経営管理研究への第3のアプローチが導入された。このアプローチの論者は，組織の諸部分は，全体についての理解なしには完全ではありえず，また全体は，その環境への順応（conform）もしくは一致（suit）なしには成功しえないと論じた。組織はトータル・システムと見られた。この分野の研究の焦点は，組織の諸部分を統合することに，ならびに環境に反応するよう組織全体を指導することにあった。

システム（systems）のもともとの概念は，1920年代に生物学者のフォン・ベルタランフィ（von Bertalanfy, L.）によって展開されたが，最終的には彼は，相互に関連する諸部分の組織化された配列たるシステムとして生物を考えるその見方を，組織を含む他のタイプの"有機体"に広げた[27]。社会学者のパーソンズ（Parsons, T.）は，社会はそれを機能させている種々の構造，関係，および相互結合から構成されるシステムとして理解しうると考えた[28]が，この考えは社会システムとしての組織の概念に導くとともに，組織の研究者は組織システムの諸部分の間の相互作用について考え始めた。これが組織に適用されたシステムズ理論の始まりであった。システムズ理論はやがて，実務家にも理解されるようになり，フィードバック，インプット，アウトプット，サブシステム

のような語は経営管理者に馴染みのものとなった。

　システムズ理論で論ぜられたもう1つの問題は，適応（adaptation）であった。研究者はいくつかのシステムが外部の影響に対し解放的であって，外部から影響を受けやすいことを知った。経営者にとってオープン・システムなる概念は，変化する環境において組織がいかに行動するかを理解するにあたってのキー概念となった。経営者は組織を，その環境で生じる事件と変化にそれが適応し反応するよう，導かねばならない。こうしたシステムズ理論は適応性（adaptiveness）および反応性（responsiveness）の問題と取り組んだため，最終的にはもう1つの分野の研究，変化を予期し反応性を増すには何をなしうるかを尋ねるそれの展開を促し，戦略的経営の概念の発展に導いた。

　異なった組織は同じ産業においてさえ，同じ方法で経営管理されえないという認識が，戦略の概念とともにもたらされた。各組織に影響する異なる要因が存在しており，1つの経営管理用具がすべての状況に等しく作動可能であるということはない。フォレットは1920年代に，このことを状況の法則と呼んでいたが，まもなくこうした概念は，経営管理の条件づけ理論（コンティンジェンシー理論）として知られるようになった[29]。

　戦略的経営は組織をその環境にフィットさせることを含むために，社会的責任の概念を含む。この概念は，組織は誰に何に対し責任があるかという問題にに経営者が関心を持たねばならぬことを，ならびに経営者は有徳性（goodness）についての社会的に受け入れられた基準に一致して行動する責任を持つことを述べている。

　④　経営論研究の動向

　以上，ベアードらに従って，アメリカにおける経営論研究の流れを見てきた。ベアードらでは一般経営学の立場から，技術的問題の研究，管理問題のそれ，および制度的問題のそれに分けて経営論研究の流れが経年的に示される。技術的問題は管理の対象となる企業内の諸種の業務活動に関わるものであり，部門管理の内容と結びつくとともに，管理的問題は管理機能自体に関わる。この意味では技術的問題の研究と管理問題の研究は，経営論研究のなかの管理論研究

序　章　経営学とその課題

に属することになる。また，制度的問題の研究は経営論研究のなかの経営政策論研究を意味するといってよい。

　ベアードらの説明を追うことで，アメリカにおける経営論研究のうちの管理論研究と経営政策論研究の流れの一端を理解したことになる。無論，理解はあくまで一端の理解であり，たとえば，管理論研究の説明では管理機能研究としてのリーダーシップ研究がほとんど取り上げられていないし，管理各論研究についても生産管理関連のいくつかに触れるのみである。また，経営政策論研究についても，たとえば，1930年代に既に利益管理と予算統制の研究や，事業部の業績管理方法としてのデュポン・システムの実践の形で総合管理研究の萌芽が見られたことへの言及もない。こうした点に留意する必要はあるが，ベアードらの説明を通じて，アメリカにおける経営論研究の流れの大筋は知りえたと考えられる。なお，経営論研究のうちの経営者論研究については，次の企業論研究である程度，触れられる。

(2)　企業論研究の動向

　企業研究，とりわけ企業の代表的な法的形態たる株式会社企業の研究はアメリカにおいても，20世紀に入り経済学や法学，経営学の分野で盛んに進められてきた[30]。ここでは，バーリとミーンズ (A. A. Berle and G. C. Means) の経営者支配論，他を取り上げつつ，その一端を記すことにする。

① バーリとミーンズの経営者支配論

　大規模株式会社企業が産業社会の代表的企業として展開を見るなかで，20世紀のアメリカでは多くの人々によってその本質的性格の考察がなされるようになるが，まず展開を見た画期的な研究として，1930年代に出現したバーリらの研究を挙げることができる。

　よく知られているように，1932年に出されたその著書『近代会社と私的財産』[31] において，彼らは株式所有権の分散 (dispersion of stock ownership) が経営者支配 (managemennt contorol) に導くことを実証に基づき主張する[32]。そして，彼らは，19世紀における典型的な企業は，個人によって所有され経営され

15

る小規模企業であったが，今日のそれは，株式会社なるメカニズムを通じて多数の労働者と巨額の財産が結合された，支配と経営の一体化した巨大生産組織として理解されるところの，数において少数である近代的な準公的会社であるとしている。また，産業革命の基礎たる工場システムは多くの労働者を1人の管理者の支配下に置いたが，これまた革命的と言える近代会社は巨額の富を同様の中央支配の下に置いたのであって，近代会社においては労働者は経営者の指揮下にある賃労働者であるとともに，企業財産の所有者もその投下資本に対する「賃金」の受領者に過ぎなくなっていることを指摘する[33]。

かくして，彼らは「所有と支配の分離（separation of ownership and control）」の進展は，株主による会社支配でもなく，経営者による会社支配でもない第3の会社支配形態を伴う新たな会社の概念を要請しているとする。すなわち，彼らは，会社の財産と利潤についての伝統的な理論に基づく会社の概念に代わる，会社の新しい概念が必要となっているとするとともに，そのような会社における経営者の役割について，次のように言う。「偉大な会社の"支配"が純粋に中立的なテクノクラシー――それは，コミュニティにおける種々のグループによる多様な要求をバランスさせるとともに，私的金銭欲よりもむしろ公共的政策に基づいてインカムの流れの分け前を各自に割り当てる――へと展開することが想像できるし，実際，もし会社システムが生存せんとするならば，それはほとんど必須である。[34]」

② ドラッカーの企業機能論

ドラッカー（P.F.Drucker）もまた，大企業およびそれを中核とする産業社会の仕組みと特質について論ずる。ここでは，その代表的著作の1つに数えられる1949年刊行の『新しい社会：産業秩序の解剖[35]』を取り上げ，そこにおける彼の企業観の一端を示すことにする。

ドラッカーは，第3章「企業の解剖」で，近代社会の特質をなす産業社会において新たに出現した制度としての企業（Industrial Enterprise）について，それは3つの特性（personality）をもつ制度（institution）であるという[36]。すなわち，それは経済的（economic）制度であり，統治的（governmental）制度であり，そ

序　章　経営学とその課題

して工場共同体（plant community）である。彼は企業がその機能（function）の観点から分析されねばならないとして、それは何よりも経済的制度であるという。しかしながら、彼は企業はまた、統治的制度であり、政治的機能を果たしていると言う。個人はいまや生産的組織としての企業への接近なしには、生産に従事しえないが、企業は接近を支配（control）しうるのであって、市民の社会的有効性を決定しうる。企業はまた、その組織の内部において統治体（government）であって、産業的生産の組織は権限と服従に、すなわち権力関係に基づく対内的秩序を要請するのである。さらに、ドラッカーは企業が工場共同体として、社会的機能を果たしているとする。

　かくの如く、ドラッカーは企業が3つの機能を果たす制度であると見るが、その際に、統治的機能と社会的機能は従業員にとって最も重要な機能である一方、企業自身にとって、そして社会にとって、社会の中心的な経済的制度としての機能が最も重要であり、社会の観点からは経済的業績が企業の目的（purpose）であり、企業を正当化するものであるという。なお、ドラッカーは産業社会における生産が投下資本の回収の長期化、ひいては生産活動における長期化と時間概念における長期性指向をもたらしていることを指摘するが、これに関連して彼は企業における現在の生産は、次のコストに備えるものである必要があるとする[37]。それらは、①企業の現在のコスト、つまり事業遂行のコスト、②企業の未来コスト、つまり事業継続のコスト（取替え、陳腐化、リスク、不確実性への対応のためのコスト）、③業績の十分でない他企業の未来コストに関しての、社会への貢献、④非経済的諸サービスの社会負担の分担といったものである。

③　イールズの現代企業論

　ドラッカーは産業社会とその主要制度たる大企業について企業機能に焦点を当てつつその特質を鋭く探求するが、20世紀後半に入りイールズ（R. Eells）もまた、大規模株式会社企業の意味について正面から問いかけている。彼は1960年に出たその著『現代企業の意味：大規模株式会社企業原理序説』[38]で、現代企業（Modern Business）と彼が呼ぶところの大規模株式会社企業に焦点を当て、

17

その原理ないし哲学を探求する。

彼は，まず，企業についてのこれまでの諸論者の見解を検討することで，2つの対極的な企業モデルを提示し，彼の議論の出発点とする。それらは伝統的企業（the Traditional Corporation）とメトロコーポレーション（the Metrocorporation）である。前者は，法と経済学で伝統的に想定されてきた企業であり，そこでは取締役と執行経営者の第1次的責任は企業への投資家に対するものであるとされる。後者は，広範な社会的目標をもち，大きな社会的責任を引き受ける会社であって，その経営者は自身を，多様な利害（interests）の仲裁者，調整者，もしくは均衡者と考える。このように，企業の実態とあり方を理解する手がかりとして2つの企業モデルが示されるが，イールズは，今日の経営者がその行動の依るべき基準としてのこれら2つのモデルには，いずれも問題があるとする。そしてイールズは，両モデルのいずれでもない企業モデルの探求が必要であるとするとともに，そのためには，次の5つの領域で企業の実態が科学的に調べられることが先決であるとする。それらは，企業の目標（corporate goals），企業生態学（corporate ecology），経営政策過程（the policy process），戦略的決定（the strategic decisions），および企業統治（corporate governance）である。

イールズは，このように5つの科学的問題を提示し，それらのいくつかについて考察を行うのであるが，ついで彼は，企業の社会的責任へと論を進める。すなわち，企業の設立と成長に貢献し，ここからその生産性の成果に対し要求を行う貢献者――要求者（contributor-claimants）のグループの特定と，彼らへの責任が論じられる。イールズは，以上のような形で企業の実態と社会的責任について論じたあと，最後に，明日の企業を導く原理をひとまず，ウェルテムパード・コーポレーション（the Well-Temperd Corporation），つまり環境調和企業なる企業体制の提示のうちに示そうとする。ここに，環境調和的企業とは前述の伝統的企業とメトロコーポレーションとの中庸を行く企業であるとされる[39]。

以上，バーリとミーンズ，ドラッカー，およびイールズの所説を取り上げ，

序　章　経営学とその課題

アメリカにおける企業論研究の流れについて見てきた。企業論は企業形態・体制論，企業目的論，および企業環境論からなると考えられるが，バーリとミーンズの経営者支配論はいまなお企業形態・体制論研究の代表的なものである。また，ここで取り上げたドラッカーの企業機能論は，彼が他の書物で企業目的について論じているところとともに，企業目的について考える際の重要な手がかりを提供している。さらに，イールズの現代企業論も，企業の目的，企業の環境，および企業の社会的責任についての書として，今日でもまだ少なからざる意義を有している。なお，上記の論者の所説はいずれも，経営論研究のうちの経営者論研究，とりわけ経営者論研究の一部でもあるコーポレート・ガバナンス研究をも扱っている。これらのことは，アメリカにおいて早くから企業論研究および経営者論研究が本格的に展開されていたことを物語っている。

　本節では，アメリカの経営学研究の動向について眺めてきた。アメリカの経営学研究が他の国々の経営学研究に大きな影響を与えてきたことは明らかであり，この限りでは，アメリカの経営学研究における上記の流れを見ることをもって，経営学研究一般の流れをある程度ではあるが，理解しうると考えられる。

3　経営学研究と「企業と社会」論的アプローチ

　ところで，アメリカの経営学研究における流れを見て気づくことは，企業とその経営を環境との関わりのなかで捉え，論じる傾向が時代の経過とともに強まってきているということ，わけても20世紀後半以降，企業の社会的責任の問題を中心に，社会とのその関係性の見地から企業とその経営を論じる動きが顕著となってきているということである。企業の環境適応問題への，とりわけ企業の社会的責任への関心のこのような増大傾向は，「企業と社会」論の近年の展開のうちに一段と顕著となっている。本節では「企業と社会」論，および経営学へのその関わり合いについて論じつつ，これからの経営学研究を展望する

ことにしたい。以下，企業とその経営についてのいわゆる「企業と社会」論的なアプローチに焦点をあて，その動向，経営学研究へのその関連と意義，およびかかるアプローチの課題について若干の考察を行いつつ，これからの経営学研究について展望することにしたい。

(1) 「企業と社会」論の展開

「企業と社会（Business and Society）」論の名で呼ばれるところの，企業とその経営に関する研究は，企業ないし経営者の社会的責任についての20世紀前半の諸研究を含めると，かなり以前に出現を見たと考えられるが，その本格的・体系的な展開は1963年刊行のマクガイヤ（J. W. McGuire）の著作『企業と社会』[40]に始まると言ってよい。マクガイヤの研究以降，「企業と社会」論は，企業の社会的応答に関するそれ，企業倫理ないし経営倫理に関するそれ等を包摂しながら，米国を中心とした論者によって更なる展開を示しつつ，今日に至っている。

このような「企業と社会」論は，企業とその環境に関連する諸現象・問題を論じており，その考察領域は多岐にわたっているが，それらは，以下の4領域に大別される。

A　企業と社会における，基本的な動向ならびに現代的な特質
B　企業の社会的責任
C　企業とその主要なステークホルダー
D　今日的な社会的責任課題

この場合，これら4領域を貫いている中核的主題は，企業の社会的責任であるとともに，こうした「企業と社会」論の内容的特徴としては次のものを挙げることができる。

その1は，企業ないし経営者の社会的責任なる問題に第1次的な関心が寄せられるとともに，そこではかかる責任を企業の主要ステークホルダーごとに論じようとすることである。

その2は，社会的責任の問題を考察するにあたり，責任問題についての理論

的説明に止まらず，問題への企業経営的対応策にまで踏み込もうとすることである。

その3は，企業の環境を市場，とりわけ競争的なそれと，それ以外の社会的領域，すなわちこの意味での社会とに分けた場合における社会に企業が関わる中で生起するところの社会的責任問題が，主として考察の対象となっているということである。

以上のように理解される「企業と社会」論は，経営学の今後の展開に対し少なからざる寄与を期待しうるところの，経営学研究における1つの今日的なアプローチであると考えられる。それは，経営学研究としていくつかの特質を有している。

まず，それは，その内外を巡る各種のステークホルダーと企業との間の関係性の増大という大規模企業の現代的特性に焦点をあてつつ，企業と企業行動ないし経営活動とについて論じようとする。すなわち，ステークホルダー・アプローチと呼びうる研究方法ないし切り口によって企業研究ならびに経営研究を展開せんとするのである。

次に，それは，その時代，時点において社会の関心を集めている企業関連ならびに経営関連の主題を中心に，企業とその経営を考察するものであって，そこでは，企業がその存続・成長のために対応を必要とするコンテンポラリイな主題への関心，ならびにそのような主題に関連しての企業とその経営における対応課題と課題解決策が論じられる。そして，こうした点でそれは，問題指向，問題解決指向的な性格を有することになる。

それはまた，競争市場なる経済的環境に焦点をあてつつ株主価値の増大のための経営方策に関して論じるところの従来型の経営学研究と異なり，その論議の対象領域ないし対象主題が主として，限定された意味での企業の社会環境に関連する点で，これまでの経営学研究を補う役割を演じている[41]。

(2) 「企業と社会」論の課題と意義

「企業と社会」論の内容と性格について簡単に示せば上述の如くになるが，

今日の変化する社会の中でこうした「企業と社会」論が経営学研究として意義を有し続けるのみならず，経営学研究においてより大きな役割を演じることを願うならば，それはさしあたり，次の諸課題に対応し，その克服に努めることを必要とする。

　第1の課題は，企業と経営行動に関する理論的考察と政策論的考察をステークホルダー・アプローチに基づきつつ，さらに進めることである。

　第2の課題は，上記の第1の課題に対応するにあたり，「企業と社会」論がその展開以降，現在に至るまで主として関わってきた考察主題ないし考察領域，すなわち狭義の社会における企業関連ならびに企業経営関連の諸問題のコンテンポラリイな動向に絶えず敏感であり続けることである。

　第3の課題は，市場における企業の経営行動に対しても留意することである。「企業と社会」論の関心の焦点は，企業の社会的責任なる問題に置かれてきたが，経営環境の世界化と技術革新の一段の進展の中で企業間の競争が激しさを増している今日，企業の基本的・本来的な社会的責任といってよいところの企業の存続・成長の責任，企業収益の積極的追求の責任もまた，企業が意識的にその達成に向け取り組むべき責任として出現してきている。そして，このことは，こうした，企業の市場適応責任ないし経済的適応責任への対応のための政策論的考察を「企業と社会」論に対しても要請することになる。

　これらの課題を指摘しうる一方，「企業と社会」論研究の近年の動向を眺めるとき，「企業と社会」論の側においても，十分とは言えないまでも課題への取り組みの動きが見られることを挙げることができる。

　この点について述べるならば，第一の課題への取り組みに関しては，近年の「企業と社会」論研究のいくつかは，ステークホルダー・アプローチに基づく企業観の意義を明示的に強調するのであって，たとえば，キャロル（A. B. Carroll）らは「企業についてのステークホルダー的見方」が，今日の企業と環境の関係を考えるにあたり，とられるべきことを指摘している[42]。また，ステークホルダー・アプローチによる経営管理についての論述も見られるようになっている。たとえば，上記のキャロルらは，企業の第1次的なステークホル

ダーの目的達成と,他のステークホルダーの倫理的処遇ならびに満足実現を指向するマネジメント技法としての「ステークホルダー・マネジメント」に関して述べるとともに,「企業公共政策」にも言及している[43]。また,他の論者によっても,「ステークホルダー・マネジメント」や「会社社会政策」,「社会的にレスポンシブなマネジメント[44]」,「社会的戦略[45]」等が提示されている。

　企業の社会的適応問題の新たな展開への留意といった第2の課題については,「企業と社会」論が一貫して,コンテンポラリイな社会的適応問題を積極的に取り上げてきていることを挙げうる。この点を,「企業と社会」論の代表的なテキストの1つと見てよいポスト (J. E. Post) らの書物を例にとって眺めるならば,デイヴィス (K. Davis) らによるその初版[46]から,著者をポストらとする第9版[47]に至るまでに,メインタイトルあるいはサブタイトルはしばしばの変更を見ているが,そのような変化は,本テキストの論議の焦点が時代の経過の中で移動し続けてきたことを物語っている。ポストらの上記第9版の書物では,会社と自然環境の関係を巡っては持続可能な開発の問題はもとより,種の多様性等も論じられているとともに,株主と企業との関係については,コーポレート・ガバナンスが考察されている。

　第三の課題,つまり,企業の市場適応ないし経済的適応のための経営政策論的考察を「企業と社会」論においても進めることの必要について言えば,かかる課題への取り組みもまた,比較的早くから,始められつつある。たとえば,キャロルの『企業と社会(第2版)』[48]の第2章では,「社会的責任と財務的業績」や「社会意識的投資活動の動き」といった見出し項目の下で,そうした論議がなされるに至っている。

　「企業と社会」論は,経営学の体系を構成する主要な学問領域のほぼすべてに言及する。すなわち,「企業と社会」論は,現代の制度的大企業とその目的について,経営環境について,ならびに,とりわけ企業の社会的責任について論じており,企業論を構成する学問分野のほぼ全般を考察領域としている。それはまた,現代の経営者機能,コーポレート・ガバナンス,および社会的責任指向の経営政策といったものについて論じるとともに,ステークホルダーに関

連させつつ，各種の企業内職能を考察することを通じて管理の各論にも言及しており，企業経営論を構成する学問分野の大部分をその研究領域としている。すなわち，それは経営環境の論，とりわけ企業の社会的責任の論として展開を見つつ，今日，ステークホルダー・アプローチの下で経営学の主要研究領域の大部分において理論構築を行わんと試みるに至っている。「企業と社会」論は，これからの経営学研究において大きな役割を演ずることが期待されるといってよいと考えられるのである[49]。

〔注〕
1）　ここでは理論を根底とした政策論を広く技術論と呼ぶことにするが，こうした技術論にも，論者によって規範科学，実践科学等，さまざまのものが考えられる（森本三男『経営学の原理』中央経済社，1978年，第1章）。
2）　たとえば，岡本康雄「経営学の課題」（岡本康雄編著『現代経営辞典（改訂増補版）』同文舘出版，1996年，第1章）。
3）　『岩波国語辞典（第5版）』，1994年，および『小学館日本大百科全書』，1996年を参照。
4）　Wortman, M. S. Jr., "A Philosophy for Management", *Advanced Management*, October, 1961.
5）　詳しくは，高田　馨『経営学の対象と方法──経営成果原理の方法論的省察──』千倉書房，1987年を参照。
6）　Rudner, R. S., *Philosophy of Social Science*, 1966. p. 84 ff.（塩原　勉訳『社会科学の哲学』1968年，129頁以下）。
7）　以下，理論の概要については，河野豊弘『経営学原論』1977年，森本三男　前掲書，高柳　暁・飯野春樹編『新版経営学（1）』1992年を参照。
8）　高田　馨　前掲書。
9）　Simon, H. A., *Administrative Behavior*, Macmillan, 1955, pp. 248-253（松原他訳『経営行動』1967年，322〜328頁）。
10）　政策論は価値自由であるべきか，そうでなくてもよいかといったことに限らず，そもそも，経営学の研究対象を企業とすべきか，組織一般とすべきか，経営学の性格を理論とすべきか，技術論とすべきか等の経営学研究の方法をめぐる問題はいずれも価値判断と密接に関わることになるのであって，いずれをとるべきかは，最終的には研究者の研究観によることになる。この点については，高田　馨，前掲書，57頁以下を参照。
11）　経営学の研究領域と体系については各種の見方が存在するが，ここでは基本的に森

序　章　経営学とその課題

本三男の見方（森本三男，前掲書，第1章）に従う。
12) コーポレート・ガバナンスは経営論研究と企業論研究の双方に関係する主題であって，本書ではコーポレート・ガバナンスを第Ⅰ部で取り上げる。なお，コーポレート・ガバナンス研究を経営学研究の基本領域の1つとする見解として，平田光弘のそれを挙げうる（平田光弘「21世紀の企業経営におけるコーポレート・ガバナンス研究の課題—コーポレート・ガバナンス論の体系化に向けて—」経営論集53号，2001年）。
13) Baird, L. S., J. E. Post, and J. F. Mahon, *Management : Functions and Responsibilities*, Harper Collins Publishers, 1990.
14) Ibid., Chap. 2.
15) Ibid., p. 32.
16) Ibid., pp. 34 - 43
17) F. W. Taylor, *Principles of Scientific Management*, Harper & Row, 1911.
18) Baird, L. S. et. al., op. cit., pp. 43 - 49.
19) Fayol, H., *Administration Industrielle et Générale*, 1917 ; *Industrial and General Management*, trans. J. A. Courbough, International Management Institute, 1929.
20) Follett, M. P., "Some Discrepancies in Leadership Theory and Practice," *Business Leadership*, ed. H. C. Metcalf, Pitman, 1930.
21) Weber, M., *The Theory of Social and Economic Organization*, ed. and trans. M. Alexander and T. Parsons, Oxford University Press, 1922 - 1947.
22) Roethlisberger, F. J. and W. Dikson, *Management and the Worker*, Harvard University Press, 1956.
23) Barnard, C. I., *The Functions of the Executive*, Harvard University Press, 1938.
24) Maslow, A. H.,"A Theory of Human Motivation", *Psychology Review* 50, 1943, pp. 370 - 396.
25) McGregor, D., *The Human Side of Enterprise*, McGraw - Hill, 1960.
26) L. S. Baird, et. al., op. cit., pp. 49 - 52.
27) Von Bertalanfy, L., Organization "The Theory of Open System in Physics and Biology," *Science*, 111, 1950. pp. 23 - 28.
28) Parsons, T., *Structure and Process in Modern Societies*, Free Press, 1960.
29) Luthans, F., The "Contingency Theory of Management : A Path Out of the Jungle", *Business Horizons*, June 1975, pp. 67 - 72.
30) アメリカ以外の場合をも含めた株式会社研究の流れについて論じたものとしては，中村瑞穂「株式会社研究の歴史と現状—概観—」日本経営学会編『現代企業の所有と支配　経営学論集54』，千倉書房，1984年。
31) Berle, A. A., Jr., and G. C. Means, *The Modern Corporation and Private Property*, The Macmillan Company, 1932.
32) Ibid., (Nineteenth Printing, 1962), p. 116.
33) Ibid., (Nineteenth Printing, 1962), pp. 2 - 3.
34) Ibid., (Nineteenth Printing, 1962), p. 356.

35) Drucker, P. F., *The New Society : The Anatomy of Industrial Order*, Harper & Row, 1949.
36) Ibid., p. 44 ff..
37) Ibid., p. 61.
38) Eells, R., *The Meaning of Modern Business : An Introduction to the Philosophy of Large Corporate Enterprise*, Columbia University Press, 1960(企業制度研究会訳『ビジネスの未来像』,雄松堂,1974年).
39) 具体的内容については,Ibid., pp. 335 − 336。
40) McGuire, J. W., *Business and Society*, McGraw − Hill Book Company, Inc., 1993(中里皓年,井上　温通訳『現代産業社会論』好学社,1969年).
41) 「企業と社会」論の展開,考察領域,および内容的特徴については,櫻井克彦『現代の企業と社会—企業の社会的責任の今日的展開—』千倉書房,1991年,第1章を参照。
42) Carroll, A. B. and Buchholtz, A. K., *Business & Society : Ethics and Stakeholder Management*, 4 th ed., South Western College Publishing, 2000, Chapter 3.
43) Ibid., p. 585 ff..
44) Post, J. E., Frederick, W. C., Lawrence A. T. and Weber, J., *Business and Society : Corporate Strategy, Public Policy, Ethics*, Eighth Edition, McGraw − Hill, Inc., 1996, Chapter 3.
45) Ibid..
46) Davis, K. and Blomstrom, R. L., *Business and Its Environment*, McGraw − Hill Book Company, 1966.
47) Post, J. E., Lawrence, A. T. and Weber, J., *Business and Society : Corporate Strategy, Public Policy, Ethics*, 9 th ed., Irwin/McGraw − Hill, 1999.
48) Carroll, A. B., *Business & Society : Ethics and Stakeholder Management*, Second Edition, South Western Publishing Co., 1993.
49) 本節は,櫻井克彦「現代経営学研究と「企業と社会」論的接近」経済科学,第49巻第3号,2001年に基づく。

第Ⅰ部
現代の企業

第1章　企業形態
第2章　経営目的
第3章　企業環境とステークホルダー
第4章　企業の社会的責任
第5章　コーポレート・ガバナンス

第 1 章

企 業 形 態

　一口に企業といっても，その種類・形態は実にさまざまである。たとえば，夫婦で営む商店や飲食店，町工場などの個人零細企業とトヨタなどの国際的な大企業では，扱うことのできる仕事の種類や集めることのできる資金量など，規模や信用の面で全く異なっている。あるいは，公共の利益を第一の目的とする公企業，利益追求を第一の目的とする私企業，組合員の相互扶助を目的とする協同組合（生協・農協など）というように，設立・経営の目的によって企業の形態や種類，名称も異なってくる。

　さて，このような多種多様な「企業」というものを敢えて一般的に定義すると，「財・サービスの提供を主な機能として作られた，人と資源の集合体で，一つの管理組織のもとにおかれたもの」となる[1]。確かに，現代社会に存在する企業の大半は，この定義の範疇に含まれるように思われる。しかし，企業において発生する経営現象を研究対象とする経営学の立場からすると，個々の研究における考察対象や範囲を明確にしなければならないため，企業をさらに詳細に分類する必要がある。分析対象の企業のイメージをシンクロ（同調）させておかないと，一体何のことについて，何を問題にして議論しているのかわからなくなるからである。

　そこで，本章では，多種多様な「企業」というものを把握するために，いくつかの観点から企業を分類・整理していく。

第Ⅰ部　現代の企業

1　出資の形態による分類―公企業と私企業―

　ここでは，企業を出資の形態から分類してみよう。すなわち，公の行政府機関が公的な資本をもって設立する公企業と民間出資の私企業，およびそれらの中間的存在である半官半民の公私混合企業という分類である。

⑴　公企業と公私混合企業（第三セクター）

　公企業は，公金（税金）を資本としている性格上，市民へのサービス提供（公益性）を第一の目的として経営されている。そして，その目的を実現するため，営利を目的としないことが多い（＝非営利）。イメージとしては，「皆が生活しやすい社会環境を作るために，皆で資金を出し合って企業を設立・運営し，その企業に色々なサービスを提供してもらおう」という感じであろうか。したがって，公企業の場合，利益が出にくい事業であっても国民や地域の人々の利便性に適うのであれば，その事業を行い続けることになる。ただし，非営利であるとは言っても，理念上，利益は出さないまでも，本業による収入によって支出を賄いうる程度の独立採算性は要求される。

　また，公企業は社会的・公共的な特定の事業を専業的に行うことを使命としていることから，特別な法律によって規制されると同時に，保護されている。つまり，社会からのニーズに応えるために自らの業種・業態を変更するといったようなフレキシブルな経営を行えない反面，異業種からの業界参入による競争激化という状況も起こらないということである。

　さて，以上のような性質を持つ公企業にはどのようなものがあるのか，具体例を示すことにしよう[2]。

第1章　企業形態

図1－1　公企業の分類

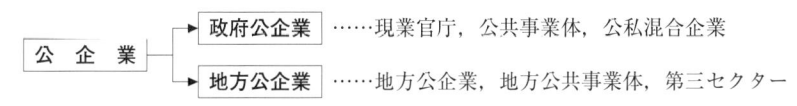

```
              ┌─ 政府公企業 ……現業官庁，公共事業体，公私混合企業
公　企　業 ─┤
              └─ 地方公企業 ……地方公企業，地方公共事業体，第三セクター
```

（出所）『公務員試験新スーパー過去問ゼミ経営学』実務教育出版，261頁から作成。

　公企業は，図1－1のように，設立母体が政府（国）である政府公企業と設立母体が地方公共団体（都道府県・市町村）である地方公企業に大別される。この内容を，以下の表によってさらに詳しく見てみよう。

　表1－1は，政府公企業の種類を示したものである。

　現業官庁は，行政の一環に位置付けられた経済事業を担当する組織であり，行政機構の中に組み込まれている。また，直営方式であるから独自の「資本」がないという特徴がある。

　公共事業体は，政府（国）が出資をし，行政機関から独立した組織を設けて，政府直営ではなく間接的に経済事業を営む形態のものである。したがって，上記の現業官庁に比べて，経営に自主性が求められている。

　公私混合企業は，政府が出資するだけでなく，広く民間にも出資を募って設立される，半官半民の企業形態である。部分公企業と呼ばれることもある。この公私混合企業には，民間にも出資を募るということで，後に説明する株式会社のような営利的性格が生じてくるが，これは利益そのものを追求するというよりも，採算のとれる経営を目指すことが主な目的となることを意味している。

表1－1　政府公企業の種類

企業形態	主な特徴	具体例
現業官庁	広義の行政事業であり，政府直営の事業組織	国有林野事業
公共事業体	政府が出資し，行政から独立した法人格を持ち，特別法によって自主的に運営される事業組織。公益法人とも呼ばれる。	郵政公社，印刷局，造幣局，公庫，政府系銀行，公団，営団，事業団など
公私混合企業	「半官半民」の事業組織であり，株式会社形態をとる場合もある。部分公企業とも呼ばれる。	日本銀行，商工中金，日本たばこ産業，ＪＲ７社など

（出所）　図1－1と同じ。

第Ⅰ部 現代の企業

次に，地方公企業の詳細を示そう。その種類は，次の表1－2のようになる。

地方公営企業は，地方公営企業法により規定されているもので，地方公共団体が営む次の7つの経済事業を主な事業対象としている。それは，①水道事業（簡易水道事業を除く），②工業用水道事業，③軌道事業（市電，都電），④自動車運送事業（バス），⑤鉄道事業，⑥電気事業，⑦ガス事業であり，これらの事業は地方公共団体の直営事業として営まれている。ただし，地方公共団体の直営であると言っても，経営にはある程度の自主性が付与されており，また，会計的にも地方公共団体とは分けられており，独立採算が求められている。

地方公共事業体は，地方公共団体が全額出資をし，かつ行政機構の外部に設立された経済事業組織のことを言う。地方公共事業体には，地方自治の特別法に立脚する土地開発公社・地方住宅供給公社などと，（民法上の）財団法人・社団法人の形態をとるものとがある。また，先の地方公営企業と同様に，経営の自主性があり，独立採算性が求められる。

表1－2　地方公企業の種類

企業形態	主な特徴	具体例
地方公営企業	地方公共団体の直営事業組織	鉄道，バス，電気，ガス，水道などの事業
地方公共事業体	地方公共団体が全額出資し，地方自治の特別法に規定される事業組織	地域・都市開発，教育・文化，社会福祉などの事業
第三セクター	地方公共団体と民間の共同出資によって設立された事業組織	地域の再開発，交通事業の整備などの事業

（出所）　図1－1，表1－1と同じ。

第三セクターとは，地方公共団体と民間との共同出資によって設立される経済事業組織のことを言う。これは，地方レベルにおける公私混合企業・部分公企業と呼ぶべきものなのであるが，特に地方公共団体と民間の共同出資による株式会社形態の企業のことを（狭義の）第三セクターと呼ぶのが一般的となっている。ちなみに，第三セクターの「第三」は，公企業を「第一セクター」，私企業を「第二セクター」とすることから来た表現である。

第 1 章　企　業　形　態

　さて，この第三セクターは，地方公共団体が地域開発や地域交通事業の整備・再建などの大型プロジェクトを行う際に，大量の資金と経営ノウハウを民間から調達する必要性が生じ，それに民間企業が応えるかたちでできあがったものである。このような経緯から，第三セクターは，公益性と利益の同時追求を使命とし，私企業のように利益を計上することが求められている。しかし，現実には，赤字に苦しむ第三セクターは，かなりの数にのぼるようである。

(2)　私　企　業

　次に，私企業について解説しよう。私企業は，個人や私的団体などの民間が出資・経営する企業であり，利益を追求する営利組織である。公企業のように特別な法などで規制・保護はなされないので，市場競争に打ち勝っていかねばならず，また，利益を上げなければ存続できない。このような私企業の性質は，先に説明した公企業と比較すると明確になるので，以下の表 1 - 3 によって説明してみよう。

表 1 - 3　公企業と私企業の比較

	規制と競争	体　　質
公　企　業	事業領域が制限 独占的で競争が制限	お役所的・規律第一主義 親方日の丸的・予算志向
私　企　業	事業領域を拡大できる 市場における自由競争	積極的・顧客第一主義 利己主義的・利益志向

（出所）　井原久光『テキスト経営学〔増補版〕』ミネルヴァ書房，32頁の図表 3 - 5。

　公企業は先に説明したように，特別な法などで規制・保護されているため，事業領域は制限されるものの，当該事業領域では独占的な地位を占めることができる。また，国や地方公共団体と人的・資金的な面で深く関わっているので，お役所体質・予算志向・規律第一主義的な体質となっている。
　一方，私企業には特別な法による規制や保護がないため，市場による自由競争原則が働く。したがって，利益志向が強くなり，顧客第一主義をとる企業が

多いといった特徴がある。

さて，このような特徴を持つ私企業には，さまざまな形態が存在する。また，私企業の諸活動は経営学における主要な分析対象でもあるので，次節において詳細に分類・検討することにしよう。

2　私企業の分類—2005年までの形態—

2006年に新しい会社法が施行され，それに伴い私企業における会社の種類が変化した。ただ，種類が変化したといっても全てが変わったわけではなく，旧会社法（商法）から存続し続ける会社形態はある。また，新しい会社形態も旧会社法のものがベースになっているので，新会社法における会社形態のみを学習しても，正確な理解は得られないであろう。そこで，本節では，2005年までの旧会社法に基づく私企業の分類について記述する[3]。

(1)　個人企業と民法組合

もし，読者が何か事業を始めたとしたら，それも，会社登記等の法的手続を一切行わないで企業活動を始めたとしたら，それは法的に「個人企業」とみなされることになる。読者は，個人事業主（企業主）となり，当該企業に関する意思決定は全て1人で行うことができ，かつ，利益も全て自分に帰属することになる。しかし，損失もまた，自己に帰属することになる。事業を行うに際して借入を行っていて，その借入金を個人企業の範囲内で返済できなかった場合，個人の資産まで差し押さえられることになる。これを「無限責任」という。すなわち，個人企業とは，一個人が全資本を出資して経営する企業であり，その経営責任は無限責任という企業形態のことをいう。

さて，個人企業を行うに際して，1人で集められる資金や1人でこなせる仕事量には限界があるので，その限界を克服するために共同経営者を募る場合がある。たとえば，2人共同で出資しあって事業を始めたとしよう。先の個人企

業の説明と同様に，会社登記等の法的手続を行わなければ，これは民法上の任意組合（「民法組合」）という企業形態となり，2人は組合員ということになる。利益分配は契約によるが，契約がなければ出資の割合によって決まる。経営責任は無限責任であるが，1人だけで営む個人企業とは異なり，「自分は半分だけの責任を負う」と主張することができる。

以上のような個人企業や民法組合は，対外的には「個人」が集まっているだけであり，後に説明する「会社」ではない。したがって，個人企業・民法組合の名称で第三者と法的な取引をしたり，財産を所有したりすることができないというデメリットがある。

(2) 会社とは

個人企業・民法組合では，その名称で取引や資産保有ができないため，取引量や企業規模が拡大してくると，さまざまな手続や処理が煩雑になってきて不便を感じるようになる。その不便さを回避する仕組みが「会社」である。

会社とは，「営利を目的とする社団法人」と会社法において定義されており，これは次の3つの構成要素からなっている。

A 社　　団
 人の集まりのことであり，団体としての組織・機構を備えたもの。社団の構成員を社員という。一般にいう社員（会社員）は従業員のことを指す。
B 営　利　性
 会社が利益を上げることを目的としており，かつ出資者である社員に対して利益の分配をすることを指す。
C 法　人　格
 会社が社員とは別個の，独立した権利主体であることを認める。すなわち，あたかも会社名のような1人の人間が存在するかのような法的フィクションである。

以上のような「会社」の仕組みを利用すれば，会社の名前で取引や資産所有ができるようになる。

(3) 合名会社

合名会社とは，2人以上の共同出資で成り立つ会社であり，会社としては最も原始的な形態である。先の例における民法組合において，商法所定の手続によって登記を行えば，その企業は合名会社と名乗ることができるようになるということから，実質的には民法組合と変わりない。その特徴は次の通りである。

経営責任は無限責任である。すなわち，会社が倒産する，あるいは債権額に対して会社の財産では支払いきれないとなった場合には，不足分は私的財産まで放出して責任を負わねばならない。ただし，合名会社ならば，会社債権者に借入金の返済を迫られた場合，「自分に請求する前に会社の財産から取ってくれ」と主張できる。これは，民法組合では認められない。

会社の業務執行（経営）は，原則的に全社員が行い，全社員が対外的に会社を代表することになる。その際の内部的な問題については，原則として組合に関する民法の規定が準用されることになっている。

企業が「会社」形態になると，持分という概念が出てくる。それは，会社財産と個人財産が分離するからである（個人企業や民法組合では，企業財産と個人財産が一体化している）。持分とは，会社財産の所有権あるいは会社財産に対する請求権のこと，簡単に言えば「分け前」のことである。合名会社の場合も，出資者には持分が認められている。この持分は第三者に譲渡することが可能であるが，譲渡に対しては，全社員の同意が必要となる。

合名会社の社員は，退社することができる。その際には，会社から持分の払い戻しを受けることになる。

(4) 合資会社

先に説明した合名会社では，出資者である社員は全員無限責任であり，業務執行も全社員で行うことになっていた。すなわち，この会社形態では，出資だ

けを募ることができないのである。しかし，事業が好調で，もう少し事業を拡張したいと考えた場合，出資だけを募る必要性が生じることがある。その要望に応えることのできる会社形態が合資会社である。

ただ，出資者は無限責任を負い，かつ業務執行も行うということであると，責任が重すぎて積極的に投資しようとする者は現れにくい。そこで必要となるのが，有限責任の概念である。有限責任とは，出資額を限度として会社の債務を弁済する責任を負うことを意味する。つまり，出資にかかる責任を軽減しようというのである。有限責任であれば，たとえ会社が倒産して債務が残っていたとしても，私的財産によってその責任を負う必要はない。ただし，投資資金を回収できなくなるというリスクは負うことになる。

さて，合資会社の特徴であるが，一部の社員の責任が有限であること以外は，合名会社と同じである。

(5) 株式会社

事業を開始するにあたって多額の資本を必要とする場合に，一般の投資家から広く資金を集める必要が生じる。その要求に応える制度が「株式会社」であり，現在，もっとも一般的な会社形態となっている。

株式会社の特徴は，以下の通りである。

まず，出資者である株主（株式会社の社員）は，全て有限責任社員である。そうでなければ，多くの投資家から多額の出資を募ることができない。人的無限責任を覚悟して，自ら経営するわけでもない会社に出資する投資家は，まずいないであろう。

株式会社では，出資の払い戻しを請求する権利が株主に認められていない。それは，株式会社は資本を信用の基本とする会社（最低限必要な資本金は1,000万円）であるから，その資本が会社から簡単に引き出せるようでは制度の基盤が揺らぐことになるからである。しかし，より広く出資を募るためには，株主が自己の出資を回収する道を確保し，出資に対する魅力度を増す必要がある。それゆえ，株主には法的に株式譲渡の自由が保障されているのである。

第Ⅰ部　現代の企業

　さて，株主に株式譲渡の自由があるからといって，実際に株式を売買できるマーケットが用意されていなければ意味がない。そのマーケットが株式市場である。株式会社が株式市場で自社の株式の売買を自由に行える状態になることを上場といい，そういう株式会社を上場企業（公開会社）と呼ぶ。制度が予定している本来の株式会社の姿が，これである。ところが，現実には，株式の売買を自由に行うことのできない非上場企業（非公開会社もしくは閉鎖会社）が数多く存在している。これらの企業は，広く出資を集めることができないので，一部の例外的な企業を除いて，比較的小規模である。法（制度）と現実の乖離現象の一例である。

　最後に，制度が予定している株式会社の典型的な姿である大規模公開会社の特徴について説明しておこう。先の合名・合資会社では，社員が出資者であり，かつ経営者であるので，専門的な経営者を雇う必要はない。ところが，会社の規模が大きくなり，大規模な公開会社のような形態になると，どうしても出資者（社員である株主）と実際に経営する者（専門経営者）が分かれてくる。これが「所有と経営の分離」現象であり，現代的大規模株式会社の特徴となっている。第5章において扱われるコーポレート・ガバナンス問題と深く関わるので，ここに示しておくことにする。

⑹　有　限　会　社

　小規模事業主も有限責任のメリットを享受したい，という要望に応える会社形態が「有限会社」である。根拠法は有限会社法であり（先に説明した合名・合資・株式会社は商法），最低資本金は300万円となっている。

　一般的には，小規模事業には株式会社形態よりも有限会社形態の方が適していると言える。その理由としては，第一に，有限会社は，実質的には合名会社あるいは組合に近い小企業が運営しやすいような簡素な組織形態となっていることが挙げられる。第二に，定款（会社の組織活動の根本規則を定めた社員間の合意書）自治の範囲が広いことが挙げられる。つまり，業務執行にあたる社員のみで話し合って決められる事項が多いのである。

このように，有限会社制度は小規模事業に対して多くのメリットを有しているが，その小規模事業に適しているという性質ゆえ，企業の成長に対していくつかの制限がある。

第一に，社員数は50名に限定されており，かつ持分に関して証券を発行したり社員を公募することが禁じられている。すなわち，ごく近しい人のみで会社を作ることが原則となっているのである。

第二に，社債の発行ができない。そして，増資も社員割り当てが原則となっている。つまり，資金調達手段が株式会社よりも限定的なのである。

第三に，会社の閉鎖性を確保するため，持分の譲渡制限がある。持分を譲渡するには，社員総会の承認が必要になる。

以上のような制限はあるが，その限界を上回るメリットを有しているので，現在，わが国には多くの有限会社が存在しているのである。

(7) 相互会社

相互会社は，保険業法によって規定される会社形態である。保険会社以外の企業には適用されないので，一般企業がこの会社形態をとることはできない。相互会社では，保険加入者が出資者であると同時に社員となり，出資者は保険料を限度とする有限責任を負う。また，持分譲渡の自由など，株式会社と同じような特徴を持っている。

現在，わが国では，生命保険会社には相互会社が見受けられるが，損害保険の相互会社は皆無の状況である。

(8) まとめと補足

以上，7項にわたり私企業を分類し，それぞれの特徴を概説してきたが，学習者の理解を助けるため，ここに一覧表を示してまとめておくことにする。

また，第2項においては，「会社」の説明に際して法人という概念が出てきたが，後に「その他の企業形態」という項目で必要となるので，補足として一覧表を示しておくことにする。

第Ⅰ部　現代の企業

表1-4　私企業の分類

企業形態	根拠法規	出資者数	資本金	出資者責任	最高意思決定機関	持分譲渡
個人企業	商法	1人	規定なし	無限責任	出資者個人	自由
民法組合（任意組合）	民法	2人以上	規定なし	無限責任	組合員の多数決	規定なし
合名会社	商法	2人以上（少数）	規定なし	無限責任	全社員	他の社員の承認
合資会社	商法	2人以上（少数）	規定なし	無限責任と有限責任	全無限責任社員	無限責任社員の承認
株式会社	商法	1人以上（多数）	1,000万円以上	有限責任	株主総会	自由
有限会社	有限会社法	1人以上50人以下	300万円以上	有限責任	社員総会	社員総会の承認
相互会社	保険業法	100人以上	3,000万円以上	有限責任	社員総会又は社員総代会	自由

（注）　民法組合において，脱退した組合員の持分払戻しの規定は存在するが，持分譲渡の規定は存在しない。
（出所）　表1-3と同文献の33頁の図表3-6より作成。

第1章 企業形態

表1-5　法人の分類

	非　営　利	営　利
公益	〔公益法人〕 社団法人（民法） 財団法人（民法） 学校法人（私立学校法） 社会福祉法人（社会福祉事業法） 宗教法人（宗教法人法） 医療法人（医療法） 更生保護法人（更生保護事業法） 特定非営利活動法人（特定非営利活動促進法）	〔公共企業〕 電気会社（商法・個別事業法） ガス会社（商法・個別事業法） 鉄道会社（商法・個別事業法）
非公益	〔中間法人〕 労働組合（労働組合法） 信用金庫（信用金庫法） 協同組合（各種の協同組合法） 共済組合（各種の共済組合法） 中間法人（平成14年4月施行）	〔営利企業〕 株式会社（商法） 合名会社（商法） 合資会社（商法） 有限会社（有限会社法） 相互会社（保険業法）

（注）　特殊法人，認可法人を除く。
（出所）　（財）公益法人協会発行『公益法人の設立・運営・監督の手引（6訂版）』。

　ここまで学習してきた各企業が，表1-4，表1-5のどこに位置するか，確認しておくとよいだろう。
　さて，もう一つ資料を追加しておこう。次の表1-6は，わが国における各会社の数および構成比を表したものである。この第2節で学習した私企業が，わが国にどれだけ存在するかを確かめておくとよいだろう。また，それらの状況を知っておくと，次節の内容の重要性を深く認識できることとなろう。

第Ⅰ部　現代の企業

表1－6　組織別・資本金階級別法人数（2003年度）

区分	1,000万円未満	1,000万円以上1億円未満	1億円以上10億円未満	10億円以上	合　計	構成比
（組織別）	社	社	社	社	社	％
株式会社	715	1,006,387	30,272	7,117	1,044,491	40.9
有限会社	1,341,911	85,290	963	52	1,428,216	55.9
合名会社	5,843	81	14	2	5,940	0.2
合資会社	29,811	2,919	15	1	32,746	1.3
その他	15,277	25,430	911	124	41,742	1.6
合　計	1,393,557	1,120,107	32,175	7,296	2,553,135	100
（構成比）	54.6	43.9	1.3	0.3	100	―

（出所）　国税庁『平成15年度税務統計から見た法人企業の実態』。

3　私企業の新しい分類―2006年からの形態―

　2006年春から施行された新会社法においては，会社設立を容易にするため，さまざまな工夫がなされている。特に目を引くのは，最低資本金規制の撤廃と有限会社の新規設立ができなくなったこと，および新しい会社形態である合同会社（ＬＬＣ：Limited Liability Company）が創設されたことである。以下，その内容を解説しよう。

(1)　2006年施行の新会社法による会社分類

　新会社法によって既存の会社形態の体系がどのように変化したか，次の図1－2で説明することにしよう。
　さて，法改正後に設立できる会社は，株式会社，合同会社，合資会社，合名会社の4種類となり，先に言及したように，有限会社の新規設立は認められなくなった。しかし，表1－6に示したように，わが国の会社形態の中では有限会社が一番多いので，急激に制度を変更すると混乱を招く恐れがある。そこで，既存の有限会社は，有限会社のまま存続するか，株式会社へ移行するかを選択

できるようになっている。前節で示した最低資本金（株式会社は1,000万円，有限会社は300万円）の規制は廃止されているので，その意味でのハードルはなくなっている。

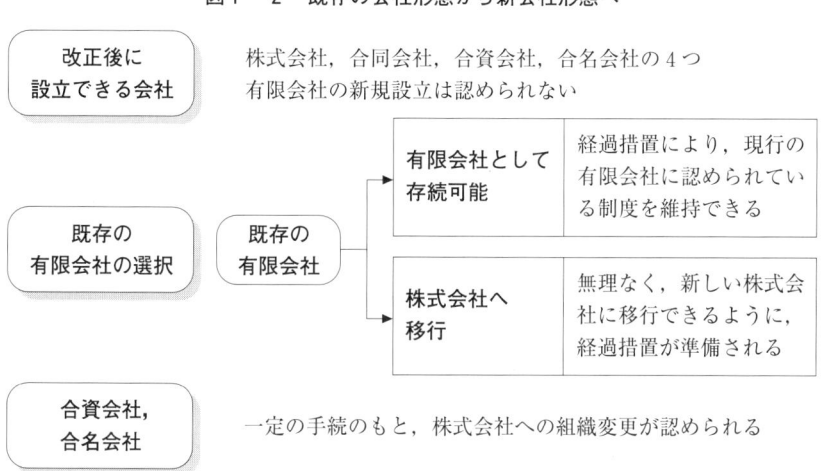

図1－2　既存の会社形態から新会社形態へ

改正後に設立できる会社	株式会社，合同会社，合資会社，合名会社の4つ 有限会社の新規設立は認められない

既存の有限会社の選択　←　既存の有限会社

- 有限会社として存続可能 ： 経過措置により，現行の有限会社に認められている制度を維持できる
- 株式会社へ移行 ： 無理なく，新しい株式会社に移行できるように，経過措置が準備される

合資会社，合名会社　：　一定の手続のもと，株式会社への組織変更が認められる

（出所）　週刊エコノミスト増刊「会社法革命」毎日新聞社（2005年4月11日号），76頁より作成。

また，旧法では組織変更規定のなかった合名会社，合資会社の株式会社への組織変更が，新法の下では一定の手続を経た後に認められるようになった[4]。

(2)　合同会社（ＬＬＣ）と有限責任事業組合（ＬＬＰ）

合同会社（ＬＬＣ）は，新会社法によって新たに設置された会社形態である。その特徴は，全社員が無限責任である合名会社の組織設計のまま，全社員を有限責任にできるというものである。ただし，出資者数が1人でも設立・存続が可能であるという点で，合名会社とは異なっている。つまり，この合同会社では，全社員が出資に対する責任を軽減され，かつ，会社内部の組織運営について広く定款による自治が認められるのである。

一方，有限責任事業組合（ＬＬＰ：Limited Liability Partnership）は，新会社法

第Ⅰ部　現代の企業

の枠外で，民法組合の特例として制定された企業形態である。その特徴は，上で解説したＬＬＣとほぼ同じである。すなわち，出資者責任は出資額までしか責任を負わない有限責任であり，配当金の分配や組織内部の取り決めは自由に行うことができるのである。大きな違いは，ＬＬＣは法人であり，ＬＬＰは法人でないという点である。下表１－７でこれを詳しく検討してみよう。

表１－７　ＬＬＣとＬＬＰの比較

新会社法のパッケージ

	株式会社	合資会社	合名会社	ＬＬＣ	ＬＬＰ	民法組合
有限責任	○	△	✕ ･･･▶ ○		○ ◀･･･ ✕	
内部自治	✕	○	○	○	○	○
構成員課税	✕	✕	✕ ･･･▶ ✕		○	○

（注）　△は，一部が無限責任であることを示している。
　　　有限責任：出資者が出資額までしか責任を負わない。
　　　内部自治：利益や権限の配分が出資比率に拘束されない。
　　　構成員課税：出資者に直接課税される。
（出所）「週刊ダイヤモンド」ダイヤモンド社（2005年７月23日号），38頁より作成。

表１－７に示されているように，ＬＬＣとＬＬＰの違いは，構成員課税がなされるか否かという点に求められる。つまり，ＬＬＣは会社であり，法人であるから法人税が課せられるが，ＬＬＰは法人ではないので，出資者に直接課税されるのである。この構成員課税の場合，もし事業で損失が出た場合に，その事業以外の収入から出た利益と損失を相殺できるので（損益通算），トータルの利益を圧縮することができる。利益を圧縮できるということは，税額を減らすことができることを意味し，この節税効果は大きなメリットと言える。一方，法人課税の場合は，このような損益通算はできない。

　それでは，ＬＬＣにはメリットがないのであろうか。第２節の２項を読み直していただきたい。確かにＬＬＣはＬＬＰに比べると上記のようなデメリットを有するが，それでも「会社」となるメリットは大きい。また，ＬＬＣには株

式会社への移行が可能であり，内部留保（可処分利益の一部を会社内部に留めておくこと）できるなどの優位性もある。

以上のような特色の違いから，ＬＬＣは黒字が出る可能性の高い安定収入型のビジネスに向いており，ＬＬＰはハイリスク・ハイリターンのジョイントベンチャーに向いているといえよう。

4　企業規模による分類

さて，この第4節では，これまでとは別の視点で企業を分類してみる。一般に，大企業，中小企業などと，その規模の大小によって企業は分類されているが，正確にはどのような基準によって分けられているかを示すことが，この節の主目的である。また，新会社法によって，規模による企業分類基準が若干変化しているので，併せてそれも示すことにしよう。

(1)　大会社・中会社・小会社・中小会社

旧会社法（商法）では，資本金の額によって株式会社を分類してきた。その区分は，大会社・みなし大会社・中会社・小会社の4つである。これが，新会社法では大会社・中小会社の大きく2つに区分されることになり，そこから株式（持分）譲渡の制限の有無によってさらに分けられ，計4つに分類されることになっている。その状況を図示すると，次頁の図1－3のようになる。

大会社は新旧ともに同じ扱いだが，従来の中会社と小会社は，新たに中小会社として一本化されることになった。

旧制度の「みなし大会社」とは，資本金1億円超5億円未満かつ負債総額200億円未満の株式会社で，定款によって大会社に適用される「監査等に関する特例」を受ける旨を定めた会社のことをいうが，内容に中小会社と重複があるので，新制度では統合・廃止されている。

次に，譲渡制限の有無による分類であるが，株式の譲渡制限は，大会社と中

第Ⅰ部　現代の企業

図1-3　資本金規模による株式会社の分類（新旧制度対照）

旧制度による分類

株式会社の種類	資本金による定義
大会社	資本金5億円以上または負債総額200億円以上
みなし大会社	資本金1億円超5億円未満かつ負債総額200億円未満
中会社	資本金1億円超5億円未満かつ負債総額200億円未満
小会社	資本金1億円以下かつ負債総額200億円未満

新制度による分類

株式会社の種類	資本金による定義
大会社（分類のA・B）	旧制度と同じ
中小会社／大会社ではない会社（分類のC・D）	資本金5億円未満かつ負債総額200億円未満

譲渡制限の有無と大・中小による分類

	B	A
大会社	取締役会の設置義務なし	取締役会の設置義務あり
	D	C
中小会社	取締役会の設置義務なし　取締役会がなければ監査役の設置義務なし	取締役会の設置義務あり
	譲渡制限あり	譲渡制限なし

（出所）　表1-7と同文献の41頁をもとに作成。

小会社の区別に関係なく，定款で定めれば付けることができる。つまり，大会社であっても譲渡制限を付けることができるし，中小会社であっても譲渡制限をなしにすることができるのである。この結果，図1-3のように「譲渡制限なしの大会社（A）」，「譲渡制限ありの大会社（B）」，「譲渡制限なしの中小会社（C）」，「譲渡制限ありの中小会社（D）」の4つに分類されることになる。

この譲渡制限の有無により，取締役や監査役など，業務執行・監督機関の設計も図1－3に示したように変わってくる。

　ここで1つ注意を要する事項がある。新会社法では，株式の売買が可能，すなわち譲渡制限のない会社を「公開会社」と呼ぶことになっている。第3節の5項では上場している会社を公開会社と説明したが，新会社法の「公開会社」は株式を上場しているか否かには関係がない。今後，用語の使い方に注意が必要である。

(2) 中小企業

　中小企業とは，資本金や従業員数が中規模以下の企業のことをいう。わが国の場合，表1－6に見られるように，ほとんどが中小企業に分類される。この中小企業は，日本経済を下支えしている非常に重要な存在である。

　ところで，先の項では，「企業」ではなく「会社」という名称のみが使われていたことに気づかれたであろうか。旧会社法（商法）や新会社法では，「企業」という用語は使われない。では，中小企業という名称はどこで定義されているのか。それは，中小企業基本法や中小企業金融公庫法等の中小企業関連立法などの，商法・会社法とは別の法規によって定義付けられているのである。以下，その分類を示そう。

表1－8　中小企業基本法による中小企業の範囲

企業分類	中小企業基本法の定義
製造業その他	資本金3億円以下または従業員数300人以下
卸売業	資本金1億円以下または従業員数100人以下
小売業	資本金5千万円以下または従業員数50人以下
サービス業	資本金5千万円以下または従業員数100人以下

第Ⅰ部　現代の企業

表1－9　中小企業金融公庫法等の中小企業関連立法による中小企業の範囲

企 業 分 類	中小企業関連立法の定義
ゴム製品製造業	資本金3億円以下または従業員900人以下
旅　館　業	資本金5千万円以下または従業員200人以下
ソフトウエア業・情報処理サービス業	資本金3億円以下または従業員300人以下

表1－10　中小企業基本法による小規模企業者の定義

企 業 分 類	中小企業基本法の定義
製造業その他	従業員20人以下
商業・サービス業	従業員5人以下

　以上のように，中小企業は資本金と従業員数によって分類され，さらに零細な小規模企業者は従業員数のみによって定義されている。表1－8から表1－10を見れば，一口に中小企業といっても，業種によりさまざまであることがわかるだろう。

5　その他の企業形態

　さて，最後に，これまでの分類には入らなかった私企業的活動をしている組織について，簡単に説明しておこう。

(1)　協 同 組 合

　協同組合は非営利の民間事業組織であり，組合員の出資をもとに組合員相互の事業・生活・福祉向上を目的とするものである。種類としては，①消費者のための協同組合（消費生活協同組合：生協），②第一次産業従事者のための協同組合（農協や漁協など），③中小零細企業者のための協同組合（事業協同組合，信用

協同組合など）がある。協同組合に類似の協同組織としては，協業組合・商工組合・信用金庫などがある。

(2) **民間非営利組織**（ＮＰＯ：non‒profit organization）

ＮＰＯは，個人が自主的に設立する民間非営利組織の総称である。ＮＰＯ法人という場合には，特定非営利活動促進法に基づき法人格が付与された特定非営利活動法人を指すが，単に「ＮＰＯ」という場合，法人格の有無は関係ない。

ＮＰＯ法人の活動分野は，保健，医療または福祉の増進，社会教育の推進，まちづくりの推進など，17項目にわたって指定されている。

なお，ＮＰＯは，民間の自主的な活動を中心にしているため，学校や病院といった非営利組織（non‒profit institution）とは区別されている。それは，与えられる法人格の違い（表1‒5参照）によっても確認できよう。

【トピック】 会社の信用の所在

旧会社法においては，一般的に，合名・合資会社を人的会社，有限・株式会社を物的会社と呼んでいた。

人的会社とは，誰が社員であるかが重視される会社である。合名・合資会社においては，社員が会社債権者に対して人的無限責任を負う。すなわち，会社債権者にとって重要なことは，信用や財産を十分に持っている人が無限責任社員かどうかということであり，会社の財産はさほど重要なことではないことになる。したがって，合名・合資会社には，最低資本金規制はなかった。

一方，物的会社とは，その会社に財産がどれくらいあるかが重視される会社である。有限・株式会社においては，株主あるいは社員は会社債権者に対して有限責任しか負わない。すなわち，債権者はその会社に十分な財産があることを見極めて取引をしなければならないことになる。したがって，有限・株式会社には，各々300万円・1,000万円の最低資本金規制がかけられていたのである。

このように，旧法の枠組みでは，信用のあり方によって会社を人的・物的会社と分類することができたのだが，2002年以降，〔注〕4）で指摘した確認会社

第Ⅰ部　現代の企業

の登場によって，この分類が怪しくなってきた。さらに，2006年以降は，この人的・物的会社の分類は，怪しいどころか，全く意味をなさなくなりそうである。

　たとえば，新会社法によって登場した合同会社は，全社員が有限責任の「人的会社」と分類される。確認会社（有限・株式会社）は別名「1円会社」と呼ばれる。つまり，資本金1円でも会社を設立できるということである。さらに，新法では，株式会社の最低資本金規制は撤廃されている。もはや，人的・物的会社の概念など適用できない状況である。

　これらの措置は，長期の経済低迷，雇用環境の悪化といった日本の現状に対して，新事業・新産業を育成し，景気回復と失業率の増加を食い止めるという意図の下になされたものである。確かに，新規起業者にとっては有利な環境となったし，これによって経済が活性化する可能性もあるだろう。しかし，債権者に対する保護はどうなるのであろうか。雨後の筍のように次々と会社が生まれ，その会社が次々と倒産し，不良債権が増加するといった負の側面については，考慮しなくてよいのだろうか。

　現実を見てみると，最低資本金規制があったとしても，それが債権者保護に繋がるとは限らないことは周知の通りであろう。株式会社が損失を出して，会社財産が1,000万円を割ったとしても，増資や解散を強制されることはない。つまり，最低資本金規制は，一定の財産が会社に存在することを保証しているわけではないのである。しかし，最初から最低資本金規制のない起業の「気軽さ」「お手軽さ」が，会社経営者の社会に対する無責任さを助長しはしないか。

　以上のような問題を食い止められるか否かは，投資家や債権者等の民間の努力にかかっている。証券取引所の上場審査や金融機関における融資審査の厳正化など，会社の最低資本金規制緩和の負の影響は，このような民間の活動によって吸収されなければならない。

　ところで，現実的には，ベンチャーや中小企業が資金調達を行う場合，金融機関等に融資を求めるのがほとんどである。金融機関が企業に資金を融資する際には連帯保証人を設定することが常であり，その場合，会社の責任者やその

第 1 章　企　業　形　態

家族が連帯保証人として名を連ねることが多い。そうすると，たとえ会社が有限責任型の形態をとっていたとしても，実質的には無限責任化する。最低資本金規制を緩和する，あるいは有限責任の人的会社を設定するといった起業活性化策は，もしかすると，民間の自衛努力によって制度策定者の思惑通りにならないかもしれない。

〔注〕
1) 伊丹敬之『企業とは何か　問題状況と研究の方向』，1993年，伊丹敬之・加護野忠男・伊藤元重編『日本の企業システム第1巻　企業とは何か』有斐閣，序章，2頁参照。
2) ここからの内容は，小松　章（1990）における記述に負っている。
3) ここからの内容は，宍戸善一（2002）における記述に負っている。
4) これに関連して，確認株式会社・確認有限会社について言及しておく必要がある。確認株式会社・確認有限会社とは，中小企業挑戦支援法に法的根拠を持つ会社形態で，経済産業大臣の確認を受けた創業者が設立する株式・有限会社のことを指す。商法で規定されている最低資本金1,000万円・300万円を下回っていても会社を設立することができる。ただし，5年以内に最低資本金まで増資・組織変更しない場合，解散しなければならない。この確認会社であるが，本稿執筆時点では，新会社法施行にあたり最低資本金規制が廃止される見込みである。しかし，根拠法である中小企業挑戦支援法における新規事業創出促進法の改正には至っていないようである。

〔参考文献〕
伊丹敬之・加護野忠男・伊藤元重編『日本の企業システム第1巻　企業とは何か』有斐閣。
井原久光『テキスト経営学［増補版］』ミネルヴァ書房，2000年。
岸田雅雄『ゼミナール会社法入門［第5版］』日本経済新聞社，2003年。
小松　章『企業形態論』新世社，1990年。
坂本恒夫・大坂良宏『テキスト現代企業論』同文舘出版，2004年。
宍戸善一『ベーシック会社法入門』日本経済新聞社，2002年。
三戸　浩・池内秀己・勝部伸夫『企業論』有斐閣アルマ，1999年。

第 2 章

経 営 目 的

　本章は経営目的と企業目的の概念的な違いを明らかにし，経営目的を考えることの意義と企業経営におけるその役割や重要性を，現実の企業行動の紹介を通じて，概観する。「企業とは所有者たる株主の利益のために存在する」，「企業とは営利目的や原則によって突き動かされる宿命を負っている」といった考え方は，ここでは企業目的と捉え，それは制度上および理論上の理解や想定であって，現実の企業はより多様な行動様式を持つ。株主以外の多様な関係者の要望を調整し，それらに資する目的を設定し，社会に貢献している。そうした現実の企業の行動様式に影響を与えるのが経営目的である。

第Ⅰ部　現代の企業

1　経営目的の検討と設定の意義

(1)　経営目的とは何か

　経営目的は企業組織のアイデンティティーやその表れである企業行動や事業の行い方に影響を与える。経営目的を考えることは自社（自己）と他社（他者）を差異化し，その企業組織の＜らしさ＞やその社会的／経営上の意味・効果を考えることに等しいのかもしれない。そしてそれを通じて，制度としての企業の存在意義をも考えることにつながる。現実が制度としての企業のあり方の規定にも影響を与えるからである。

　経営目的を構成する，もしくはそれに類似する概念としては以下のような概念がある。それらは，経営理念や経営哲学，社是や社訓，それに企業／経営ミッション，ビジョンなどである。経営理念や哲学は思想的なものであり，それらをより簡潔にコンセプト化した標語のような文言が社是や社訓である。そしてそうした考えをビジネスの中で体現していくための構想や目標がミッションやビジョンとなる[1]。

　企業組織の経営目的やその価値観および意図や想いなどを外部から推察し，把握する材料になるのが，ミッションステイトメントなどの文章化され，内外に示された文言や企業行動である。もちろんミッションステイトメントが直接企業行動を生み出すわけではなく，そうした考えを確実に実施していくための仕組みや働きかけ（マネジメント）が必要になる。そうしたマネジメントの仕組みや企業行動の成果を評価するのが倫理監査と呼ばれるような活動である。

　これらは企業の決定や行動に連続性を持たせるもので滅多なことでは変わらないのに対して，それよりは短期的で，その企業組織の存続や目的を達成し続けるための具体的な指針となるのが経営・事業目標などである。

　現実の企業において，この思想的・精神的な側面と物理的な資源展開の側面を橋架する役割を果たすのが企業ドメインである。ただ企業ドメインは具体的な経営資源の展開や編集のあり方によって認識されるのに対して，経営目的は

第2章　経　営　目　的

その資源展開や編集を指導する価値指向的な参照軸としての役割をも担う[2]。

欧米では経営目的という言葉よりも，ミッションという概念がその企業組織の思想や価値と物理的な資源展開を橋架する組織の支柱として捉えられる傾向にある。そもそも欧米では経営目的という言葉は一般的ではない。ミッションや組織目標という言葉が，ここでいう経営目的という用語と同じ意味の概念として用いられる傾向にある。たとえばダフト（Daft, Richard L.）は，どんな企業組織もある特定の目的のために存在するが，その目的はミッション（使命）と呼ばれ，それは当該企業組織が主体的に設定しえ，全社的にかつ長期的に達成する目標であり，その企業組織の共有の価値観やビジョン，信念や存在理由に関する認識を表したものである，と指摘している[3]。

これらのどれもが，その企業の創業者の価値観の影響を受けているが，かならずしも個人の価値観がそのまま経営目的やミッションとなるわけではない。個人の価値観を超えて，組織としての結びつきや結びつき方，つまり組織体としての紐帯を規定すると同時に，独立した一つの組織体としての外部への働きかけ方を指導する価値や目標のまとまりであり，抽象的な想いや価値と物理的な目標などを包含した，もしくはそれらを接合する役割を果たし，主体的に設定されるのが経営目的やミッションである[4]。

ただしミッションという概念の範疇では，その企業組織の価値観やその主体的設定性を前面に出し，その企業組織が依って立つ制度要件との整合性の考慮が稀薄であったり，暗黙の前提になっているのに対して，経営目的という概念の範疇では，制度としての企業の役割やあり方との折り合いを常に意識した形で，企業組織によって主体的に設定される，制度上の役割と主体としての企業組織の価値や考えを接合づけようとする意向を包含すると解せるところにその概念的な特徴がある[5]。

(2)　経営目的と企業目的の差異

この点は，経営目的と類似するもう一つの概念との対比によって浮き彫りになろう。それは企業目的である。まず両者の違いを見ておこう。

第Ⅰ部　現代の企業

2005年のニッポン放送の株式取得をめぐるライブドアとフジテレビの攻防では，盛んに「企業には株主価値を高めることが義務があり，それこそが存在価値の根幹である」という類の見解が新聞紙上を賑わせた。株式会社，とりわけ上場された公開企業は，所有者たる株主のために存在し，企業が経営上最優先に考慮すべきことは，株主への利益の還元であり，企業活動の最終目的もしくは存在意義は，株主利益に資するための利益の獲得である，というような考え方である。

こうした考えの背景には営利原則という考え方がある。それは企業とは営利を目的する事業体であり，営利のために存在し，企業を突き動かすのは営利原則である，というような認識である。こうした理解はあくまでも制度としての企業の存在意義や役割を捉えたもので，制度上想定される企業の目的であることに注意する必要がある。つまり同じ制度形態をとる企業全般に課せられる，その制度形態をとり続ける上での義務要件であったり，制度としての企業の理解を展開する上での前提であるということである。

ここでいう制度とは会社法における株式会社の規定であったり，そうした考えを支える私有財産制や法人という概念を指すが，そこにおいてすら，株式会社制度を含む営利法人の要件規定における営利原則とは，企業目的とは営利であり，企業とは株主利益の極大化のために存在する，ということを直接的には意味しない[6]。

制度上の営利原則／非営利原則の本質的意味は，出資者から提供された資金をもとにした事業活動を通じて獲得された利益をその出資者に分配しうるかどうかというところにある。株式会社は出資者である株主から提供された資金を元に事業を行い，獲得した利益を配当という形で分配することが認められている。しかし，非営利法人は出資者である寄付者に獲得した利益を配分することは認められていない。事業活動を通じて獲得した利益から経費を差し引いた収益は，その組織の事業目的に関わる活動にすべて再投資することが義務づけられている。

このように制度上の規定における営利原則は残余の資金提供者への私的配分

が可能かどうかに本質的な違いがあり，制度上の規定では営利原則を想定されていながらも，現実の株式会社形態の企業組織ですら，株主利益を短期的には減価させてしまいかねない寄付を行ったり，近年では稼いだ利益の還元という域に止まらず，その利益の稼ぎ方＝営利の追求の仕方に社会貢献的な観点を加味して事業を展開する企業組織も存在する。

(3) 理論想定上の企業の目的

また企業目的＝営利という構図は，制度上に止まらず，企業を考える諸理論においても見られる。たとえば新古典派経済学や新制度経済学などの諸論においてである[7]。

古典派経済学では，所有と経営が未分化の個人企業を対象に，その企業体の目的が私的利益の追求であると想定したり，企業＝生産の装置と捉え，生産主体としての効用の最大化をその目的などに想定し，議論がなされる。しかしここでは企業そのものの存在性や目的を主眼にしているのではなく，経済システム全体の成り立ちを説明するための，そのシステムの構成要素の一つとして，企業という制度の目的が想定されているに過ぎず，個別企業組織はもちろん企業全般の主体性は考慮しない[8]。

また新制度学派の経済学では，企業とは契約の束であると捉え，資源配分を効率的に行いうる際に存在する，したがって資源の有効な配分のメカニズムと捉える。ここでは企業組織全般の存在性は，資源配分の有効性という形で説明され，そこに企業組織の存在意義は見い出されるが，そこでは企業組織の存続という観点が暗黙の目的として想定される[9]。

経営学においても個々の企業の存在意義や役割ではなく，企業全般のそれらとして，存続や成長を暗黙の企業目的として想定し，所与としての目的をいかに効率的に達成するかということを議論してきた見解が存在する。その典型が官僚制の議論である。ほとんどの官僚制の議論は組織全般を暗黙の対象にし，個々の企業組織の経営目的の具体性を考慮する余地を持たない。むしろ，企業組織の目的は所与として，もしくは組織の存続を想定し，所与としての目的を

第Ⅰ部　現代の企業

効率的に達成するための手段合理性が議論される[10]。

こうした議論において想定される企業目的には個別企業組織はもちろん，企業組織全般の個性や主体性を基本的には考慮しない。それらはこれらの議論の関心の対象ではないという方が正確なのかもしれない。

さて，企業目的やミッションという概念との対比から，経営目的は以下のように捉える必要があろう。企業目的とは制度としての企業の，その制度における役割や存在意義の規定であり，制度としての企業に求められる要件もしくはその制度の恩恵を受けるために満たすべき約束事であり，他方，経営目的とは，その企業目的の精神や要件を尊重・参照しつつも，企業組織が主体的に設定した，もしくは設定しうる目的で，それは自社と他社を峻別した形で，制度としての役割の果たし方を指導する基軸になる。

しかし同じ制度や組織構造をとりながらも，現実の企業行動は多様である。制度的な企業目的は，こうした個別の企業組織の利益の稼ぎ方までをも直接規定するものではない。制度上の役割や目的をも加味しつつ，企業組織の利益の稼ぎ方を指導し，現実の企業行動の多様性を生み出す核となるのが，経営目的なのである。

そして現実の企業経営における経営目的の設定は，自己と他者を境界づけ，対外的には共同行為体としての企業組織の個性や，現実の企業経営のあり方や成果を指導・評価する基準ともなる。

そして学術的には多様な企業行動や企業経営のあり方，つまりは企業特性を説明するための素材となる。企業行動に経営目的の違いが現れるとするならば，その目的の共通性の考察から，特定の企業群の行為特性を把握する一つの支柱の役割を果たす。少なくとも，営利原則は特定の制度形態を取る以上，考慮すべき制約ではあるが，営利原則が唯一絶対の原理原則ではなく，企業組織それぞれが制度上の役割を果たしながらも，その中身を決定する利益の稼ぎ方や＜らしさ＞を指導・評価する指針となるもので，設定の主体性を重視した捉え方こそが経営目的という概念であるといえよう[11]。

第 2 章　経　営　目　的

2　経営目的と企業行動

さて，次にここでは企業行動は経営目的の表れである，つまり両者には一定の対応関係があるということを前提にして，ある一定の基軸に基づく目的性を共有したと考えられる企業行動を捉える型と企業の役割や存在性に関する概念とを紹介することで，企業目的と経営目的が異なること，そして経営目的が制度の制約を受けながらも，共同意思決定主体としての企業組織によって主体的に設定される，自己を差異化するための参照軸であることを明らかにする。

企業の役割や存在性に関する概念としては，①ＣＳＲ（corporate social responsibility：企業の社会的責任），②ビジネス・エシックス（business ethics），そして③ＢＳＲ（business for social responsibility），また型に関してはa）社会貢献型ビジネス，b）価値主導型ビジネス，そしてc）ソーシャルエンタープライズ，を取り上げる[12]。これらを対応させていることで，企業行動に表れる経営主体の目的性の差異を浮き彫りにする。

(1)　ＣＳＲと社会貢献型ビジネスの範疇

制度としての企業の役割やあり方を考えることを課題としながら，営利原則や株主利益に資することを考慮しつつも，株主以外の社会構成者や広く社会に対する責任を主張するのが，ＣＳＲの概念である。ＣＳＲが制度としての企業のあり方や役割，つまり制度としての企業全般の社会への責任を加味した企業行動を主張する背景には，その制度に付帯する公共性を重視する考えがある。また少なくとも，社会に対する責任や公共性の考慮は，株主利益や営利原則をより効果的に行うためにも，正当化されてきた経緯がある[13]。

①　Ａ.Ｐ.スミス社

このあたりを説明する典型がＡ.Ｐ.スミス社の例である。同社はニュージャージー州に1896年に設立された，水道やガス装置のバルブなどを製造販売する，従業員約300人の株式会社であった。同社の取締役会は1951年7月24日，

第I部　現代の企業

プリンストン大学からの寄付募金の要請に対して，要請額の1,500ドルの寄付を決定した。同社はそれ以前にも地域の共同募金や近隣の大学に寄付をした経験を有していた[14]。

ところがこのプリンストン大学への寄付の決定に対して，同社の一部の株主が不当な支出であると共に取締役権限の逸脱であると異議を申し立てたのである。そこで同社の取締役はその支出の正当性確認を求めて提訴したのである。

1953年6月25日，ニュージャージー州最高裁は，この法人による慈善寄付や取締役の決定を認める判断を示した。同州は法人による慈善的寄付を認める州法を有していた。しかしこれを直接の論拠としたのではなく，法人としての主体も，自然人としての個々人と同様に，公益のために貢献する義務を負うというコーポレートシチズンシップ（corporate citizenship）に類似した考えに依拠していたこと，しかも直接的な企業への利益とは異なるが，波及的な企業の経済的利益によっても，行為としての社会貢献活動やその決定を容認する法的な事実を残した点に，この判決のエポックがあるといわれる。この裁判の判例文の中で最初に企業の社会的責任という言葉が用いられたといわれるが，これ以降企業の事業活動に直接関係のない公益活動への寄付やビジネス・ジャッジメント・ルールの中でのそうした支出決定を容認する潮流をもたらした[15]。

② アメリカン・エキスプレス社

ビジネスと慈善活動をドッキングさせた企業の社会貢献活動の典型が，1983年に米国のアメリカン・エキスプレス社によって初めて実施されたといわれる，ＣＲＭ（cause-related marketing：コーズ・リレーティッド・マーケティング）と呼ばれるキャンペーン型のマーケティングである[16]。同社は当時，自由の女神の修繕のための募金を募っていた団体と協力して，以下のようなキャンペーンを展開した。それは同社のカード所有者がそのカードで決済をするたびに，自由の女神の修繕基金に1セントを寄付する，というものであった。同社はこれによって同基金に200万ドルを寄付し，かつ同社のカード利用回数も通常より28％増大したと言われている。

こうした公益・慈善目的への寄付や特定の社会問題への支援と事業活動を

第 2 章　経営目的

セットすることは，その企業組織にとっては販売促進や自社のサービスを同類のそれと差異化する効果をもっている。CRMのコーズ（cause）とは大義や大目的という意味であるが，消費者の日常の経済・消費行為の中で，普段通りの行為に別の意味合いを付加することで，個々人や法人の大義への貢献を演出・援助するのが，こうした活動の特徴となる。

　ただし寄付金の支出の形態はまちまちである。利用者が負担する場合もあれば，企業が売上の一部から提示した指定の金額を提供する場合もある。前者の場合は利用者の寄付機会を援助することで，大義に関わることになるし，後者の場合は，一見企業利益を害して寄付を拠出しているようであるが，公益性との関わりをセールスポイントとし，販売促進効果，つまり便益を得ていると考えられるので，A.P.スミス社のような慈善寄付とは区別される。もちろん折半のような形で企業と消費者が同時に拠出する場合もある。これをマッチングギフトという[17]。

　さて，このような企業の慈善的な寄付を議論する際に重要になるのが，会社利益のルール（corporate benefit rule）という考え方である。

　アンドリュースらによると，米国では1917年には個人による慈善目的の寄付金を，連邦所得税法上，所得控除する規定が存在しており，活発な個人寄付を支えることになった。これは自然人を対象にした規定であったが，1935年の歳入法の改定によって翌年の36年の所得申告年度以降から，法人による慈善的寄付の税引き前利益の5％までの損金算入が可能となった。つまり課税対象額からの控除が可能となった。これによって税法上，法人による慈善寄付は正当性をもつことになる[18]。この5％という上限は，1981年のレーガン政権下における経済復興法にまつわる税政の転換によって，10％に引き上げられている[19]。

　ただし会社法上，法人による慈善的寄付やその決定を下す経営者の判断の妥当性をめぐっては，問題が残っていた。そうした寄付が株主利益を害することになるからである。そうした中で，法人による寄付など，事業活動に直接関わりのない支出を容認する支柱になったのが会社利益のルールである。これはその寄付が法人の直接的な利益に寄与する場合にのみ，そうした支出に正当性を

認めるという考え方である[20]。

　この会社利益のルールの意味を変えることになったのが，A.P.スミス社の判例であり，その後，直接的な企業への利益よりも企業寄付による社会的な便益の向上，それへの法人としてのコミットを奨励したり，少なくとも社会をよくすることによる，その結果の間接的な企業への見返りをも会社利益の範疇に包含するようになったのである[21]。

　さて，これらの慈善的寄付に代表されるような社会貢献は，企業組織の行為性として以下のような特徴を持っている。これらは稼いだ利益を社会に還元することを主な中身とし，その利益の稼ぎ方自体は基本的に問わない点である。極論すると，不正行為によって得た富であっても，より多くの寄付を行っていれば，その企業はよい企業と評価されるかもしれない。

　こうした点を説明する概念として，カング＝ウッド（Kang, Young‐Chul & Wood, Donna J.）はＡＰＯ（after‐profit obligation：利益獲得後の義務）とＢＰＯ（before‐profit obligation：利益獲得前の義務）という区分概念を提起している[22]。前者は利益を獲得した後の義務であり，営利原則や利益追求の仕方を問わないのに対して，後者はいかに営利を追求し，利益を得るのか，つまり事業活動のあり方そのものの中での社会性を考える余地をもつことになる。社会貢献という発想はまさに，制度としての企業目的を絶対とはしないものの，ＡＰＯ志向の企業行動の，したがってそうした目的性の，表れと解せる。

　以下ではＢＰＯ発想に関わる例から企業行動の型や概念を示すことにしよう。

(2) ビジネス・エシックスと価値主導型ビジネスの範疇

　ＢＰＯに関わると言える重要な概念がビジネス・エシックスである。企業倫理や経営倫理と訳されるが，コーポレート・エシックスではない点に注意する必要があろう。つまり法人の倫理ではなく，事業やその組織体の倫理というニュアンスをもっている[23]。こうしたトピックやその企業行動を見てみよう。

① ジョンソン＆ジョンソン社

　ジョンソン＆ジョンソン社は1886年，ニュージャージー州にロバート・ジョ

ンソンらによって設立された，世界的なヘルスケアの企業である[24]。同社はそのドル箱製品であったタイレノールへの毒物混入事件の際に見せた，倫理的対処やそれを支えた「われわれの信条」といわれる同社の経営理念の卓越さで有名である。

タイレノールへの毒物混入事件は，1982年に起こり，7人の服用者が犠牲になった。その際，同社は自社に全く落ち度がないにもかかわらず，消費者利益（生命）を重視し，情報の開示とリコールを呼びかけた。そして製品を回収し，毒物の混入の有無を検査し，外部からの異物混入を防止するためのパッケージを施しうるようにして，同製品の販売を再開した。

回収には当然膨大な費用を要し，タイレノールを巡る判断は，何百万ドルもの利益を生み出す主力商品のイメージダウンだけではなく，回収のため同社の経済的な負担からくる将来への不安や従業員の雇用をも危うくすることを意味していた。

この判断の基盤になったのが「善良な市民のために行動すること」という考え方で，その精神は同社の創業以来の理念に起因しているといわれる[25]。その基本理念は，「わが社は痛みと病気を軽減するために存在しており，われわれの責任には序列がある。一番目が顧客（患者や医療関係者），二番目が従業員，三番目は社会，そして株主が四番目である。従業員には能力に応じて機会と報酬を与え，権限分散こそが創造力を生み，生産性の向上につながる」という考え方である[26]。それ以外にも積極的な権限委譲を通じた事業活動への従業員の巻き込みは同社の事業の行い方の特徴の1つである。同社はその信条を押しつけるのではなく，その価値の共有・浸透と時代に合わせた刷新や事業への反映のあり方を常に従業員参加の下で実施している[27]。

こうした同社の従業員の事業活動への積極性は，単に同社の掲げるミッションへの共感，つまり組織目的へのコミットによってのみに支えられているだけではなく，同社の雇用機会の均等や職場の多様性などの推進および「仕事と家庭」の両立を念頭にした早期からの育児・介護休暇やフレックスタイム制の導入などの伝統が背景にあると言われている[28]。それによって家庭や家族に問題

第Ⅰ部　現代の企業

を抱えた従業員の離職を低減し，従業員福利を上げると共に人的資源の有効活用を促した。つまり会社の従業員への配慮への報いとしての組織へのコミットが大きいというのである。

② メルク社

メルク社は1891年，ジョージ・メルクによって設立された，米国を代表する世界的な製薬企業である[29]。同社のメクチザンという医薬品を巡る行いは，従来のビジネスの論理や企業目的（≒資本の論理）に屈しない，もしくはそれに挑む企業組織の目的性の重要性を物語る。

メクチザンは1987年に同社によって開発・販売された抗生物質の一種で，精神疾患や失明を引き起こす回線糸状虫症の世界初の予防薬のことである。メクチザンは公衆衛生上画期的な製品ではあったが，それを必要とする顧客，つまり患者は発展途上国の，その中でも最貧国の低所得者で，その個人だけではなく患者を多く抱えた国々の政府にも購買力はなく，さらにこうした地域には医療体制どころか薬を患者に効果的に届けるためのインフラも整っていなかった。

メクチザンは一年に一回の服用で治療効果があると期待されていたが，識字率や供給体制および万が一副作用が起こった場合の安全対策の点でも問題があった。つまり製品に対するニーズは間違いなく存在し，撲滅は困難としても間違いなく予防し，多くの人々を救える力を持っているにもかかわらず，売れない，利益の得られる見込みのない薬を開発することはビジネスとして，企業として，正しいことなのかというジレンマに同社は直面したのである。

当時同社には年間2千万ドル以上の利益の見込めない薬の開発は認めないという新薬開発の投資基準があった。この基準を遵守すればメクチザンの開発は間違いなく妥当ではなかった。しかし同社は開発を継続し，最終的にはビジネスとしてではなく，物品寄付という形で1987年メクチザンを必要とする全ての人に無期限で無料で提供すると発表し，その後1996年メクチザンを提供するための20年計画を開始したのである[30]。さらに2000年にはエイズ関連の同種のプログラムであるＡＣＨＡＰ（Africa Comprehensive ＨＩＶ／ＡＩＤＳ Partnership）を立ち上げ，医療関連の財団やボツワナ政府とのパートナーシップの基に，短

第2章　経営目的

期的に収益の見込めない，医療援助にも似た活動を実施している。

　同社はメクチザンの開発段階から，ＷＨＯ（World Health Organization：世界保健機構）などと連携していた。それは製薬業界にはよくある開発に関する共同研究や臨床試験をめぐる協力であったが，ＡＣＨＡＰは供給やフォローアップを含めた総合的な社会事業の性質を持ち，同社はそうした枠組み形成にイニシアティブを発揮した[31]。

　同社のこうした決定や活動は「公益に資すれば利益は後から付いてくる」という非常に単純ではあるが実施するのは難しい信念に支えられている。もちろん，善行による信頼や名声は長期的には利益をもたらす可能性はある。たとえばこうした貧しい国が後に発展し，市場となった時の同社の認知度や好感度などである。

　しかし医薬品の開発に限らず，企業は売れるモノ，利益の見込めるモノを作るのが当たり前だとされる[32]。同社はこうした活動を社会貢献としてではなく，あくまでも業務として展開している。たとえば当初この取り組みは社会貢献部門に担われていたが，のちに取締役直轄業務に移管されている[33]。

　さて，ビジネス・エシックスという議論は企業行動やそれを導く企業組織の意思決定の妥当さを評価・指導したり，また望ましい意思決定の仕組みのあり方を議論することを課題とするが，その妥当性の基準になるのが，社会的価値観や規範に基づく善悪である。具体的な主体の個々の行為がある価値基準に照らして妥当かどうか，ということと，その行為が社会的善の発展に寄与するかどうかということによって，倫理的かどうかが判断される[34]。

　こうした倫理的もしくは社会的な価値観とビジネスのあり方をセットで考え，個々の企業経営の中で実践しようとする企業は価値主導型ビジネスと呼ばれる。ここでいう価値とは進歩的な社会的価値を意味し，ＣＲＭなどのような「社会へのお返し」ではない。既存のビジネスのあり方に挑戦し，公共の福祉のために社会的な発展を促進することを意識し，企業経営の中で実践することが価値主導型ビジネスである，と自らを価値主導型ビジネスと評するベン＆ジェリーズ社のベン・コーエンは言う[35]。

第Ⅰ部　現代の企業

　価値主導型ビジネスはその特性として，日常業務の中で社会性を加味し，営利性との調和を図っている。つまり高い（向社会的な）理念や理想をビジネスに持ち込みながら営利活動としてのビジネスをも成功に導いたり，利益追求と本来ならばビジネスの負うべきことではないと考えられてきた事柄を両立させたり，場合によっては社会問題の解決を収益の見込めるビジネスとして育成・展開してきた企業組織のことを指し，ＳＲＢ（socially responsible business：社会的責任企業）とも呼ばれる。

　ＳＲＢは「善いことをすればうまくいく」という基本原則を実践する企業として規定される[36]。ＣＳＲとの観点の違いは，制度としての企業が等しく果たすべき役割や責任ではなく，個々の企業組織によって実際に果たされている行為性に焦点を当てている点，つまり多様なコミットの仕方とその志向性が企業組織個々の価値に基づく目的性に起因するという見方を強調する点にある[37]。

　たとえば以下のような行為である。間接費の上昇を省みず，自前の風力発電所を建設し，自社工場の電力供給にあてるコスメティックやトイレタリー製品を製造する環境志向の企業（ボディー・ショップ社），そして主体的にゲットーに出店しホームレスを店員として採用し，職業訓練を施し，社会復帰の技能と基盤を提供するベーカーリーチェーン（グレイストーンベーカリー社）やアイスクリーム製造・販売の会社（ベン＆ジェリーズ社）などである[38]。

(3)　ＢＳＲとソーシャルエンタープライズの範疇

　さらには，単に稼いだ利益の社会還元として社会貢献を行うという発想ではなく，毎期の収益の全てを従業員と慈善活動への寄付に回す，そのためにオーガニックの加工食品の製造・販売の事業を行っている企業もある。たとえば1982年米国のコネチカット州ウェストポートにオスカー俳優のポール・ニューマンによって設立されたニューマンズ・オウン社や，ハーレム・テキスタイル・ワークス社などである。同社は環境に良い素材を用いてカーテンを製造している中小企業で，収益はすべて子供の芸術プログラムの支援活動に寄付されている。同社は子供の芸術的成長に貢献することを目的にカーテン製造という

第 2 章　経営目的

事業を行っているのである[39]。

　こうした企業行動やそこに見られるビジネスの目的性は，価値主導ビジネスというカテゴリーさえ，超越しているのかもしれない。たとえばワーキング・アセッツ・グループのワーキング・アセッツ・ロングディスタンス社である[40]。

　同社は電話回線の再販をしている長距離電話サービス会社であるが，同社の加入者に政府機関や政治家，そして問題を起こした企業に抗議の電話や手紙を送りつけるよう喚起しており，そのためのサービスを提供している。たとえば毎月特定のキャンペーン問題を設定し，特定の日にそれに関わる関係機関への抗議の電話（たいていの場合，長距離電話を使用せざるを得ない）の料金を割り引いたり，最初の3分間を無料にするサービスをしている。キャンペーン問題の告知は料金請求書に記載されており，それを利用して料金を別途支払えば，代理で「市民からの手紙」と題された抗議の手紙を関係機関に発送している。

　単に長距離電話サービスを提供しているというよりは，社会運動をサポートする手段として長距離電話サービスという事業を利用している，または社会運動へのステイクホルダーの巻き込みを事業としていると言えるのかもしれない。

　ワーキング・アセッツ社も，ニューマンズ・オウン社も制度的には営利法人である。こうした企業行動を捉える概念がＢＳＲ（business for social responsibility：社会的責任のための事業／企業）であり，その型として参考になるのがペストフ（Pestof, Victor）の提唱するソーシャルエンタープライズ[41]，つまり社会的企業という概念である。

　ＢＳＲとは，従来のように，制度的には営利目的でありながら，企業組織としてその行為性に社会的な目的性を加味したビジネスを展開する，というニュアンスではなく，社会的な目的性を主として，その実施形態として制度的には営利法人という形態を選択するというような認識である。ビジネスにとっての社会的責任やそれを加味した目的性ではなく，社会的な目的性を主とした，そのためのビジネスという捉え方である。

　ペストフは，協同組合（労働者協同組合，消費者協同組合や新しい協同組合）や非営利のボランタリーアソシエーション（いわゆるＮＰＯ）などを具体的な事業体

第Ⅰ部　現代の企業

に想定して，社会的企業の特徴を以下のようにまとめている[42]。

　それらは①（利益追求という）単一の目的に支配されず，社会的に有益な複数の目標を追求し，同時的充足を目指す，②利潤の追求を目的としないが，経費を上回る収益をあげ，目的の充足と従事者の満足（自己実現）が得られるように努める，③社会的な競争の優位性の源泉として，ステイクホルダー相互の信頼関係を重視する，④コミュニティーにおいて信頼を獲得し，コミュニティーの発展に積極的に寄与する，そして⑤国家，市場，コミュニティーを媒介とする機能をもち，それらの不備を部分的に代替・補完する役割を担う，というものである。

　ペストフの構想のポイントをかいつまんでいえば，製品やサービスだけではなく，事業体の経営と活動における，ある関係性を通じて地域社会や社会そのもののあり方を共同生産し得る事業体を社会的企業として描いている。そのある関係性とは，市民をサービスの受益者であると同時に生産者ともなりうるように，所有者（出資者）／経営者，雇用主／被雇用者などの役割を分けるのではなく，出資者でもあり経営者，労働者でもあるというような事業体への市民の関わり方である。

　こうした構想そのものはきわめて理念的であるかもしれないが，現実に制度上の営利／非営利を越境した，もしくは自由に出入りするような形で事業活動が展開されつつある。これまでは市民運動として展開されていた活動を制度的には営利法人のビジネスとして展開したり，制度的には営利原則の法人が，その事業活動の中で運動性を発揮するというようなことである。こうした現象は運動の事業化／事業の運動化と呼ばれる[43]。

3　制度と現実の相互作用

　本章では，経営目的と企業目的の違いを検討し，経営目的が制度の制約を受けながらも，その規定通りには収まらない，企業組織のアイデンティティの形

第2章　経営目的

成をも導く，主体的に設定される目標や価値のまとまりであることを考察してきた。そして特徴的な経営目的の表れと解しうる企業行動の型や概念などを概観的に紹介してきた。

　しかし制度的な規定やそれを背景とした所有構造もまた企業組織の経営目的の実施度を大きく左右する。とりわけ社会的志向の目的性をである。たとえば1978年に創業し，1984年に株式公開したベン＆ジェリーズ社は，1990年代前期から中期にかけての業績低迷および株価下落をきっかけとした経営計画の改善策以降，それまで通りの倫理的価値に基づいた路線を主張する創業者と経営陣との間の溝が露見し，2000年にＴＯＢ（take over bid：株式公開買付）をかけられ，オランダの食品多国籍企業のユニリーバ社に買収され，その傘下に組み込まれた[44]。同社の特異性の一つであった，地域の個人株主所有という政策が仇となったのである。それは地域の市民の多様な価値や意見を，単なる要望としてではなく，法的な権利の下に同社に反映させるための仕組みとして，同社がとっていた政策の一つであった[45]。

　同様に1976年に創業したボディー・ショップ社も1982年にロンドン証券取引所に上場し，公開企業となっていたが，90年代中期の業績悪化から社会的価値を重視した経営と事業計画の見直しを余儀なくされた。この頃から株価の回復と業績改善のために効率重視に組織が再編され始め，最終的には売りに出され，2001年には買収が成立した[46]。

　価値主導型ビジネスもしくはＳＲＢの代表企業とも言える両社のカリスマ的な創業者兼経営者は，完全に経営権を失い，コンサルティング契約を通じてアドバイザー的存在としてそれぞれの会社に関わるに過ぎなくなった。

　上場株式会社の場合，どんなに経営者個々人や組織として崇高な価値観や倫理を持っていたとしても，株主のための利益追求という義務が優先されることは，営利法人としての制度上の宿命であり，ベイカン（Bakan, Joel）は株主利益に資する範囲でのみしか，経営者の価値や倫理の反映された企業の善行が正当化されないことは，企業（この場合は法人を主として意味する）による社会的責任の遂行やそれへの期待の限界であり，かつ法人という擬制が，人格を有した自

第Ⅰ部　現代の企業

然人のように市民として公共に対する責任を果たすどころか，責任を外部に押しつけ，取らない（取れない）ことを社会が容認していることを意味し，それは株式会社制度の欠陥以外の何者でもないと批判する[47]。

　現に自社の経営理念や価値観を確固としてビジネスにおいて反映するために，戦略的に株式上場を廃止したり，同族経営を選択する事例もある。たとえば価値主導型ビジネスという範疇に該当する，国際的なアパレル企業である米国のリーバイ・ストラウス社である。同社は1853年に創業し，1971年に株式を公開した[48]。しかし80年代の米国における企業買収や乗っ取り，そして短期的経営成果偏重の煽りを受け，上場企業という形態において，理念を堅持した形での収益の確保（利益と社会的価値の両立）が困難であると判断し，1985年，自社の理念に沿った社会的責任重視の経営を貫徹するために，市場に流通していた自社株を買い戻し，非上場企業に戻った[49]。

　ビジネスという概念は制度性と行為性，そして公共性と営利性を包含しているように思われるが，そのビジネスのあり方，もしくはその目的性は，制度の一定の縛りのなかで，それに収まりきらない主体としての行為性とそれを秩序づけ，調整するための制度的な規定とのせめぎ合いによって漸進的に変化している。そうした現実の企業行動やそこに込められた主体としての企業組織の想いの広がりが，制度としての企業の規定やあり方をも進化させてきた。

　株式会社などの営利法人＝営利目的の制度という現在の認識を前提にすれば，本章で紹介した企業の活動は標準を逸脱した特殊な例に見えるかもしれない。しかし，そもそも私法人の設立認可の経緯，つまりは私法人の制度化は歴史的に見て，公共性や公益性を前提にしていたことに留意しなければならない。自然人のような実体を持たない，擬制としての法人という制度，しかも営利法人を包含する私法人の設立は，公共の利益に適い，広く社会の統治下に置かれる場合にのみ，その設立が認められたという時代があった。18世紀から19世紀中盤までの米国では，大学や社会インフラの建設事業，そしてそうした事業に融資を行う銀行業務などが公益事業として私／営利法人化が承認された経緯がある。独立後の米国では州によっては，法人（とりわけ営利法人）は，年限を設け

第 2 章　経 営 目 的

た上で公益事業に限って個別に立法によって設立が認められていた。その際，社会に対して守るべき規則を定めた「憲章」が設けられ，議会によって事業内容がチェックされていた。それによって企業は市民社会によって統制される社会事業としての性質を担保されていた。これを憲章企業という[50]。

こうした仕組みや手順を設けたのは，擬制としての法人への権力の集中による社会的弊害を危惧してのことであって，企業権力の社会的制御と民主化のために，憲章企業のような制度を復権させ，利益や株主への配当よりも，企業という権力機構に対する市民の主権担保を提起する論者も存在する。

経営目的という，企業組織という主体の目的性，とりわけ，向社会的なそれは，制度や所有構造に多大な影響を受ける。企業とは，企業経営とは何か，その良し悪し（善し悪し）とは何か，それは何故かということを考える時，制度の役割や意義とその制度をとる組織体の行為性との相互作用を意識することが重要であろう。

〔注〕
1) 三宅隆之『社会的使命の経営学』中央経済社，2002年，ペイン著，鈴木主税・塩原通緒訳『バリューシフト』毎日新聞社，2004年など参照。
2) エーベル著，石井淳蔵訳『事業の定義』千倉書房，1984年，トンプソン著，高宮晋監訳『オーガニゼーション・イン・アクション』同文舘出版，1987年など参照。
3) ダフト著，高木晴夫訳『組織の経営学』ダイヤモンド社，2002年，31～34頁参照。
4) 目的設定は主体の主体たる重要な要件であり，経営目的は共同行為主体としての組織体が成し遂げようと目指す事柄やその方向性，そしてその成し遂げ方を規定し，企業組織の戦略決定や意思決定を行う際の参照軸になる。こうした観点で経営目的の問題は経営計画論や戦略論においても議論される（高田　馨『経営の目的と責任』日本生産性本部，1970年，高田　馨『経営学の対象と方法』千倉書房，1987年，1～30頁，ルーマン著，馬場靖雄・上村隆広訳『目的概念とシステムの合理性』勁草書房，1990年およびエーベル，前掲書，など参照）。
5) 目的設定の主体性を意味する場合，企業行動よりは経営行動という表現が用いられるが，本章では初学者の混乱を避けるために企業行動という表現を用いることにする。
6) この点は営利法人の対極に位置づけられる非営利法人と対比するとわかりやすい。わが国でも1995年の阪神・淡路大震災以後，ボランティア活動や非営利組織の活動への関心が高まり，1998年12月に小規模の団体であろうとも，民間による，公共の福祉

71

第 I 部　現代の企業

や社会貢献に資することを目的とする法人の設立や活動を規定・促進する，特定非営利活動法人法，いわゆるNPO法が施行され，NPO法人の社会的影響力が高まりを見せている。NPO法人は制度上の精神として，公共福祉や社会貢献活動を目的とするとしても，NPO法人組織はその活動の中で収益活動を行っているし，それが制度的にも認められている。サービスが無料で提供されるわけではなく，NPO法人組織の会員になるには年会費を支払う必要が当然ある。それらの会費や収益活動で得た資金および寄付金が，NPO法人組織の事業資金となる。一方，制度的には営利を目的とすると想定される株式会社形態の企業組織の中には，その企業組織の本業を通じて獲得した利益の一部を寄付や寄贈という形で社会貢献活動を実施している。こうした事業への再投資とは直接的に関係のない，株式会社という法人としての寄付が，一定の範囲内で許容されており，企業＝営利原則の事業体で，株主価値の向上を第一の責務に想定していることが当たり前と思われがちな米国においても，許容されている。

7) 谷本寛治「企業理論のパースペクティブ」『経済理論』272号，1996年，45〜75頁参照。
8) ハート著，岩田　浩訳「企業理論に対する一経済学者のパースペクティヴ」ウィリアムソン編著，飯野春樹監訳『現代組織理論とバーナード』文眞堂，207〜230頁参照。
9) コース著，宮沢健一他訳『企業・市場・法』東洋経済新報社，1992年およびウィリアムソン編著，前掲書，など参照。
10) 沢田善太郎『組織の社会学』ミネルヴァ書房，1997年，参照。
11) 高田，1970年，前掲書，ルーマン，前掲書，など参照。
12) ここでのBSRとは，米国の社会的責任志向のビジネスプラクティスの共有と普及に努めている同名の団体Business for Social Responsibilityのことではなく，ビジネスのあり方を捉える概念として筆者が設定したものである。
13) 高岡伸行「CSRパースペクティブの転換」『日本経営学会誌』第13号，3〜16頁，2005年，とりわけ4〜5頁を参照。
14) 同社の事例の記述に関しては以下を参考にした。森田　章「米国における社会的責任論の展開㈡」『民商法雑誌』第70巻，第4号，66〜106頁，1974年，とりわけ94〜95頁，98〜99頁および中原俊明「米法におけるCorporate Social Responsibilityの発展と現状㈡」『民商法雑誌』第72巻，第4号，3〜41頁，1975年，とりわけ32〜33頁，丹下博文『検証　社会貢献志向の潮流』同文舘出版，1994年，16〜20頁など。
15) 株主の負託を受けた経営者が，その委任を前提に経営の諸判断を独自に行いうることをビジネス・ジャッジメント・ルールという。中村美紀子『企業の社会的責任』中央経済社，1999年，40〜45頁参照。
16) 同社の事例の記述に関しては以下を参考にした。スミス＆笹川平和財団編『米国のコーポレートシチズンシップ実例集』笹川平和財団，1989年，10頁。
17) これはある商品を購入すると自動的に一定の金額を特定の団体や対象に寄付する，ということを謳い，その同額を企業側も支払う，というような形態のことを指す。
18) アンドリュース著，海外市民活動情報センター編訳刊『アメリカにおけるPhilanthropy　その歴史と構造』1991年，Hall, Peter Dobkin, "A Historical Overview

第 2 章　経 営 目 的

of the Private Nonprofit Sector", in Powell, Walter ed., The Nonprofit Sector, Yale University, 1987, pp. 3 - 26.
19) ただし1936年から80年までの企業寄付は控除上限が 5 ％であったにもかかわらず, 2 ％を超えなかったそうである（Hall, op. cit., p. 16）。
20) 中村, 前掲書, 40〜44頁参照。
21) 同上, 42〜45頁, 森田, 前掲書, 中原, 前掲書, など参照。
22) Kang, Young-Chul and Wood, Donna J. "Before-Profit Social Responsibility-Turning the Economic Paradigm Upside Down", in Nigh, Douglas and Collins, Denis eds., *International Association for Business and Society Conference proceedings*, Vienna, 1995参照。
23) Logsdon, Jeanne M. and Wood, Donna J. "Business Citizenship : From Domestic to Global Level of Analysis", *Business Ethics Quarterly*, Vol. 12, No. 2, 2002, pp. 155 - 187. 参照。
24) 同社の事例の記述に関しては, 以下を参考にした。アギラー著, 田中　滋訳『ジョンソン・エンド・ジョンソン（A）』慶応義塾大学ビジネススクール, 1984年, Post, James E. et al. *Business and Society 8 th edition*, McGraw-Hill, 1996, pp. 558 - 575., Jackson, Ira A. and Nelson, *J., Profits with Principles*, Currency Books, 2004, pp. 307 - 311. など。
25) ボリエー著, 佐藤洋一訳『ニッチ市場の覇者たち』トッパン, 1998年, 2 頁参照。
26) コリンズ＆ポラス著, 山岡洋一訳『ビジョナリーカンパニー』日経B P , 1995年, 113頁参照。
27) Jackson and Nelson, op. cit., pp. 307 - 311.
28) Reder, Alan *In Pursuit of Principle and Profit*, Tarcher Putnam, 1994, p. 71.
29) 同社の事例の記述に関しては以下を参考にした。ボリエー著, 前掲書, 333〜347頁, Jackson and Nelson, op. cit., pp. 307 - 311. など。
30) コリンズ＆ポラス著, 前掲書, 77〜81頁, 346〜352頁, ボリエー著, 前掲書, 同頁。
31) これにはメクチザンの提供の中で培われた公的機関（WHOや世界銀行）やその他の民間関連機関との公的・私的両セクターにまたがるパートナーシップにおける経験が活かされていると言われる。
32) 事実同社に限らず, 製薬会社にとっての高収益製品は高血圧やコレステロールの抑制・緩和剤である。そうした分野に集中的に資金が使われるのが普通であり, 同社もバソテックやメバコールという, この種のヒット商品を持っている。ニーズがあっても市場として捉えず, どの会社も関わろうとしない未来の市場に先行して関わることは, 確かに認知度や好感度を上げ, 販売拡大につながる可能性はあるが, 短期的な成果を重視する米国の既存のビジネスの論理を前提にすれば, 画期的な振る舞いである。
33) Jackson and Nelson op. cit., pp. 318 - 320.
34) 高岡, 前掲書, 5 〜 6 頁, ペイン著, 前掲書, など参照。
35) コーエン＝グリーンフィールド著, 神立景子訳『ベン＆ジェリーアイスクリーム戦略』ピアソン, 1999年, 32〜37頁参照。

第Ⅰ部　現代の企業

36)　マコワー他著，下村満子監訳『社会貢献型経営ノすすめ』シュプリンガーフェラーク東京，1997，89頁。
37)　高岡，前掲書，12～13頁参照。
38)　マコワー他，前掲書，263頁参照。
39)　森　孝之『想いを売る会社』日本経済新聞社，1998年，81頁。
40)　同社の事例の記述に関しては以下を参考にした。Scott, Marry and Rothman, Howard *Companies with a Conscience*, Birch Lane Press, 1992, pp. 186-187.；マコワー他，前掲書，108～110頁など。
41)　ペストフ著，藤田暁男，川口清史他訳『福祉社会と市民民主主義』日本経済評論社，2000年。
42)　同上，1章参照。
43)　佐藤慶幸「女性たちのワーカーズ・コレクティブ」『社会科学討究』第41巻，第2号，1995年，1～29頁および谷本寛治「ＮＰＯと企業の境界を超えて」『組織科学』第33巻，第4号，2000年，19～31頁など参照。
44)　Auer, Katherine A. and Hoffman, Alan N. "Ben & Jerry's Homemade Inc.: 'Yo! I'm Your CEO'", in Harrison and St. John (eds.) *Strategic Management of Organizations and Stakeholders* (2nd edition), South-Western Publishing, pp. c297-c311., 1998.
45)　コーエン＝グリーンフィールド著，前掲書，120～9頁参照。
46)　ベイカン著，酒井泰介訳『ザ・コーポレーション』早川書房，2004年，70～73頁。
47)　同上，2，3章。
48)　その際も同社は異例にも株式発行の趣意書に，配当のための短期的な利益追求に偏重することよりも，自社の社会的，倫理的な価値に沿った経営を堅持することを宣言し，購入予定株主に同社の経営姿勢に対する理解を求めていた。
49)　Hamilton, Joan O. C. "Levi Strauss want to be a Family Affair Again", *Business Week*, July 29, 1985, pp. 28-29., Bellew, Patrical A. "Levi Strauss & Co.'s Chief May Propose $1 billion Bid to take Concern Private", *The Wall Street Journal*, July 12, 1985, p. 6, "Levi Strauss Board Studies Buy-out Offer", *The Wall Street Journal*, July 16, 1985, p. 16, ボリエー著，前掲書，404～413頁など参照。
50)　コーテン著，西川　潤監訳『グローバル経済という怪物』シュプリンガーフェアラーク東京，1997年，4章参照。また米国の法人史に関しては，Hopkins, Bruce *The Law of Tax-Exempt Organization* (5th edition), John Wiley & Sons, 1987およびHall, op. cit., pp. 3-26. などを参照。

〔学習者用参考文献〕

ベイカン著，酒井泰介訳『ザ・コーポレーション』早川書房，2004年
コールマン著，板倉　宏監訳『クリミナルエリート』シュプリンガーフェラーク東京，1996年
ハーツ著，鈴木淑美訳『巨大企業が民主主義を滅ぼす』早川書房，2003年

第2章　経　営　目　的

Jackson, I. A. and Nelson, J. *Profits with Principles*, Currency Doubleday, 2004
コーテン著，西川　潤監訳『グローバル経済という怪物』シュプリンガーフェアラーク東京，1997年
クライン著，松島聖子訳『ブランドなんか，いらない』はまの出版，2001年
ミッチェル著，松野　弘・小坂隆秀監訳『社会にやさしい企業』同友館，2003年
ペイン著，鈴木主税・塩原通緒訳『バリューシフト』毎日新聞社，2004年

第3章

企業環境とステークホルダー

　企業事故や不祥事の頻発を背景に，企業の社会的責任を問う声は日増しに高まっている。他方では環境問題，消費者問題および雇用問題に真摯に取り組む企業や，社会と良好な関係を築くことに積極的な企業も増えてきた。このような状況の下，われわれは企業と社会の関係について考える機会が増えてきている。本章では「ステークホルダー」概念をキーワードとして用いながら，企業と社会の関係およびその変化について適切に読み解くための手掛かりを示す。

第Ⅰ部　現代の企業

1　「企業と社会」を考える手掛かりとしてのステークホルダー概念

(1)　ステークホルダーとは何か

　ステークホルダー（stakeholder；利害関係者）とは，企業の経営活動に影響を与えるあらゆる集団および個人のことであって，具体的には株主，従業員，顧客，債権者，金融機関，サプライヤー（供給業者），労働組合，取引先，業界団体，政府機関，地域住民，ＮＧＯ（Non‐Governmental Organization；非政府組織）およびＮＰＯ（Non‐Profit Organization；非営利組織）等を指す。企業はこれらさまざまな主体と相互関係を保ちながら経営活動を行っている。

　企業活動の社会的役割について考えさせられる機会の多い今日においては，企業とステークホルダーとの関係を意識しないことの方がむしろ不自然なことのように思えるかもしれない。松下幸之助（松下電器創業者，故人）は「企業は社会の公器である」という有名な言葉を残している。企業の経営活動が多くの人々の生活にとって不可欠であったり，そこから受ける影響が不可避的であるという意味において，企業は社会の制度であると言えるであろう。

　企業が単なる一経営体ではなく社会的な存在であるということは，社会からの支持なくしては経営活動の継続が困難になる，つまり経営活動の最も根幹となる「ゴーイング・コンサーンの原則」が十分に達成できなくなってしまうということを意味している。近年頻発している企業不祥事によって会社およびグループ解散の事態に陥ったり，株式市場からの退場を命ぜられたりするといったケースは，このことを顕著に物語っているのである。また不祥事ではないものの，ニッポン放送の敵対的買収をめぐるフジテレビとライブドアの騒動・和解の過程において，ライブドア経営陣が「フジテレビを支配する」と発言したことに対して一部のフジテレビ社員が反発し，反ライブドア声明を発表するという事態も起きている。このようなことからもわかるように，社会において企業が存続していくためにはステークホルダーからの支持が重要であるということが，一層強く認識されるようになったのである。

第3章　企業環境とステークホルダー

(2)　企業を取り巻く環境の変化

　一企業の動きは単体の事項に止まるのみならず，社会全体の変化を引き起こすこともある。先述した敵対的買収のケースについても，フジテレビとライブドアという当事者間のみの問題に止まっているわけではなかった。この騒動をきっかけに，日本ではあまり一般的ではなかった「敵対的買収」への危機管理の甘さを多くの企業に認識させることとなり，その対策について真剣に議論がされるようになった。また政府も敵対的買収や株式売買に関わる法律の不備を重く受け止め，法的整備の動きに乗り出した。

　企業不祥事や事故が起きた場合には，とりわけこのような傾向が強い。2000年に起きた雪印乳業製品による集団食中毒の発生に際して，消費者は雪印製品に対してのみではなく，他の乳製品全体の安全性に対しても不信感を抱くことになった。その結果，同年夏の牛乳，加工乳および乳飲料をはじめとする乳製品に対する需要は一時急激に減少している。またこれに伴って他の多くの食品メーカーが製品の安全チェック体制の見直しを図ったことは，本事件以降食品の自主回収が急増したことや，製品に関する情報開示が盛んに行われるようになったことなどからも容易に推察できる。今日では製品不良が確認された場合や不良が疑われる場合には，即座に自主回収を行い，その情報をニュースやインターネットなどのマス・メディアを通して公開するのが一般的であるが，本事件が発生する以前は必ずしもそうではなかったのである。

　当然のことながら事故・不祥事の防止や危機管理といった予防的な行動だけではなく，企業の社会問題への積極的な取り組みも多く見られるようになってきた。企業の社会的責任（Corporate Social Responsibility，ＣＳＲ）に対する関心の高まりから，企業はステークホルダーとの信頼関係を築くことに一層努めている。環境問題への意識の向上を背景に循環型社会を意図した製品開発，製品のリサイクルおよびリユース活動の展開，従業員の福利厚生を向上させるための休暇制度の充実，消費者の健康や安全を意識した添加物や化学調味料を極力用いない食品の製造・販売などはその典型的な例である。

　このように企業は人々の関心や価値観の多様化に適応することによって，社

会におけるその活動の正当性を獲得しようとする。企業と社会の相互関係について企業・社会双方の視点から包括的に考察する「企業と社会」論（Business & Society）では，企業不祥事の未然防止や，社会環境の変化への適応を「企業の社会的即応性（Corporate Social Responsiveness）」といい，主要な問題領域の一つと位置付けている。

「企業と社会」論においては，企業がステークホルダーの「要請」に応える＝「応答」することによって彼らからの信頼を獲得すると理解されている。また，たとえば食品企業における不祥事の頻発が消費者の不信感を増長させた結果，マス・メディアの批判的報道，消費者の不買運動および流通・小売業者との取引の停止といった行動が起きたり，もともとは食品の安全性や衛生管理に関する議論であったのが，産地・成分表示の適正化およびトレーサビリティ・システムの導入といった内容に拡張されたりするといった近年のケースのように，特定のステークホルダーからの特定の企業に対する要請が，必ずしも単一的かつ一時的なそれに終始するとは限らない。他のステークホルダーによるイシュー（issue，当該課題）の認識や共有を伴って，より強い要請へと変化することもある。このような要請を「社会的要請」と呼び，それに対する企業の応答を「社会的応答」と呼ぶ（図3－1参照）。

ＩＴ技術の急速な発展やマス・メディアの影響力がますます強まっている今日においては，情報伝達力・伝搬力が目ざましいだけに，社会的要請に対する企業の適切な応答が一層求められることとなる。このように，企業は社会との相互作用の過程の中からその存在の正当性を付与されるのである。こうしたことが「企業は社会の制度である」として認識される所以であろう。

次節以降では，企業に対して社会的正当性を付与する主体であるステークホルダーについて論じる。まずステークホルダー概念の起源を紐解きながら，企業の社会的応答の適性について考える上で検討されねばならない，ステークホルダー自身の存在の正当性や性格，経営活動に対する影響力について考察していく。

第3章　企業環境とステークホルダー

図3－1　社会における企業の正当性の獲得

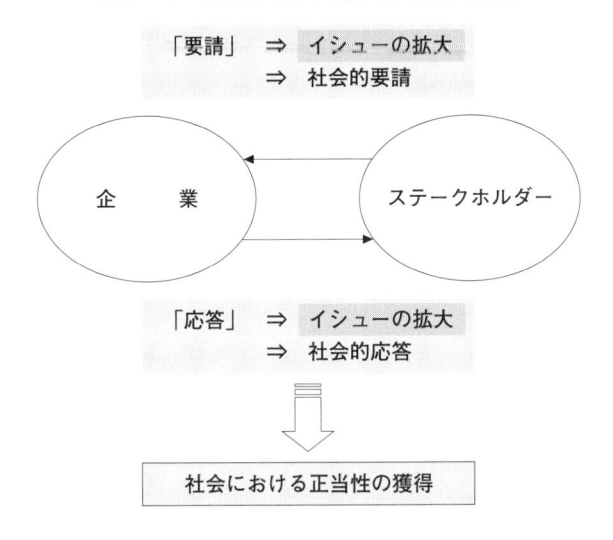

「要請」⇒　イシューの拡大
　　　　⇒　社会的要請

企　　業　←→　ステークホルダー

「応答」⇒　イシューの拡大
　　　　⇒　社会的応答

⇩

社会における正当性の獲得

2　ステークホルダー概念の起源

　経営関連の文書において，ステークホルダーという概念が初めて用いられたのは，1960年代前半のスタンフォード研究所の内部資料であると言われている。この当時の伝統的な経営学，とりわけアメリカ経営学においては，株主（stockholder）こそが企業にとって必要不可欠（vital）な存在なのであって，経営者は彼らの利益を第一に考えた経営を行わねばならないという株主モデルを基盤とする企業観が支配的であった。しかしながら，企業経営にとって必要不可欠な存在であるという意味においては，株主のみならず従業員，顧客，サプライヤー，債権者，金融機関もまた同様であるという考え方が普及するに従って，徐々にではあるが企業観の再構築の必要性が認識されるようになってきたのである。

　「stake」という言葉は経営学においては「利害」と訳されることが一般的であるが，本来は「支柱，賭け事，掛け金，賭ける，囲う，経済的に援助する，

第I部　現代の企業

要求をする，(人がある場所を) 張る」という複数の意味をもつ。自分の生活や財産を企業の存続に賭けるような人々と企業との互いに不可欠な関係に照らし合わせて，また「stockholder」になぞらえて「stake + holder」という言葉が用いられるようになったと考えられている。当時の概念では，ステークホルダーとしてみなされるための判断基準は，彼らが経営活動にとって不可欠な存在であるか否かに求められていた。経営活動とは購買，生産，販売活動を指しており，これらの活動に不可欠な株主，従業員，サプライヤー，納入業者，顧客，流通・小売業者がステークホルダーとして規定されたのである。

その後フリーマン（R. E. Freeman）の著作『戦略的経営』（*Strategic Management*）においては，ステークホルダーは「組織目的の達成に対して影響を及ぼす，もしくはそれによって影響を受ける集団ないし個人」という定義にまで拡充されており，これが今日のステークホルダー・モデル（図3-2参照）の基盤となっている。

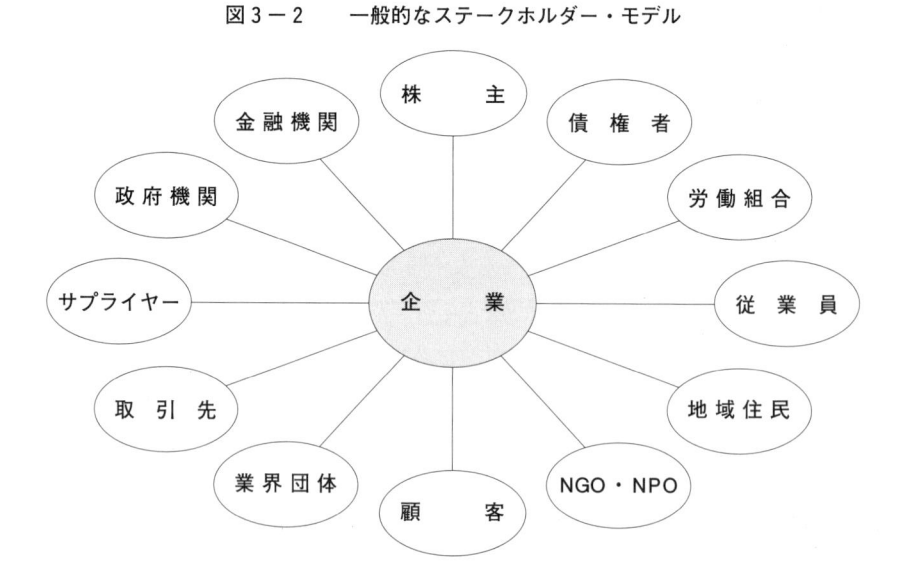

図3-2　一般的なステークホルダー・モデル

(企業を中心に，株主，金融機関，債権者，労働組合，従業員，地域住民，NGO・NPO，顧客，業界団体，取引先，サプライヤー，政府機関がステークホルダーとして配置されている。)

第3章　企業環境とステークホルダー

　フリーマンはステークホルダー概念の拡充に関して，経営者，従業員および消費者の価値観の多様化，国際情勢の変化や政治的干渉による企業と海外のサプライヤーとの関係の変化，政府機関による企業活動の監視，海外企業の競争力の向上，マス・メディアの発言力の強化および1960年代後半から70年代にかけての社会運動（環境保護運動，消費者運動，公民権運動）の萌芽などの環境変化を取り上げ，これらが概念拡充の必要性を認識させる要因であると述べている（ステークホルダー定義の変遷については図3－3参照）。

図3－3　ステークホルダー定義の変遷

	伝統的株主モデル（伝統的企業観）	初期のステークホルダー・モデル	今日のステークホルダー・モデル
ステークホルダー＝企業の社会的存在に正当性を付与する主体	株　　主	株主，従業員，顧客，流通・小売業者，納入業者，サプライヤーなど	初期ステークホルダー・モデルに加えて政府機関，地域社会，業界団体，労働組合，市民団体等
ステークホルダーの判別基準	企業の存続に必要不可欠（vital）な主体であること	「購買⇒生産⇒販売」という一連の経営活動にとって，必要不可欠な主体であること	組織目的の達成に対して影響を及ぼす，もしくはそれによって影響を受ける集団ないし個人
企業の社会的役割	（経営者は）株主から経営を受託されているのであり，株主の「所有権」を最大限に尊重した経営を行わねばならない	経営活動に関わる人々にとって，必要不可欠な存在	「社会の公器」，「社会の制度」としての存在

第Ⅰ部　現代の企業

3　ステークホルダー研究の焦点

現代のステークホルダー研究は「誰がステークホルダーであって，彼らの権益がどの程度尊重されねばならないのか」という問題に対して，さまざまなアプローチを試みている。ステークホルダーとしての正当性に関する問題――どのような条件を備えていればステークホルダーとして認められるのか――および利害関係の正当性に関する問題こそが，ステークホルダー研究におけるもっとも基本的な課題であるといえよう。

(1)　予備的考察

現実に即した事例を用いながらステークホルダーの権益や彼らの存在の正当性について考えてみよう。2004年に起きた球界再編騒動は，この問題について考えるための手掛かりを提供してくれる。一連の球界再編騒動の発端は，プロ野球オーナー会議において，近鉄球団（当時）解散の発表とともに2リーグ制度から1リーグ制度への移行が検討され始めたことであった。これに反発した選手会はオーナーに直談判を試みようとするが，拒否されてしまう。しかし選手会側の主張に対する世論の圧倒的な支持を背景に，2リーグ制度の維持と日本プロ野球連盟への新球団の参入が実現されたことはいまだ記憶に新しい。

さて，ステークホルダーとしての権益や正当性という切り口からこの問題を分析すると，次のような構図が浮かび上がってくる。日本のプロ野球球団は株式会社であり，オーナーは球団に対して株主としての権利を有している。一方，選手やファンはそれぞれ従業員および顧客というステークホルダーであって，それぞれの属性に応じた権益を有する。本ケースにおいては株主の持つ所有権という権利と，従業員として働くことに関する権利および顧客として企業の提供するサービスを享受する権利がぶつかりあった格好となっているのである。会社法によれば株主は株式会社の最高意思決定者であるから，オーナーとしての権益は他のステークホルダーに先んじて最も尊重されねばならないはずであ

る。しかしながらこのケースにおいては，従業員や顧客の要請が優先されるという結果に一応は帰結した。ステークホルダーとしての株主，従業員，顧客のステークホルダーとしての権益や正当性と同時に，社会における企業の役割や，適切な社会的応答のあり方について興味深い論点を示したのではないか。

(2) 論点―正当なステークホルダーとしての根拠―

　ステークホルダーの解釈に関する議論というと，ともすれば「幅広いステークホルダーを想定して経営を行っている企業の方が，より社会性の高い企業である」というイメージを喚起してしまう。一見するとこれは社会に開かれた理想的な企業像に映るかもしれない。しかしながら企業はあくまで経済的主体なのであって，制約された資源を用いて経営活動を行っているという大前提を抜きにしては，正しい企業像を捉えることはできない。適切な社会的応答のあり方やステークホルダー・マネジメントについて考えるならば，その対象であるステークホルダーについて，その存在の正当性や尊重されねばならない権益の特定およびその内容の吟味という，もっとも基礎的な論点についての理解を固める必要があるだろう。

　ステークホルダーとしてみなされるための根拠については，各論者の間で見解が統一されているわけではないが，概ね「企業の社会的責任原則に基づく正当性」と「企業に対する影響力の強度」という基準に集約されているように思われる（図3－4参照）。ステークホルダー・モデルは，企業論および戦略論という複数の理論的背景の下で議論されており，このような見解の相違は理論的背景の相違を反映するものである。

図3－4　ステークホルダーの正当性に関する論点の比較

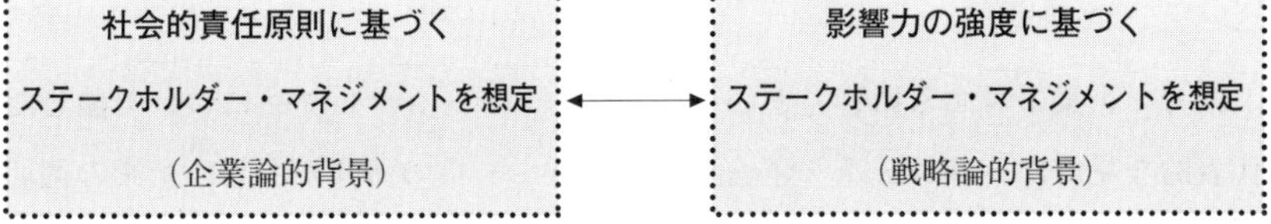

社会的責任原則に基づく ステークホルダー・マネジメントを想定 （企業論的背景）	←→	影響力の強度に基づく ステークホルダー・マネジメントを想定 （戦略論的背景）

第Ⅰ部　現代の企業

それぞれの議論について簡単な整理をしておこう。

アメリカで「企業と社会」論のもっとも代表的なテキストの一つとして用いられているキャロル（A. B. Carroll）の『企業と社会』（*Business & Society*）によれば，企業の社会的責任の問題領域によってステークホルダーは規定されるという。キャロルは企業の社会的責任領域について，経済的責任（利益の確保，ゴーイング・コンサーンの原則の達成，適切な株価の維持，株主への適切な配当，従業員への給与支払い，納税義務の遂行等），法的責任（法令遵守），倫理的責任（社会的即応性の尊重，適切な社会的応答の遂行等）および慈善的責任（社会貢献活動，チャリティー原則に基づく活動等）の4つのレベルを示している。このことから所有権（share in an undertaking），法的権利（legal right），倫理的権利（moral right）および企業活動に伴って享受する利益・企業活動に対する影響力（interest）を持つものが企業にとっての正当なステークホルダーであると論じている（図3－5参照）。ただしこの種の議論においては，所有権および法的権利については明確な基準が存在するものの，倫理的権利や影響力といった要素がステークホルダーの特定における判断基準を曖昧にしてしまうという点は否めない。

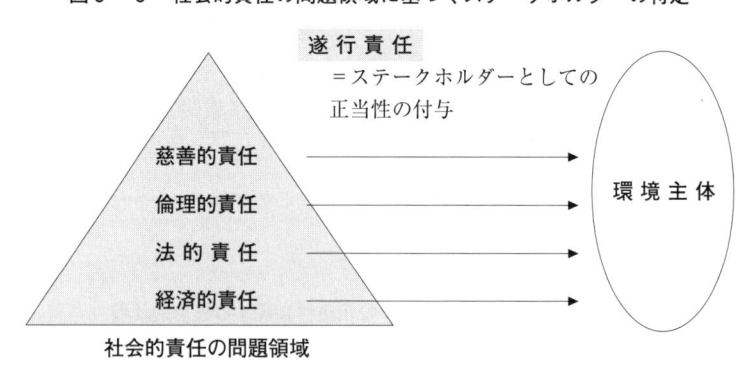

図3－5　社会的責任の問題領域に基づくステークホルダーの特定

遂行責任
＝ステークホルダーとしての正当性の付与

慈善的責任
倫理的責任
法的責任
経済的責任

環境主体

社会的責任の問題領域

他方，企業に対する影響力という観点からステークホルダーについて論じた代表的な見解にミッシェル（Mitchell et al (1997)）らの研究があり，企業の適切な社会的応答のあり方とそのための施策の提示という目的から，ステークホル

第 3 章　企業環境とステークホルダー

ダーの類型化が行われている。これは戦略的ないし実践的な観点に立ったものであり，ステークホルダー認識において企業に対する影響力の強度が関係の正当性を凌駕する可能性も生じる，という興味深い含意を見出すことができる。

　この研究ではステークホルダーの「権力 (power)」，「正当性 (legitimacy)」および「緊急性 (urgency)」という軸を用いて，ステークホルダーの性格について分類が行われている。ここでいう権力とは腕力や暴力といった強制的支配および経済的・法的支配を，正当性とは組織および社会における規範，価値および信念に照らしあわせて適切だと認められる企業との関係性を，緊急性とはその要請に即座に応えなければ，企業もしくはステークホルダーの存在が危険にさらされるという要請の重要性および不可避性を指している（図 3 − 6 参照）。

図 3 − 6　影響力の強度に基づくステークホルダーの特定
（ミッシェルらの研究の例）

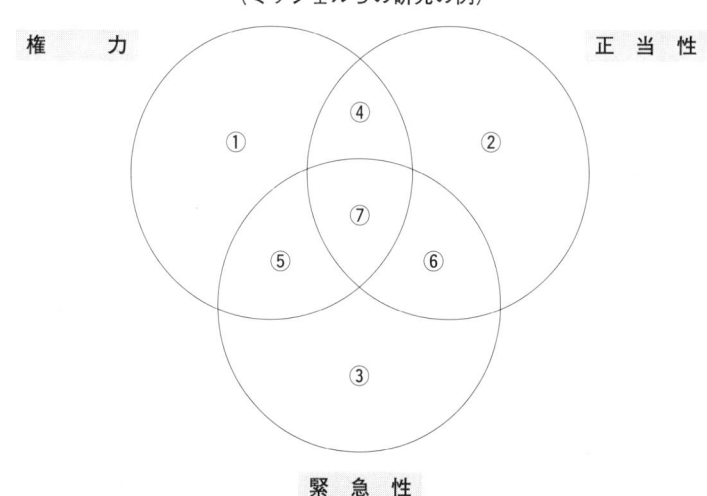

権　力　　　　　　　　　　　　　　　正　当　性

①　　　　　④　　　　　②

　　　　　　⑦

　　　⑤　　　　　⑥

③

緊　急　性

①　休止中のステークホルダー　　⑤　危険なステークホルダー
②　任意のステークホルダー　　　⑥　依存的なステークホルダー
③　要求の多いステークホルダー　⑦　絶対的なステークホルダー
④　有力なステークホルダー　　　⑧　非ステークホルダー

（出所：Mitchell et al（1997）p.874）

またステークホルダーの性格は（たとえば株主，消費者といったような）属性によってのみ規定されるわけではなく，彼らを取り巻く環境に応じて流動的になることも示唆されている。

(3) ステークホルダー研究の展開可能性―企業環境の変化を踏まえて―
　ここではやや応用的な内容として，ステークホルダー研究における新しい問題意識の萌芽とその展開可能性について示す。
　まず第一に，ステークホルダー間の相互作用に対する関心の高まりが挙げられる。一般的なステークホルダー・モデルにおいては企業と各ステークホルダーはダイ・アド関係（二者一組の関係）として想定されているが，近年ではステークホルダー間の相互作用という状況に注目がされるようになってきた。たとえば欧米の市民団体の中には，同種の活動を行う他の市民団体に対する対抗意識が非常に強く，自組織のアイデンティティを少しでも強調するような形で行動したり，企業に働きかけてくるものがあるという。消費者団体，市民団体および地域住民といったステークホルダーは，自分達の主張にいかに発言力や説得力を持たせるか＝「要請の強度を高めるか」ということを最大の関心事として行動することが一般的である。そのためにいくつかの団体で連携してパワーを強めた上で企業に働きかけ，自分達の主張を通そうとするという行動は比較的多く見られる。しかしながら上記のような団体間の競合という行為は，要請の強化および団体の利益の最大化という観点から見て，必ずしも合理的であるとは言い切れない。ステークホルダー行動の動機の多様化という論点を見出すことができる。またこのような直接的・実態的な相互作用以外にも，たとえばステークホルダーの要請が政府の政策決定の過程で実現されるといったごく一般的なケースについては，機能的な側面における相互作用とみなしうる。
　こういった現状をどのようにモデルに組み込むか，今後のステークホルダー研究における重要な課題として指摘できよう。このように考えていくと，一般的なモデルで想定されているようなダイ・アド関係は，企業とステークホルダーの時間的・空間的に広範に張り巡らされている関係のうちの限られた一部

第3章　企業環境とステークホルダー

を切り取ったものとして捉えるのが，適切であると思われる（図3－7参照）。

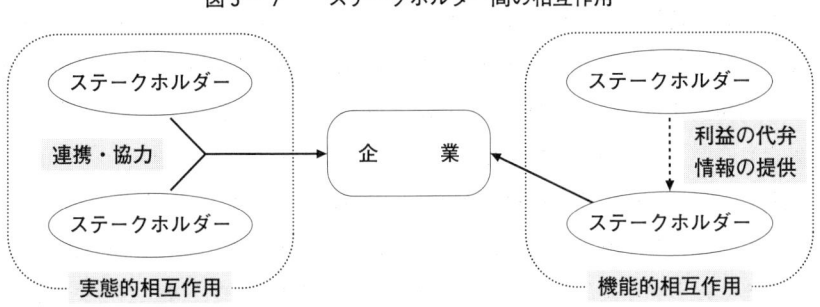

図3－7　　ステークホルダー間の相互作用

```
┌─────────────────────┐                    ┌─────────────────────┐
│   ステークホルダー    │                    │   ステークホルダー    │
│         ╲           │                    │         │ 利益の代弁  │
│ 連携・協力  ╲        │  ┌───────┐         │         ╎ 情報の提供  │
│           → │──→│企　業 │←──│         │           │
│         ╱           │  └───────┘         │         │           │
│   ステークホルダー    │                    │   ステークホルダー    │
│                     │                    │                     │
│    実態的相互作用     │                    │    機能的相互作用     │
└─────────────────────┘                    └─────────────────────┘
```

　第二に，企業を取り巻く環境としてのマス・メディアの影響力に対する関心が挙げられる。マス・メディアは企業の経営活動から直接的な利益を享受したり，害を及ぼされたりするものではないために，多くの既存研究においてはステークホルダーとしてではなく，せいぜい中立な情報媒体，タスク環境ないし特殊なステークホルダー（special stakeholder）として捉えられている。またマス・メディアはその発信する情報が必ずしも全ての事柄において真実を伝えているとは言いがたく，またしばしば偏向を含むという可能性を孕んでいることから，「企業と社会」論およびその周辺領域の学問分野においてはマス・メディアを"あてに出来ないもの"として忌み嫌う傾向があることは否めない。

　しかしながら「マス・メディアの発信する情報が真実を伝えているとは限らない」という事実と「主にマス・メディアを介して形成される情報環境の中で多くのステークホルダーが社会を認識し，何らかの意思決定を行っている」という事実は別個の問題である。とりわけ日本に関して言えば，経済情報に関するマス・メディア報道が個人の思考様式に与える影響が，その他の情報と比較して相対的に大きいという研究成果も近年発表されている。

　たとえば1999年に発生した埼玉県所沢市のダイオキシン騒動は企業のケースではないものの，経済活動一般やステークホルダーの行動に対するマス・メディア報道の多大な影響力を示す典型例として挙げることが出来るだろう。こ

第Ⅰ部　現代の企業

れはテレビの報道番組が，埼玉県所沢市産の農産物のダイオキシン問題を扱ったことに端を発している。同番組では埼玉県産のほうれん草など青菜類のダイオキシン残留量のデータを公開したところ，それがダイオキシン残留量について高い数値を示していた。そのデータは実際には茶葉から検出されたダイオキシン残留量であったと言われているが，番組内では葉物野菜の多くから検出されたもののように扱われていた。この報道をきっかけに同県産のほうれん草が売れなくなり，生産者に多額の経済的被害が発生したという事件である。

　新聞，テレビ，ラジオのみならずインターネットというメディアの発達は，私たちにあらゆる情報を瞬時に伝達することを可能にした。また自らが直接関わる可能性の少ない企業活動，海外の企業活動に関わる情報などを入手することができる。このことは消費者の購買活動の変化といった形で企業に影響を与えるのみならず，先述したようなステークホルダー間の相互作用（例：市民団体やNPO・NGO間の情報交換，交流の活発化）を促進するという側面もある。企業の社会的即応性という課題に鑑みても，マス・メディアの影響力については今後分析されねばならない課題といえるであろう。

4　発展的考察—企業と社会の関係を適切に捉えるためには—

　企業が社会から信頼される存在であり続けるためには，ステークホルダーに対する理解こそがその最初のステップであることを論じてきた。企業の適切な社会的応答は，企業の努力のみではなくステークホルダーとの共存関係の中から生み出されるものであることも併せて認識しなければならない。ここでは，企業の社会的応答とステークホルダーとの共存関係のあり方について事例をもとに考察し，企業社会におけるプレーヤーとしてのステークホルダーの役割の重要性を確認したい。

第3章　企業環境とステークホルダー

(1)　「企業の論理」と「社会の論理」のジレンマ

　本章中でしばしば例として取り上げている雪印乳業集団食中毒事件については，安全性の確認されていない原材料の使用と，工場のずさんな衛生管理の実態が複合的に絡みあって生じた事故であるとの最終的結論が既にまとめられている。また被害の拡大については情報公開および自主回収の遅れが指摘され，同社の不適切な対応について厳しく非難された。この事件については一般的に安全管理を怠り消費者をはじめとする社会の期待を裏切ったという，企業モラルの欠如を示す事例として語られることが多い。雪印がステークホルダーの期待を裏切ったことは事実であり，倫理的な行動に対する要請が高まることは自然な流れである。しかしながらこのような企業行動の背景には，ステークホルダーの期待に応えることへの限界と課題が隠されているという点に注目できないだろうか。

　乳製品のようにとりわけ鮮度を大事にしなければならない製品を購入する時，わたしたち消費者は多くの場合，品質保持期限を確認してから購入を決める。一般的にその期限が長ければ長いほど，つまり製品ができたての状態に近いほどよい，と考える傾向が強い。新鮮な製品を求める消費者のニーズを，スーパーや量販店などの小売店は察知し，それを満たすよう努力をする。牛乳，加工乳および乳飲料といった乳製品の安全検査には本来20～24時間程度を要するといわれている。しかしながら少なくとも2000年当時においては，6，7時間で終了するという簡易検査しか通過していない製品が市場に流通するということも一般的であったという。これは一体どういうことなのだろうか。

　従来，乳製品は生産された翌日に配送されるのが慣行であり，製品の最終的な品質確認は商品が流通ルートに乗っている間に行われるような仕組みが機能していた。万一不良製品が発見された場合にも，このようなシステムの下でならば製品を回収する余裕があった。しかし消費者の新鮮志向の高まりにつれて生産したその日に納品することが求められるようになり，一般的な慣行として定着するようになったのである。これでは安全性が充分に確認されないうちに製品が消費者の手に渡ってしまうというリスクが懸念される。しかしながら

第Ⅰ部　現代の企業

「少しでも日付の古いものは売れない，お客さんのニーズだから」という大義名分の下，一日でも新しい製造年月日の刻印に対する小売業者の過度の要求と，それに応えることができなかった時のペナルティは，特に牛乳のような生鮮食料品を扱う食品メーカーにとっては重圧になっていたといわれている。

　もちろんＨＡＣＣＰ（「危害分析・重要管理点方式」。食品衛生管理のシステムの一つ）認証をいち早く取得した雪印乳業の工場がずさんな生産管理・衛生管理を行っていたことの罪は免れないものの，不良製品が市場に流通してしまうという仕組みの背景には，「企業の論理」と「社会の論理」というジレンマが存在していることは否めないであろう。適切な企業の社会的応答と企業に対する信頼の形成を理解するためには，企業とステークホルダーの直接的関係のみならず，企業を取り巻く環境に対する目配りが必要不可欠なのである。

(2)　「モラルの追求」≠「犯人探し」──企業と社会を論理的に分析する目──

　2005年4月に発生したＪＲ西日本・福知山線の脱線事故。多数の死傷者を出したこの事故は，次のような背景の下で起こってしまった。事故の起きた福知山線は，現在でこそ一日200本近い特急列車や快速列車が走る路線だが，ＪＲ民営化以前は鈍行列車の走っていた線路である。ＪＲ西日本では国鉄時代からの累積赤字を早急に解消するため，ローカル線時代の貧弱なインフラをあまり改良することなく列車の高速化と増便を進めていた。そのため鈍行列車のみが走行していた時代には問題視されることのなかった長い直線の後の急カーブ──事故発生場所もまさにそのような形状であった──がそのままの状態で使用され，また効率化やコスト削減の目的から新型自動列車停止装置（ＡＴＳ－Ｐ）が設置されていない区間も依然として残されていたのである。このような悪条件の下でなおかつ過密ダイヤに対応するために運転士には過剰な負担がのしかかり，ダイヤを乱すような運転が認められる場合には，日勤教育という罰則が設けられていたことも企業体質の問題点として指摘された。

　ＪＲ西日本にはマス・メディアの非難が集中する。しかしながらその批判の内容とは，ＪＲの安全対策の不備や被害者への不十分な情報開示に対してのみ

第3章　企業環境とステークホルダー

ならず，事故当日のJR社員の行動や事故車両の運転士の性格にも向けられたのであった。情報が錯綜した事故発生直後は，JR社員の個人的な行動に対する揚げ足取りとも取れるような報道が特に過熱していたように思われる。

このような事件や事故を読み解く際には，「悪者」を見つけた時点であたかも問題が解明されたかのような錯覚に陥る傾向がある。またこのような「誰のモラルが欠如していたのか」という，ある種の「犯人探し」は非常に容易であって，しばしばこのような結論にたどり着きやすい。

しかしながら事故の本質である日常的なスピード違反やインフラの未整備の背景には，民営化された企業の利益優先体質のみならず乗客ニーズの反映という名の下の過密なダイヤ編成と，運転手への過剰な負担が強いられるという事実があったことを見落としてはならないであろう。

企業と社会の関係を包括的に捉えるためには「企業はモラルを徹底すべき」という「便利な」命題に落とし込むのではなく，「なぜこの事態を回避できなかったのか，なぜこのような事態が起こらざるを得なかったのか」という視点が重要なのではないだろうか。

〔参考文献・資料〕
上田　泰「会社は誰のものか：コーポレート・ガバナンス論（特集・会社って何？）」『経済セミナー』2005年3月号，14～17頁。
小山嚴也「企業に対する社会的要請の形成プロセス」『経済系（関東学院大学経済学会研究論集）』第215集，2003年，10～23頁。
産経新聞取材班『ブランドはなぜ堕ちたか　雪印　そごう　三菱自動車事件の深層』角川文庫，2002年。
高岡伸行，谷口勇仁「ステイクホルダー・モデルの脱構築」『日本経営学会誌』第9巻，2003年，14～25頁。
矢坂雅充「『農場―食卓』視点での安全性確保・信頼回復への対応―牛乳・乳製品―」『日本農業年報49』2003年，69～82頁。
「インタビュー領空侵犯　安川電機会長　中山眞氏」『日本経済新聞』朝刊，2005年5月16日。
Carroll, A. B. & A. K. Buchholtz (2003), *Business and Society : Ethics and Stakeholder Management 5thedition*, South–Western College Publishing.

第Ⅰ部　現代の企業

Donaldson, T. & L. E. Preston (1995), "The Stakeholder Theory of the Corporation : Concepts, Evidence and Implication", *Academy of Management Review,* Vol. 20, No. 1, pp. 65−91.
Freeman, R. E. (1984), *Strategic Management : A Stakeholder Approach,* University of California, Berkeley.
Goodpaster, K. E. (1991), "Business Ethics and Stakeholder Analysis", *Business Ethics Quarterly : the journal of the Society for Business Ethics,* Vol. 1, No. 1, pp. 53−73.
Mitchell, K. R., R. B. Agle & J. D. Wood (1997), "Toward a Theory of Stakeholder Identification and Salience : Defining the Principal of Who and What Really Counts", *Academy of Management Review,* Vol. 22, No. 4, pp. 853−886.
Post, J. E., Lawrence, A. T. & J. Weber (1999), *Business & Society : Corporate Strategy, Public Policy, Ethics,* Irwin McGraw−Hill.
Rowley T. J. & M. Moldoveanu (2003), "When will Stakeholder Group Act ? An Interest −and Identity−Based Model of Stakeholder Group Mobilization", *Academy of Management Review,* Vol. 28, No. 2, pp. 204−219.

〔学習用参考文献〕
櫻井克彦『現代の企業と社会　企業の社会的責任の今日的展開』千倉書房，1991年。
出見世信之『企業倫理入門　企業と社会の関係を考える』同文舘出版，2004年。
水村典弘『現代企業とステークホルダー　ステークホルダー型企業モデルの新構想』文眞堂，2004年。

第4章

企業の社会的責任

　企業の社会的責任はＣＳＲ（Corporate Social Responsibility）と呼ばれ，近年，非常に注目を集めている。企業の社会的責任として捉えられる活動には，安全な製品の提供，環境問題への配慮，さらには社会貢献活動等といった活動が含まれており，企業の社会的責任とは非常に幅広い概念であることがわかる。本章の目的は，この企業の社会的責任という概念の理論的な背景，内容，近年の展開について学ぶことである。

第Ⅰ部　現代の企業

1　はじめに

　企業の社会的責任は，近年ではCSRと呼ばれており，関心が非常に高まっている分野である。たとえば，産業界においても，経済同友会の企業評価基準の公表，経団連の企業行動憲章の改定のように，企業の社会的責任に関する提言が活発に行われている[1]。さらに，社会的責任を担当する部署を設置する等，社会的責任に先駆的に取り組んできた企業の制度が多くの企業において相次いで採用されるようになってきている。こうした状況を反映し，「2003年は日本のCSR元年」であるとまで言われるようになった。

　以上のような状況から，企業の社会的責任という考え方は，比較的新しいと思われるかもしれない。しかし，その起源は古く，アメリカにおいては，1950年代から論じられている（櫻井1976）。また，日本においても，1970年代に公害問題の多発をきっかけに，企業の社会的責任が活発に議論されている[2]。本章では，この古くて新しい問題である企業の社会的責任について論じる。

　まず2節では，社会的責任肯定論と否定論の論争の整理に基づき，社会的責任が企業に要求される理論的背景について明らかにする。続く3節において，現代企業の社会的責任を捉える枠組みを提示し，社会的責任の具体的内容について明らかにする。最後の4節では，社会的責任論における近年のトピックである社会戦略について検討する。

2　社会的責任の理論的背景

(1)　企業の社会的責任とは

　現代の企業は社会の中で生まれ，社会との関わり合いの中で存続し，成長する（櫻井1991）。企業は社会に対してさまざまな影響力を持っている。そのため，企業が長期的に存続・成長するためには，単に経済的活動だけに止まらず，社

会からのさまざまな期待に応える必要がある。この社会の期待に応えることが，企業の社会的責任である[3]。

たとえば，現代の大企業が販売している食料品は，単一種類で年間何百万個という単位で生産されている。したがって，その製品の安全性に問題が見つかった場合には，きわめて多くの消費者が被害を受ける可能性がある。これが，企業の社会的影響力である。そこで，社会は企業に対して「安全な製品の提供」を期待する。また，製品の安全性に関する問題が生じた場合，企業は社会的に大きな批判を受け，経済的にも大きなダメージをこうむる[4]。ゆえに，企業は，社会からの「安全な製品の提供」という期待に応える責任を持つことになる。

もっとも，一口に社会の期待といってもその内容はさまざまであり，同時に期待の程度も多様である。期待の内容については，たとえば，上述の製品の安全性の他に，環境問題への対応，雇用の維持，社会貢献活動，法律の遵守等の問題までもが企業の社会的責任の文脈で語られる。本節の課題は，なぜ企業がこのような多種多様な問題に対応する必要があるのかを明らかにすることである。

(2) 社会的責任論肯定論と否定論

さて，企業が社会的責任を果たすといっても，「事業を真っ当に行うことが企業の社会的責任ではないのか」と考えたことはないだろうか。実は，まさにこのような議論が1960年代のアメリカにおいて活発に行われていた。具体的には「企業は経済的利益を超えた社会的責任を持つ」と主張する社会的責任肯定論（positivism）と，「企業が持つ責任は株主に対してのみである」と主張する社会的責任否定論（negativism）との間の論争である。まず，社会的責任肯定論と否定論について概観する。

社会的責任論肯定論の主張は，「企業は利益を獲得することを超えた責任を持つ」という内容である。この論拠の代表的なものに，権力・責任均衡の鉄則（iron law）がある（Davis 1960）。この鉄則とは，「社会的責任は社会的権力に伴

うものであり，企業はさまざまな権力を保有しているが故に，その権力に伴う責任が存在する。もし，社会的責任を果たさない場合，長期的には企業の持つ社会的権力の喪失につながる」というものである。つまり，長期的に企業が存続・成長するためには，保有している社会的な権力に見合った社会的責任を果たさなければならないということになる。

他方，フリードマンに代表される社会的責任否定論[5]の主張は，「企業は株主に対する経済的責任のみを持つのであり，それ以外に関しては政府に任せるべきである」という内容である。この主張を的確に示した言葉として，「Business of Business is Business（企業の事業は収益をあげることだ）」を挙げることができる。社会的責任否定論の代表的な論拠は，次の3点である。

第1に，企業が社会的責任を果たすためのコストを負担することは，市場メカニズムを阻害し，社会全体の経済的効率を低下させる。同時に，付加的なコストを特定の国（ここではアメリカを指す）だけに課することは，国際競争力を弱め，国益にも反する。

第2に，企業は経済活動の専門家であり社会問題の専門家ではない。また，企業経営者が政府を差し置いて社会問題に対応する政治的合法性が存在しない点も指摘されている。

第3に，企業が社会貢献活動として芸術やスポーツに支援活動を行うことは，非経済的領域まで企業が権力を拡大することになる（Carroll 2005）。

他方，否定論に対する肯定論の代表的な主張は次の3点である。第1に，市場メカニズムは完全ではなく，外部不経済が存在する。第2に，法律は制定されるまでに時間がかかり，その間は社会からの要求を無視することになる。第3に，法律が制定されたとしても，法の解釈を行う際に企業の姿勢が問われることになり，企業の活動を完全にコントロールすることは不可能なことである。

両者の主張を検討すると，企業と社会の関係を捉える視点に関して共通点と相違点があることがわかる。共通点は，双方の主張とも現在の企業と社会の関係に問題があると認識していることである。相違点は，社会的責任否定論では企業の権力を限定することを主張しているのに対し，社会的責任肯定論では企

第 4 章　企業の社会的責任

業の責任を拡大することを主張していることである。

　社会的責任否定論では，企業権力の無秩序な拡大を抑制し，企業を経済活動のみに集中させるべきであるとの主張がなされる。社会的責任否定論では，社会における企業の望ましい役割と，その役割に必要な権力を先に想定しているのである。したがって，社会的責任否定論は，社会的責任肯定論が立脚する権力・責任均衡の法則と矛盾した考え方ではない。そして，市場メカニズムに全幅の信頼を置き，法律さえうまく制定できれば，利潤最大化を目的とする個々の企業行動によって社会の富の最大化が達成できると考え，その権力に対応した責任のみを企業に負わせようとしている。つまり，権力・責任の縮小均衡を主張しているのである。その意味では，社会的責任否定論の主張の妥当性の根幹は，企業の影響力を経済的影響力のみに限定することが現実的であるか否かにある[6]。

　他方，社会的責任肯定論では，企業が既に保有している社会的権力が注目される。現実に，雇用問題，公害問題等，社会問題の大部分は企業が関与する問題である。よって，企業権力を経済的な影響力のみに限定して，社会的責任を否定することは非現実的であると考えられている。市場メカニズムは不完全であり，法律は必ずしもうまく企業をコントロールすることはできない。そのため，現実に存在する企業の社会的影響力に着目し，その企業の権力に見合った責任を持つべきであるとするのが社会的責任肯定論である。つまり，権力・責任の拡大均衡を主張しているのである（表 4 - 1）。

第Ⅰ部　現代の企業

表4－1　社会的責任論肯定論と否定論

	社会的責任肯定論	社会的責任否定論
現状認識	現状では，企業権力と企業責任のバランスがとれていない	責任 ＜ 権力
権力と責任の関係	企業が現実に保有する権力に責任を対応させるべきである	理想的な権力を想定し，その権力に責任を対応させるべきである
主張する権力と責任の方向性	責任↑　権力　権力と責任の拡大均衡	責任　権力↓　権力と責任の縮小均衡
前提	市場メカニズムの不完全性に注目する	市場メカニズムに全幅の信頼を置く

(3) 社会的責任の2つの原則

以上の議論をふまえ，社会的責任肯定論の立場から，社会的責任を捉えてみよう。まず，社会的責任の指針となる原則としては，スチュワードシップ原則（stewardship principle）とチャリティ原則（charity principle）の2つがあげられる（表4－2）。

スチュワードシップ原則は，「企業経営者は社会に対して広範かつ多大な影響力を持っているため，企業の持つ資源を株主だけでなく，社会全体の利益となるように用いなければならない」とする原則である。つまり企業の行う活動が社会全体の利益となることを要求するものであり，社会と調和した企業経営の必要性が主張される。これは，啓発された自利（enlightened self-interest）という言葉で表現される。啓発された自利とは，社会全体を考慮しつつ自らの利

益を追求するという考え方であり，単に短期的な利益を得るための利己心ではなく，長期的な視点に立った利己心である。

他方，チャリティ原則は，「社会の富を持つ人間は恵まれない人間に貢献しなければならない」という考え方を企業にも適用し，一市民としての企業は，恵まれない人間に貢献しなければならないとする原則である。この立場は企業市民（Corporate Citizenship）という言葉で表現される。

表4－2　スチュワードシップ原則とチャリティ原則

	スチュワードシップ（Stewardship）原則	チャリティ（Charity）原則
内　容	・公共の受託者としての企業は企業の意思決定や政策によって影響される全ての人間の利害を考慮しなければならない	・企業は自発的に社会に対する援助をしなければならない
活動のタイプ	・企業と社会は互恵関係にあることを認識 ・社会における多様なグループの利害と要求の調整	・社会貢献活動 ・社会的善を促進するための自発的な活動 ・社会問題の解決のためのイニシアティブ
キーワード	・啓発された自利（Enlightened self-interest）	・企業市民（Corporate citizenship）

Lawrence, et al.（2005）p.48を基に作成

3　現代企業の社会的責任

2では企業が社会的責任を課せられる理論的背景について検討した。本節では，社会的責任論肯定を前提に，企業を取り巻く社会の認識枠組みと企業の社会的責任の具体的内容について考える。

第Ⅰ部　現代の企業

(1)　企業を取り巻く社会とは

① セプテンバーアプローチ

　企業を取り巻く環境を把握するために，まず，現代企業が考慮しなければならないマクロ環境をその特性によって分類してみよう。マクロ環境とは，現在の大企業が共通して考慮しなければならない環境を指す。代表的な分類の一つに，ＳＥＰＴＥmberアプローチがある。これは，社会的，経済的，政治的，技術的，生態学的環境の頭文字をとって命名されている（Wartick & Wood 1997）。

　第1の社会的環境（social environment）は，人口構成，人々の生活スタイル，社会における価値観，考え方を要因とした環境である。たとえば，女性の社会進出が一般的になりつつあるのは，この社会的環境の変化として捉えることができる。

　第2の経済的環境（economic environment）は，国のＧＮＰ，利率，失業率，国際貿易収支等を要因とした環境である。たとえば，失業率の上昇は，この経済的環境の変化として捉えることができる。

　第3の政治的環境（political environment）は，地方自治体，政府，国際政治等を要因とした環境である。たとえば，中国の市場開放政策への転換は，この政治的環境の変化として捉えることができる。

　第4の技術的環境（technological environment）は，科学技術の発展を要因とした環境である。たとえば，情報技術（ＩＴ）の進展は，この技術的環境の変化として捉えることができる。

　第5の生態学的環境（ecological environment）は，自然環境，ないしは天然資源を要因とした環境である。たとえば，オゾン層の破壊による地球温暖化現象は，この生態学的環境の変化として捉えることができる。

　このようなマクロ環境の変化は，社会の企業への期待を大きく変化させる可能性を持つ。そのため，企業はこの5つの環境に対して注意を払う必要がある。

② ステークホルダー・アプローチ

　次に，特定の企業を取り巻く環境を捉える枠組みについて見てみよう。社会的責任肯定論が立脚する環境の捉え方は，ステークホルダー・アプローチに基

づいている(図4-1)。企業を取り巻く社会の中にはさまざまな利害(stake)を持った集団が存在する。このアプローチでは、その集団によって企業環境を分類するのである。一般に、ステークホルダーの定義には、狭義と広義の2つが存在する(Mitchell *et al.* 1997)。

まず、狭義のステークホルダーは、「企業の継続的な存続のために企業が依存する個人・グループ」を指している。具体的には、従業員、顧客、株主、取引業者等が挙げられる。他方、広義のステークホルダーは、「企業目的の達成に影響を与えることのできる、もしくは企業目的の達成によって影響を受けるグループ」を指している。具体的には、狭義のステークホルダーに加え、地域社会や、一般社会が挙げられる。

ステークホルダー・アプローチに基づけば、企業を取り巻く社会は、ステークホルダーによって構成されていると捉えることができる。つまり、企業が責任を持つ対象、あるいは企業活動に期待する主体がステークホルダーである。

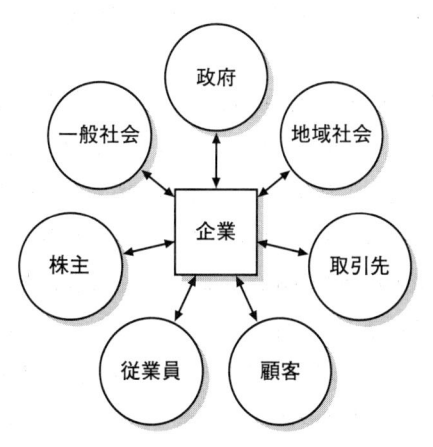

図4-1 企業とステークホルダー

ステークホルダーアプローチによれば、現代企業に期待される責任の内容は、表4-3のように整理される。

表4－3 企業社会的責任の具体的内容

対象となる ステークホルダー	期待される活動
株　　　主	満足な配当および株価，情報開示
従　業　員	職場の安全性・快適性 雇 用 維 持 公正な賃金
顧　　　客	価格に見合った製品の質 製品の安全性
取　引　先	迅速な代金支払い
地 域 社 会	地域の振興発展 地域住民の優先的雇用 環境保全（排出基準遵守）
政　　　府	納　　税
一 般 社 会	社会貢献活動

(2) 企業の社会的責任の分類

次に，このような多様な企業の社会的責任の内容を，責任の特質によって整理してみよう。

Carroll (1991) によれば，社会的責任は，経済的責任，法的責任，倫理的責任，社会貢献責任の4つに分類される。第1の経済的責任は，社会が必要とする財やサービスを製造し，それを適正な価格で販売する責任である。適正な価格とは，商品やサービスの本当の価値に相当すると社会が考える価格である。同時に，企業に存続と成長を保証し，株主に十分な利益をもたらす価格である。たとえば，企業の倒産は，この経済的責任を果たしていないことを意味する。

第2の法的責任は，企業がさまざまな活動を行う際に法を犯さない責任である。近年，この責任を果たすための活動は，コンプライアンス活動（法令遵守活動）として位置づけられる。たとえば，違法行為をはたらいた企業は，この責任を果たしていないことになる。

第3の倫理的責任は，いまだ法として明文化されてはいないものの，社会から望まれる規範に沿って企業活動を行う責任である。たとえば，製品の安全性

第4章　企業の社会的責任

に関して，倫理的責任が果たされたとされる有名な事例として，ジョンソン・エンド・ジョンソン社（Johnson & Johnson）のタイレノール事件が挙げられる。1982年9月30日，ジョンソン・エンド・ジョンソン社の子会社であるマクニール社が製造販売していた解熱鎮痛薬であるタイレノールに，何者かによって青酸カリが混入され，7人が死亡した。ロットのサンプルテストによって毒物混入が製造段階で起こっていないことが確認された。しかし，ジョンソン・エンド・ジョンソン社は，事故発生を確認した数時間以内に，事件に関係したと考えられる全ロットの回収を決定し，CMを中止し，マスコミを通じた積極的な情報公開を行った。ジョンソン・エンド・ジョンソン社は，消費者の安全性を何よりも第一に考え，迅速な対応を行ったことが評価され，社会から高く評価されている[7]。

第4に，社会貢献的責任は，道徳や倫理として求められるわけではないが，社会が企業に担って欲しいと望む役割を自発的に遂行する責任である。一見すると責任という言葉をあてはめることは適当ではないように見えるが，企業に求められているという意味では責任として考えることが適当である。社会貢献的責任の具体的活動としては，寄付活動，文化支援活動（企業メセナ），企業ボランティア等が含まれる。倫理的責任との違いは，当該活動を果たさない場合に非倫理的であると社会から批判されるか否かである。

以上の4つの責任の関係を示した図4－2は社会的責任のピラミッドモデルと呼ばれる。このモデルでは，経済的責任，法的責任が基礎に位置し，その上に倫理的責任，社会貢献的責任がある。上述の原則との関係としては，経済的，法的，倫理的責任は主にスチュワードシップ原則に対応し，社会貢献的責任は主にチャリティ原則に対応している。

法的責任と倫理的責任の線引きは時代や地域によって異なる。ある時代においては倫理的責任であったものが，社会の期待の高まりに対応して法制度化され，法的責任に移行することもある。この倫理的責任から法的責任への移行プロセスにおいては，その責任の具体的内容が社会問題として顕在化（表面化）することが多い。たとえば，製品の安全性に関して，特定の企業が問題を発生

第Ⅰ部 現代の企業

させ，当該企業への批判を伴いながら，その問題についての社会的関心が高まり，社会問題化するのである。

このため，社会問題は「企業行動に関する社会からの期待」と「現実の企業行動」とのギャップとして捉えられる。社会の期待とは，どのような企業行動

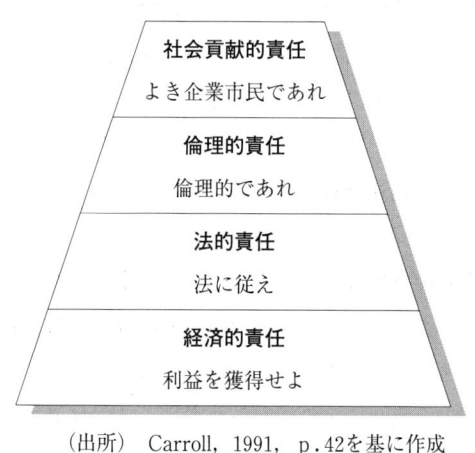

図4－2　社会的責任のピラミッドモデル

```
社会貢献的責任
よき企業市民であれ

倫理的責任
倫理的であれ

法的責任
法に従え

経済的責任
利益を獲得せよ
```

（出所）　Carroll, 1991, p.42を基に作成

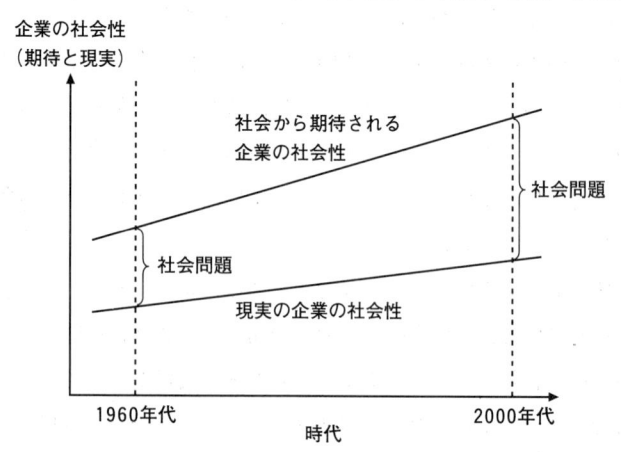

図4－3　「社会から期待される企業の社会性」と「現実の企業の社会性」

企業の社会性
（期待と現実）

社会から期待される企業の社会性

社会問題

社会問題

現実の企業の社会性

1960年代　　　時代　　　2000年代

（出所）　Carroll & Buchholz, 2005, p.14を基に作成

第4章　企業の社会的責任

が妥当であるかに関するステークホルダーの持つ価値，信念である（図4－3）。通常，社会の期待の高まりは企業の現実の対応よりも素早いため，企業は常に社会からの批判にさらされる危険性に直面している。

4　企業社会戦略

(1)　社会戦略とは

前節までは，企業が社会的責任を果たさなければならない理由（why），社会的責任を果たす対象（whom），社会的責任の具体的内容（what）について論じてきた。ここでは，社会的責任をどのように果たすのか（how）について論じる。

一般に経営戦略は，全社戦略，事業戦略，職能別戦略といった階層ごとに論じられることが多い[8]。そこでの考察対象は，複数であれ単数であれ，企業が関わる市場を中心とした戦略である（大滝他 1997）。しかし，現代の企業は，市場だけではなく，それを包含する社会の中で存続している。また，社会的責任を果たすことの重要性を理解したとしても，近年の複雑化した環境の中では実際に社会的責任を果たすことは容易ではない。そのため，「どのように社会的責任を果たすのか」という課題を，大きく社会戦略として捉え，議論を展開する[9]。

(2)　企業社会戦略の概要

社会戦略の概要を理解するためには，占部（1984）の提示する各戦略の位置づけが参考になる[10]。占部によれば，社会的責任を遂行するためには，企業の経済的目的を達成するための経済的戦略だけではなく，社会戦略を探求する必要がある。社会戦略の内容として，利益還元計画と社会的市場計画の2つが提示される。

利益還元計画は，企業の獲得した利益を，地域の教育施設，医療施設等に寄

付することにより，社会の福祉に貢献する計画を指している。社会的市場計画は，環境改善や社会の福祉問題におけるニーズを発見し，革新的な方法やシステムを開発することによりそのニーズを満たし，同時に，企業の採算にのるマーケットを形成する計画を指している。

　図4－4では，社会戦略が経営戦略の体系の中に位置づけられている。さらに，従来の経営戦略に対応する経済的戦略は経済的評価だけではなく，社会的な側面からの評価も必要である。経済的評価は，成長性目標や，収益性目標などの経済的目的を満足するかどうかを経済的な観点から評価することである。他方，社会的評価は，経済的戦略の影響を社会環境や自然環境への影響の観点から評価すること，つまり，社会的責任の基準によって評価することである[11]。

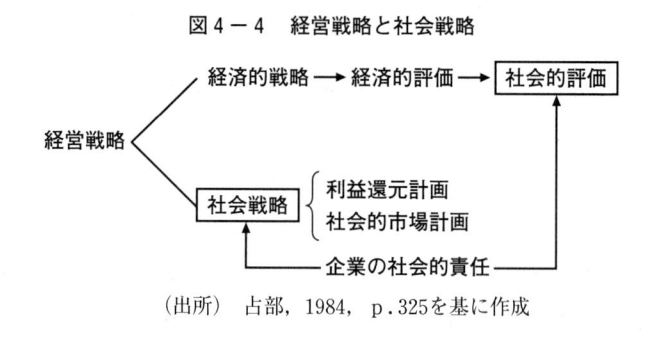

図4－4　経営戦略と社会戦略

```
                    経済的戦略 → 経済的評価 → 社会的評価
         経営戦略 ＜
                              ┌ 利益還元計画
                    社会戦略 ｛
                              └ 社会的市場計画
                        ↑
                    企業の社会的責任
```

（出所）　占部，1984，p.325を基に作成

　次に，社会的責任を果たすための戦略策定プロセスを検討しよう。3で述べたように，企業に対する社会の期待は，社会問題として表面化することが多い。そのため，イシューマネジメント（issue management）として位置づけられる。イシューマネジメントは，通常，5段階のステップから構成される（図4－5）。

　1番目の「問題認識」は，前述のセプテンバーモデルに基づく環境の探索，ないしは，ステークホルダーモデルに基づく環境の探索によってなされる。その目的は，当該企業に関係する可能性がある新たな社会問題を発見することである。

　2番目の「問題分析」は，問題が認識された後，その問題が将来的にどのよ

第4章　企業の社会的責任

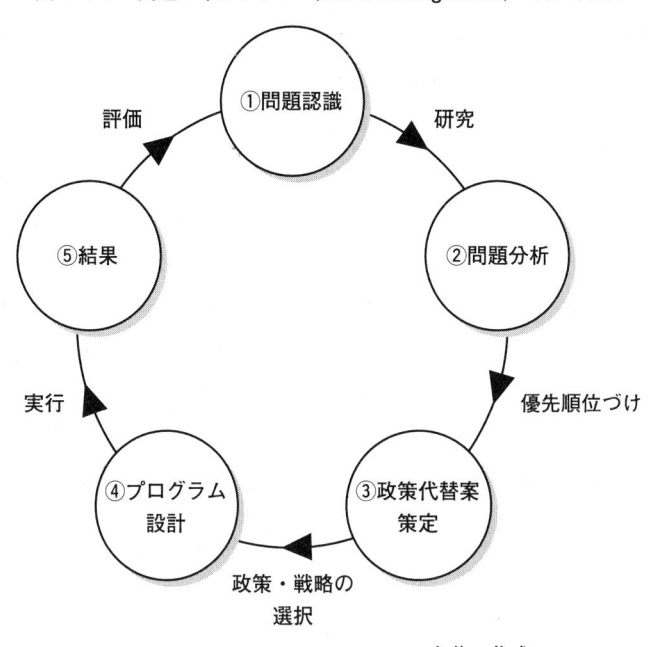

図4－5　問題マネジメント（Issue Management）のプロセス

```
         ①問題認識
    評価           研究
  ⑤結果           ②問題分析
    実行         優先順位づけ
  ④プログラム    ③政策代替案
     設計          策定
       政策・戦略の
          選択
```

Lawrence, et al., 2005, p.35を基に作成

うに進展していくのか，たとえば，ある問題が社会問題として認識されうるのか，そして，その問題は自社にどのような影響をもたらすのかについて詳細に分析するステップである。

　3番目の「政策代替案策定」は，当該問題に対する選択肢を作成するステップである。特定の選択肢を採用することによって，わが社の評判はどのようになるのか，経済的影響はいかなる程度なのか，わが社の経営理念との整合性は保持できるのか等について考察される。

　4番目の「プログラム設計」は，多様な選択肢の中から一つに絞り込み，その方針を実行するための詳細なプログラムを作成するステップである。

　5番目の「結果」は，特定の政策を採用することによって生じた自社と社会への影響を評価するステップである。ここでは特に，当初予想されていた結果

109

とのギャップに注目することになる。通常，社会問題に対する対応は，長期的な視点で考える必要がある。そのため，予想された結果とギャップがある場合には，問題を再び認識し直す必要がある。

次に，各企業がとる戦略類型について考えてみよう。基本的な戦略類型は，「企業は社会問題やステークホルダーにどのように対応するのか」に基づいて提示されることが多い。代表的なものの一つに，無視，反発，調和，対話の4類型がある[12] (Preston & Post 1975)。

第1の「無視 (Inactive)」は，基本的にステークホルダーの期待を無視する戦略である。しかし，この対応は無視したことによる影響を考慮していない。第2の「反発 (Reactive)」は，法律として強制されたときのみ対応を行うという戦略である。第3の「調和 (Proactive)」は，ステークホルダーの関心事を予期し，その期待を先取りして対応することである。この戦略では，ステークホルダーの期待は「対応しなければならない制約」として認識されている。第4の「対話 (Interactive)」は，企業とステークホルダーが互いに信頼に基づき対話することを意味する。この戦略では，ステークホルダーの期待は単なる制約ではなく，ステークホルダーとの良好な関係を築くことが企業の競争優位となりうることを企業は認識している。

この分類は，企業が社会問題に対応する際の姿勢を戦略の問題として捉えたものである。原則的には常に「対話」が望ましいとされており，社会問題やステークホルダーの属性によって戦略を変えるという発想は存在しない。

他方，ステークホルダーの属性によって，各ステークホルダーに対する戦略を類型化したものには，Savage *et al.* (1991) がある[13]。彼らは，企業への潜在的脅威と，企業との協調可能性の2軸（次元）によってステークホルダーを4つのタイプに分類し，それぞれに対応した戦略を導出している（図4-6）。

企業への潜在的脅威とは，ステークホルダーの企業に対するパワーの度合いと，実際にステークホルダーがパワーを行使する可能性から構成される。他方，企業との協調可能性とは，ステークホルダーの当該企業への依存度と，実際にステークホルダーが相互依存性を高める行動を起こす可能性から構成される。

第4章　企業の社会的責任

潜在的脅威について考える場合，企業とステークホルダーとの関係における最悪のシナリオを想像すればよい。最悪の程度とその起こりやすさが潜在的脅威に相当する。同様に，協調可能性について考える場合，企業とステークホルダーとの関係における最善のシナリオを想像すればよい。

　支持的なステークホルダー（Ⅰ）は，脅威が少なく，協調可能性が高いことから，理想的なステークホルダーである。したがって，巻き込み（密接な関係を持つ）戦略をとることによって，良好な関係を築くことが可能である。

　境界に位置するステークホルダー（Ⅱ）は，協調可能性も低く，脅威も低いため，企業に影響を与えるような問題が発生する可能性は小さい。しかし，将来的にはタイプが変動する可能性もあるため，監視戦略が望ましい。

　不支持なステークホルダー（Ⅲ）は，協調可能性が低く，潜在的脅威が高いため，いわゆる敵対的なステークホルダーである。過激な環境保護団体などがこれに相当する。このタイプのステークホルダーに対しては，防衛戦略をとる必要がある。

　両刃の剣のステークホルダー（Ⅳ）は，潜在的脅威と強調可能性の高さから，

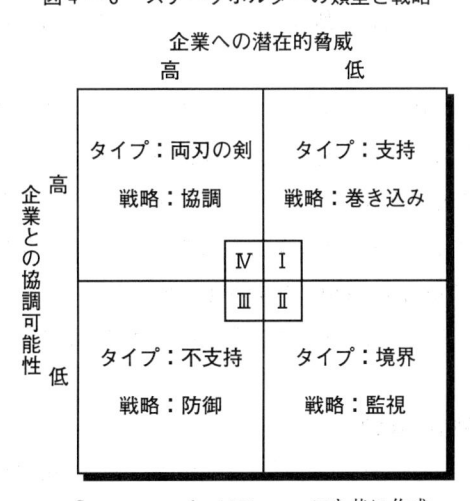

図4－6　ステークホルダーの類型と戦略

	企業への潜在的脅威	
	高	低
企業との協調可能性　高	タイプ：両刃の剣 戦略：協調（Ⅳ）	タイプ：支持 戦略：巻き込み（Ⅰ）
企業との協調可能性　低	タイプ：不支持 戦略：防御（Ⅲ）	タイプ：境界 戦略：監視（Ⅱ）

Savage, et al., 1991, p.65を基に作成

状況に応じて，態度を変える可能性を持つ。このため，協調戦略をとることによって，彼らの協力を引き出すことが必要である。

(3) 戦略的社会貢献

社会的責任の代表的な分類には，前述の通り，経済的責任，法的責任，倫理的責任，社会貢献的責任の4つがある。このうち，社会貢献的責任については，特に達成のための多様な方策が論じられている。

社会貢献活動は，一見すると事業との関わりが薄いようなイメージがあるかもしれない。実際，寄付先の選定は場当たり的であることも多い。しかし，他の社会的責任に比べると自由度が高いこともあり，現在ではフィランソロピーを担当する専門スタッフを配置し，社会貢献活動を事業と結びつけ，目標，予算，指標を設定するようになってきた。これは戦略的フィランソロピーと呼ばれている。

戦略的フィランソロピーと関連して取り上げられる手法としては，コーズリレーテッドマーケティング（cause-related marketing）があげられる。これは，社会改善活動と関連づけられたマーケティングのことであり，企業の商品の売上高の一定割合を社会貢献活動に寄付することを宣伝するというマーケティング手法である。

この契機となったのは，アメリカンエクスプレス社の事例である。アメリカンエクスプレスは1983年に「自由の女神修復募金キャンペーン」に協力し，クレジットカードを顧客が利用するごとに1セント，カードを新規発行するごとに1ドルを寄付するプロモーションを全米で行った。その結果，修繕費用のおおよそ3分の1に相当する170万ドルの寄付が集まった。同時に，キャンペーン期間中のカード利用は28％増加し，新規申込は45％増加した。

(4) 社会戦略の課題

本節では，主に社会戦略の位置づけ，策定プロセス，戦略類型についての基本的な考え方を概観した。社会戦略論は，社会的責任論の中でも未成熟な分野

第 4 章　企業の社会的責任

であり，近年の社会的責任に関する注目を考えると，今後の更なる社会戦略論の展開が強く期待される。ここでは，更なる社会戦略論の発展のために，社会戦略論を展開させる際に注意しなければならない社会的責任の特徴について指摘しておく。

　第 1 に，企業の社会的責任活動の多様性である。企業の社会的責任の概念は，その多様性に特徴がある。多様な社会的責任を理解する理論的枠組みは存在するものの，現実の企業の活動を客観的に判断することは非常に困難である。たとえば，企業の社会的責任の遂行度を測定し，社会業績（Corporate Social Performance）として見積もる試みがある。しかし，どのように社会業績を見積もるかについてのコンセンサスはいまだに形成されていない[14]。

　第 2 に，第 1 とも関連するが，企業の社会的責任には，裁量が比較的多い活動と，そうではない活動が混在することである。上述のように，近年，社会貢献活動が再び注目され，戦略的社会貢献のあり方も多様な観点から論じられている。その理由は，社会貢献の対象を企業が自由に選択できるため，他の責任に比べ社会貢献活動は自由裁量が多く，企業としての独自性が打ち出しやすいためである[15]。他方，法的責任，倫理的責任を果たす際に，企業による独自性を打ち出すことは，社会貢献活動に比べれば困難である。このように企業に与えられる裁量に違いがあるため，企業社会的責任を包括的に戦略として捉えることはいまだに困難なのである。

　しかしながら，戦略としての枠組み構築が困難であるからといって，戦略が不必要だということを意味するわけではない。このような多様な責任が存在するからこそ，むしろ戦略的視点が不可欠となるのである。今後の社会戦略論の展開が期待される。

第Ⅰ部 現代の企業

〔注〕

1） 2003年3月，経済同友会は第15回企業白書『「市場の進化」と社会的責任経営』において，経済的な業績のみではなく，ＣＳＲとコーポレートガバナンスの観点からの企業評価基準を公表している。この中で，経営者自身の自己評価を目的として，110項目からなる経営指標を提示している。また，2002年10月，日本経団連が企業行動憲章の改定を行っている。改定に際しては，企業不祥事の続発を受け，①消費者・ユーザーの信頼を獲得する，②社内外の声を常時把握し，実効ある社内体制の整備，③トップの姿勢を内外に表明し，説明責任を遂行することが新たに盛りこまれた。さらに，2003年10月，「企業の社会的責任（ＣＳＲ）推進にあたっての基本的考え方」を公表している。

2） たとえば，1970年代に公害問題の議論を中心として，日本経営学会の統一論題として「公害問題と経営学の課題（1971年）」，「企業の社会的責任と株式会社企業の再検討（1974年）」というテーマで議論がなされている。また，それ以前においても，1958年の大会では「経営者の社会的責任」という統一論題で議論が行われている（水村2004）。

3） 責任（responsibility）の語源はそもそも応答（response）であり，応えることである。櫻井（1976）を参照。

4） また，食料品の安全性に関して類似する問題が多発した場合には，食品業界の信頼性を揺るがすことにもなる。このようなことを考えると，企業不祥事が多発することは，企業制度という資本主義自身の信頼性が疑われることをも意味することになる。

5） なお，社会的責任否定論においても，株主に対する責任，そして法律に従うという責任までは否定していないことは注意が必要である。そのため，森本（1994）では，社会的責任否定論ではなく，社会的責任消極論と呼ぶのが適切であるとしている。

6） 一見すると社会的責任肯定論が理想論的であるという見方をしがちであるが，このように考えると，興味深いことに，むしろ社会的責任否定論のほうが理想論的であることがわかる。

7） ジョンソン・エンド・ジョンソン株式会社のウェブサイトにもこの事件の概要が示されている（http://tylenol.jp/story/page3.html 2006年4月確認）。

8） 本章ではいわゆる通常の企業戦略については言及しない。通常の企業戦略に関しては，たとえば，バーニー『企業戦略論（上・中・下）』ダイヤモンド社，2003年を参照。

9） 日本では，占部（1984），森本（1994）に代表されるように，社会戦略という言葉が広く使われているが，アメリカでは，社会問題マネジメント，企業社会政策という文脈で議論されることが多い。ここでは，それらを含めて社会的責任を果たす戦略を社会戦略として論じることとする。

10） 占部（1984）では社会戦略ではなく，社会的戦略として提示している。しかし，ここでは混乱を避けるため，用語をすべて「社会戦略」で統一する。

11） 占部（1984）では，社会的評価の先に，生態学的評価という概念が示されている。現在で言えば自然環境に与える負荷を評価したものである。しかし，ここでは社会的

第4章 企業の社会的責任

評価の中に環境問題への対応が含まれていることが一般的であると考え，社会的評価のみとした。
12) 類似した他の分類方法についてはCarroll（1979），森本（1994）を参照。
13) たとえば，Mitchell *et. al.*（1997）では，パワー，正当性，緊急性という3つの属性からステークホルダーを分類している。
14) 社会業績に関する議論に関しては谷口（2006）を参照。
15) 近年の戦略的社会貢献の展開に関してはたとえばPorter（2003）を参照。

〔参考文献〕
Carroll, A. B., A. K. Buchholtz, *Business & Society : Ethics and Stakeholder Management,* 6 th ed., South‐Western, 2005.
Carroll, A. B., "A Three‐Dimensional Conceptual Model of Corporate Performance", *Academy of Management Review,* Vol. 4 , No. 4 , pp. 497‐505, 1979.
Carroll, A. B., "The Pyramid of Corporate Social Responsibility : Toward the Moral Management of Organizational Stakeholders", *Business Horizons,* July‐August, Vol. 34, No. 4 , 1991.
Davis, K.,"Can business afford to ignore social responsibilities ?" *California Management Review,* 2 , Spring, 1960.
Davis, K., R. L. Blomstrom, *Business and Its Environment,* McGraw‐Hill, 1966.
Freeman, R. E., *Strategic Management : A Stakeholder Approach,* Pitman, 1984.
Lawrence, A. T., J. Weber, J. E. Post, *Business and Society : Stakeholders, Ethics, Public Policy,* 11th Edition, McGraw‐Hill, 2005.
Mitchell, R. K., B. R. Agle, and D. J. Wood, "Toward a Theory of Stakeholder Identification and Salience : Defining the Principle of Who and What Really Counts", *Academy of Management Review,* No. 22, Vol. 4 , pp. 853‐886, 1997.
水村典弘『現代企業とステイクホルダー』文眞堂，2004年。
森本三男『企業社会責任の経営学的研究』白桃書房，1994年。
大滝精一，金井一頼，山田英夫，岩田　智『経営戦略』有斐閣アルマ，1997年。
Porter, M. E., M. R. Kramer,「社会貢献コストは戦略的投資である　競争優位のフィランソロピー」『Diamondハーバード・ビジネス・レビュー』，28(3)，24〜43頁，2003年。
Preston, L. E., J. E. Post, *Private management and public policy : the principle of public responsibility,* Prentice‐Hall, 1975.
櫻井克彦『現代企業の社会的責任』千倉書房，1976年。
櫻井克彦『現代の企業と社会』千倉書房，1991年。
Savage, G. T. et al., "Strategies for Assessing and Managing Organizational Stakeholders.", *Academy of Management Executive,* Vol. 5 , No. 2 , pp. 61‐75, 1991.
谷口勇仁「社会的責任論へのＣＳＰアプローチ」（松野，堀越，合力編著『「企業の社会的責任論」の形成と展開』ミネルヴァ書房，第7章），197〜221頁，2006年。

第Ⅰ部　現代の企業

谷口勇仁「「企業と社会」論の構成と展開」（手塚，小山，上田編著『経営学再入門』同文舘出版，第10章），167〜182頁，2002年。
占部都美『新訂　経営管理論』白桃書房，1984年。
Wartick, S. L., D. J. Wood, *International Business and Society,* Blackwell, 1997.

〔学習用参考文献〕

Carroll, A. B., A. K. Buchholtz, *Business & Society : Ethics and Stakeholder Management,* 6 th ed., South‐Western, 2005.
Lawrence, A. T., J. Weber, J. E. Post, *Business and Society : Stakeholders, Ethics, Public Policy,* 11th Edition, McGraw‐Hill, 2005.
D・スチュアート著，企業倫理研究グループ訳『企業倫理』白桃書房，2001年。
Freeman, R. E., *Strategic Management : A Stakeholder Approach,* Pitman, 1984.
森本三男『企業社会責任の経営学的研究』白桃書房，1994年。
櫻井克彦『現代の企業と社会』千倉書房，1991年。

第5章

コーポレート・ガバナンス

　本章は，1990年代以降に日本でも注目されるようになってきたコーポレート・ガバナンス（Corporate governance，以下ガバナンスと略記）について解説する。本章では，まずガバナンスのイメージをつかみ，この構造についての理解を促す。そして，関連理論を紹介し，改革動向を見ていく。最後に今後の学習のための視点を提示する。

第Ⅰ部　現代の企業

1　ガバナンスのイメージをつかむ

(1)　近年のニュース報道の中でのガバナンス

　ガバナンスのイメージをつかむために，近年，ニュースで報道されたもののなかからライブドアによるニッポン放送買収騒動について見ていく。この騒動は，同年2月8日にライブドアがニッポン放送の発行済み株式29.6％を東証の時間外取引で取得し，グループ全体で約35％の株式を保有し，経営決定で拒否権が発動できるニッポン放送の大株主となっていたことが新聞各紙で報道されたことから注目を浴びる。ライブドアはTOB（Take Over Bid：株式公開買付）を用いて，支配力を有するに足る株式取得を行う方針を明らかにした。この株式取得は，単にニッポン放送買収のみならず，フジサンケイグループへの影響力の増大を意味し，ラジオ，テレビといった既存のマスメディアと比較的に新しいメディアであるインターネットの複合型のビジネスを視野に収めた新しい動向として注目を集める騒動となっていった。

表5-1　企業買収に関連する用語

TOB	経営権取得等を目的に，買付株数，買付価格，買付期間を公表し，不特定多数の株主から，株式を買い取る方式のことを指す。この公表には，新聞広告などが用いられる。公正な買収という観点から，発行済み株式総数の3分の1を超える株式を取得する場合で，それが時間内取引である場合には，必ずこの手法をとらなくてはならない。
時間外取引 （off-hours trading）	証券取引所の立会時間外における株式売買取引のことを指す。経営権取得を目的とした上場企業の株式買付について，発行済み株式総数の3分の1を超える買い付けは，証券取引法でTOBの実施が義務づけられているが，時間外取引はこの規制対象外である。

　この騒動は，ニッポン放送のような大企業を対象とする敵対的企業買収が日本で稀だったことや，買収をめぐり双方で用いられた手法がその適法性も含めて注目を浴びるものであったため，よりマスメディアによって取り上げられて

第 5 章　コーポレート・ガバナンス

いく機会が増えていった。ライブドアが進めていた買収の一部が時間外取引であったこと，最終和解に至るまでに，ニッポン放送が新株予約権をフジテレビに与え，フジサンケイグループとしてライブドアの支配権獲得を妨げようとしたことなどは，その適法性や正当性をめぐり大いにマスコミをにぎわしていたし，また，金融庁等の関係省庁のさまざまな議論を生み出した。この一連の騒動は，ライブドアの保有するニッポン放送株をフジテレビに買い取ってもらい，業務面での提携をする，つまり，ライブドアが主張していたインターネットと既存のマスメディアの融合に向けての第一歩を踏み出すこと，フジテレビによるライブドア株保有を進めることで合意が得られ，収束していった。

　企業買収というと，1つのマネーゲームとして取り上げられる場合がある。企業の資産が有効活用されていないときに，市場を通じてその企業を再編する過程に企業買収がある。資産効率のよくない企業は，持っている資産と比べて企業価値が低く見積もられ，株価も低くなる。この株式を取得し，企業に働きかけて経営陣を入れ替える，または，企業資産の一部または全体を売却させることによって，株価が上昇する等の利益獲得の可能性や資産価値増大の可能性が発生する。経営者は自社の価値を認めてもらい株価を下げないために諸種の努力をする。企業買収は一部の投資家にとってはマネーゲームとしての側面を持ち，経営者の規律づけと資源の効率的配分をもたらす。他方で企業買収の脅威は，経営者に過度な慎重さをもたらすかもしれない。そこで，多様な買収対抗策[1]が開発され，その手法の正当性の議論を孕みつつ，現実に展開されてきている。この事例の1つの側面は，こういった企業買収をめぐる攻防であろう。しかし，この事例がその進行により多くの人々に影響を及ぼしえた点にも注目する必要があるだろう。この買収騒動の過程において，ニッポン放送の社員から，ライブドアグループに入ることに対して好ましくないという意見が聞かれたし，リスナーをはじめとするサービス利用者からは，自らが好む放送やサービスがなくなる可能性があるのではないかという危惧も聞かれた。また，「企業価値」という視点から株主にとって買収が好ましいか否かも議論されたのである。現代の大企業はその影響力の大きさから企業の支配構造，運営構造が変

第Ⅰ部　現代の企業

わった時に生ずる企業行動の変化によって影響を受ける人々が多数存在するため，単なる所有構造の変化以上の意味を持つものとしてこの騒動が大きくクローズアップされた側面も見逃せない。

(2) オーナー企業，公開株式会社のガバナンス

　企業の支配構造や運営構造がさまざまな関係者の見解よりも所有構造の変化によって影響を受けるのは，所有者と企業との間に企業の運営についての一定のルールが存在するからである。これを理解するために2つのタイプの企業を想定してみる。

　第1のものは，所有者と企業を動かす経営者が同一人物である場合である。この会社では，企業の利益や損失についてのリスクはこの所有者兼経営者が持つ。また，企業がどういった領域でその活動を推進するかについての決定も同一人物によって担われるので，企業の大まかな方針設定において意見が割れない。これを図示すると図5－1のようになる。次に出資者が複数存在するが，お互いのことを理解しあえるくらいにその数が少ない場合を考える。この場合には所有者と経営者の間で表5－2のような問題が生じうるが，図5－2に示すようにお互いが顔をつきあわせて意見調整をできるため，問題が顕在化しにくい。

図5－1　オーナー経営者の企業における所有者と経営者の関係

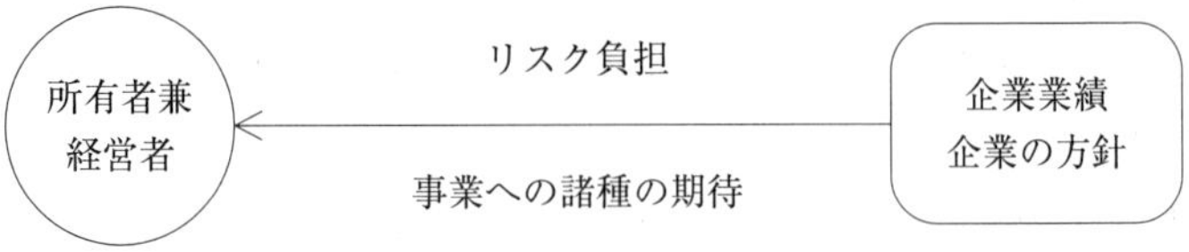

所有者兼経営者　←　リスク負担／事業への諸種の期待　←　企業業績／企業の方針

第5章　コーポレート・ガバナンス

図5－2　少数の出資者から構成される企業における所有者と経営者の関係

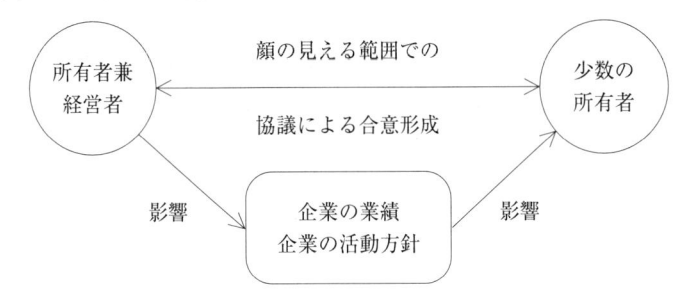

表5－2　経営者と所有者の間に生じる問題

問題領域	内　　容
(1) 事業リスクの負担	経営者が失敗したらどうするか
(2) 意見調整	所有者同士の会社の方針についての意見が対立した場合にどうするか
(3) 所有者の経営への関与	所有者が経営に関わりたいと考えた場合にどうするか

　では，この出資者同士が直接に意見調整をすることが困難なくらいの大人数である場合にはどうであろうか。たとえば，トヨタ自動車（株）の平成17年3月31日時点での株主数は352,029人であるが[2]，これだけの大人数が一堂に会して合意形成を行っていくことは，物理的制約と時間的な制約から考えにくい。トヨタのように株式を一般公開し，多くの出資を得る会社を公開株式会社と呼ぶが，この公開株式会社は図5－3に示すようにオーナー企業とは異なる特徴を持つことになる。出資者は，自らの意見が企業経営に反映されにくいことを考え，株価や配当金に多大な興味を抱き経営にはあまり興味を持たなくなるだろうし，企業経営をより経営者に委ねたいと考えるだろう。ここから経営者が自らの手腕を発揮し，投資家は自らが追うリスクに合った利益を獲得できるように経営者と出資者の利害調整をいかに行うかという課題が出現する。また，出資を多く得られる企業は資金量からいろいろな関係者に影響を及ぼしうる大企業となっている可能性が高い。図5－4に示すように多様な関係者との関係を前提に企業には諸種の要求がつきつけられ，そこへの対応が迫られている。

第Ⅰ部　現代の企業

図5－3　不特定多数の所有者を持つ企業における経営者と所有者の関係

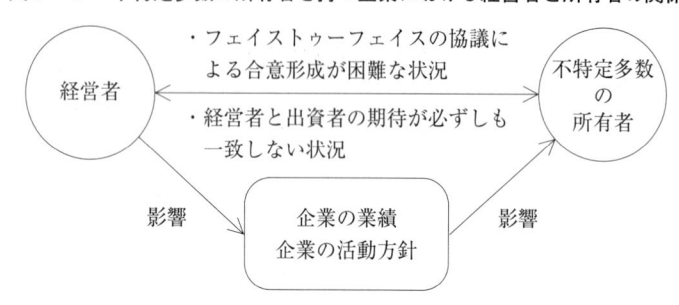

- フェイストゥーフェイスの協議による合意形成が困難な状況
- 経営者と出資者の期待が必ずしも一致しない状況

経営者 → 影響 → 企業の業績／企業の活動方針 → 影響 → 不特定多数の所有者

図5－4　企業と多様な関係者との相互関係

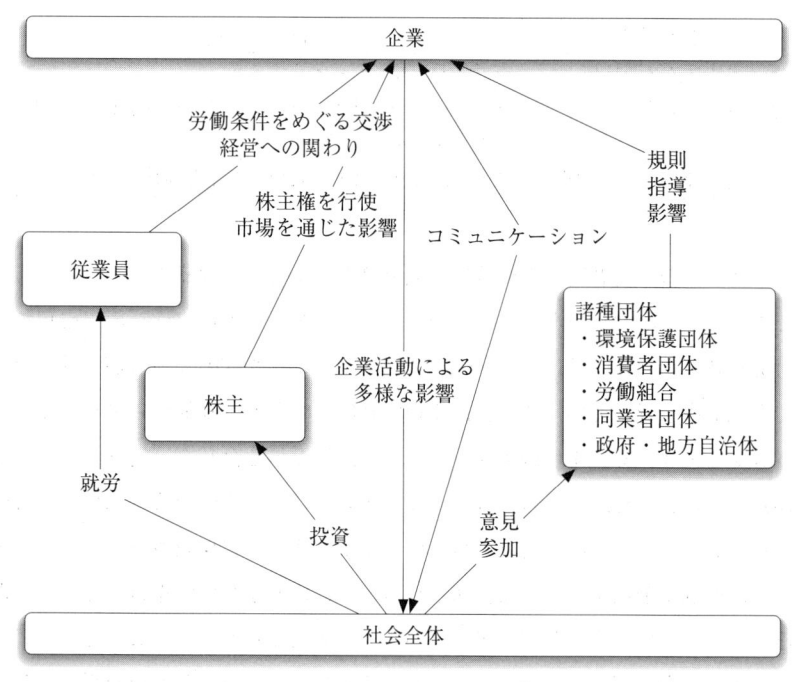

企業

従業員：労働条件をめぐる交渉／経営への関わり／就労
株主：株主権を行使／市場を通じた影響／投資
社会全体：コミュニケーション／企業活動による多様な影響
諸種団体：規則・指導・影響／意見・参加
- 環境保護団体
- 消費者団体
- 労働組合
- 同業者団体
- 政府・地方自治体

（出所）　著者作成

　ここまででオーナー企業，公開株式会社で生じるいくつかの問題について触れてきた。企業がその活動領域を拡大して行うべく大規模化する際には，多くの出資者から資金提供を受ける必要があるが，資金提供者が多くなった場合に，

122

資金提供者と経営者，資金提供者同士での意見調整が困難になってくる。また，企業がその活動領域を拡大していけば，自ずと多くの関係者と関係を持つようになっていくが，その関係者も何らかの形で企業に影響力を行使したいと考えるようになってくる。ここに企業の進むべき方向を定め，それに向けての実施体制を作るための運営の仕組みであるガバナンスの仕組みの構築が必要となってくるのである。

2　ガバナンスの問題領域と基本構造

(1)　企業形態とガバナンス

　日本において企業を興す場合には次のような企業形態を選択できる。なお，平成18年に施行された新会社法のもとでのガバナンスの問題にはふれていない。施行されて間がなく，新会社法の下での企業がどのようになっていくかが分からないためである。そのため，ここでの叙述は全て旧商法に基づくこととする。旧商法で選択できる企業形態とは，合名会社，合資会社，有限会社，株式会社の4つである[3]。これら企業形態についての詳細は第1章を参照してもらうこととして，ここではガバナンスに直接関連する事柄に注目しつつガバナンスとの関係を見ていく。今日の主流の企業形態である株式会社は他の企業形態と異なり，有限責任を原則とし，かつ，出資者数に対する制限がないことから，出資者を増加させやすく企業規模の拡大に適している。有限責任というのは，会社が負う債務に対する出資者の責任が有限であることを指し，出資をする側のリスク軽減をもたらすものである[4]。また，事業を興す側から考えてみても，企業経営についての責任は負うものの，資金面での責任を経営者自らが負う必要はない点でメリットがある。

　この株式会社には，この有限責任の原則に，株式の発行と会社機構を通じた意思決定という特徴を加えて，表5－3に示す3大特徴がある。株式の発行とは，所有権の証券化を意味し，そのことが所有を細かく分断し出資を小口化し

ているのである。会社機関を通じた意思決定というのは，会社の決定を個人ではなく，会社の機関として行うことを意味する。会社機関とは，図5－5に示すような株主総会，取締役会，代表取締役，監査役または監査役会である。株主総会は，出資者の合議の場として一株一議決権の多数決原理で運営される重要事項の決議がなされる場である。株主から企業の舵取りを行うべく，選ばれるメンバー（取締役）から構成される取締役会である。取締役会では経営上の意思決定を行い，他方で，組織のトップの経営者が株主の意向にそって，よりよい経営を行っているかを監督する。この取締役会からの委任を受け，業務を遂行し，企業の代表としての働きをする機関が代表取締役である。監査役（会）とは，会社の行為および状態について，監査と監視・監督を行う機関である。監査役会とは大企業に設置を義務づけられた組織だった監査を行うための組織である。これらの会社機関は，株主の価値を増大させるべく各々が役割遂行とその遂行状況を株主に説明すること，およびその適正さを保つことに責任を有する。株式会社は，資金を大量に導入し，関係との利害調整と経営者の規律づけを行うための方策が考慮された企業形態である。

株主の利益は会社機関により保護されるだけでなく，さまざまな形で保護されている。株主には自らの利益を守るべく，株主代表訴訟を起こす権利，株主提案権，帳簿閲覧権などの権利が与えられており，また，投資家としての株主を保護するためにディスクロージャー制度が整備されている。直接の権利行使と適切な情報入手に基づく株式市場を通じた牽制効果が得られ，株主の利益はいっそう，増進されることになる。

表5－3　株式会社の3大特徴とそれがもたらすメリット

特　　徴	メリット
株式の発行	所有権の譲渡可能性 出資の小口化
有限責任の原則	出資者のリスク軽減 経営者のリスク軽減
会社機関を通じた意思決定	利害調整と運営の仕組みの制度化

第5章　コーポレート・ガバナンス

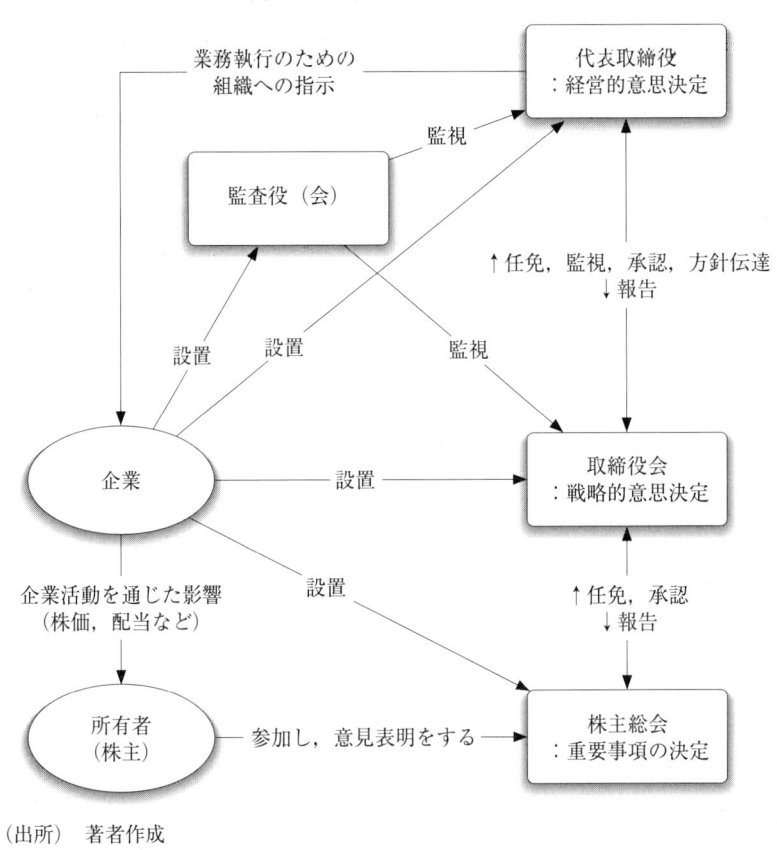

図5－5　株式会社の会社機関

（図中のラベル）
- 業務執行のための組織への指示
- 代表取締役：経営的意思決定
- 監査役（会）
- 監視
- 設置
- 企業
- 取締役会：戦略的意思決定
- ↑任免，監視，承認，方針伝達　↓報告
- 企業活動を通じた影響（株価，配当など）
- 所有者（株主）
- 参加し，意見表明をする
- 株主総会：重要事項の決定
- ↑任免，承認　↓報告

（出所）　著者作成

(2)　ガバナンスの問題領域と問題背景

ガバナンスの機能が問われるようになったのは，特に最近のことではない。株式会社という制度が開発され，使用されはじめた頃より，その運営についていくらかの懐疑が持たれてきた[5]。近年の日本で，ガバナンスの議論が大きく取り上げられるようになった契機の1つは，バブル経済の崩壊によって露呈した「企業が常に効率的である」という神話の崩壊である。不況により表面化した企業の効率性をめぐる懐疑は，その関係者間の利害対立，たとえば，経営者

第Ⅰ部　現代の企業

と株主，株主と従業員の間の利害対立を浮き彫りにし，また，一国経済という観点からより効率的な企業に向けての諸施策を講じる必要性を生み出した。

　近年，ガバナンス議論が高揚している背景には，いくつかの歴史的な趨勢が関係している。企業から影響を受ける人々の参加意識が高まってきた点，所有と支配の分離傾向などである[6]。日本では株式相互持ち合いによって，これがより助長されている。株式相互持ち合いとは，友好関係にある企業が双方の経営に介入しないことを暗黙の了解として，お互いの株を持ち合うことである。これにより株主総会での一定数の票は経営者に賛同的となるため，経営者はより株主のことを考えずに済む状況となっている。日本では財閥が，企業経営に影響してきた。戦後の財閥解体によって，この影響力は低下していくが，メインバンクを中心とする銀行による株式保有が存在し，貸し付けに対するリスクを背負う銀行が企業を監視してきた。1980年代のバブル経済と呼ばれる好景気時期に，高騰していた株価を背景とするエクイティファイナンスが行われるようになると，銀行からの借り入れは解消されていく。その結果として銀行からの影響はそれほど大きな意味を持たなくなり，経営者を規律づけるものがより少なくなっていったのである。株価を高く維持し，資金繰りを有利にしたいと思う企業も，持ち合いによって，株価を自然に高く保つことができたこともあって，企業を規律づけるものが経営者の良識以外にはないとすら言われた。この経営者の規律づけの不在，言い換えると企業のチェック機構の不在が露呈したとされるのが，バブル経済崩壊後に明確になっていった日本企業のＲＯＡやＲＯＥの低さに代表される効率の低さと，経営者の野放図的な資金使用であった。そして，経営者にその活動を是正するように関係者が圧力をかけようにも，そのための仕組みがうまく機能できないでいることがわかっていったのである。企業の活動をめぐり，経営者と株主との関係を調停し，その運営の仕組みとして機能する会社機関がその機能を十分に果たせない機能不全の状況に陥っていることが判明したのである。

　歴史的に見て，株式会社はいくつかの問題点を内包する可能性をもっていたが，法律等で想定された企業形態の理念が現実と乖離した状況下で，経営者を

第5章　コーポレート・ガバナンス

チェックするために，会社機関をより機能的なものとすること，企業の透明性の確保，そして企業の戦略策定等の能力向上がガバナンスの問題領域として浮上してきたのである。他方で，企業の運営には直接に関わることは少ないものの企業から影響を受ける株主以外の関係者との間での利害調整や意見調整のような企業の社会的側面での制御が問題となる。表5－4に示すように会社機関が形骸化していると言われるが，これをいかに是正するか，また，経営者の報酬システムを通じたコントロールをいかに行うか，また，企業のコントロールのあり方として持株会社をいかに活用するか等がこの領域では問題とされているのである。

表5－4　近年の日本企業におけるガバナンスの問題背景

問題対象	問題の内容
日本独特の所有構造	株式相互持ち合いによる非持ち合い株主の影響力低下
会社機関の形骸化	株主総会の同日開催傾向 取締役，監査役等の人事権が代表取締役に掌握されているため，それらの有効なチェックが期待できない。株主総会の同日開催傾向のため，株主の意見表明機会が減じられている。ガバナンスに大きな役割を果たすことが期待されている取締役の選抜が，その期待されている役割というよりも，従業員へのインセンティブ提供のためのポストとして活用されてきた傾向がある。その取締役が十分な役割を果たせるとは言い難い。
銀行の位置づけの低下	メインバンクが果たしてきた企業の財務面でのチェックがエクイティファイナンスの流行に伴う間接金融から直接金融への移行により，そのチェック機能が希釈化される。

(3)　諸外国のガバナンスの構造

ガバナンスのタイプは大きく分けて，アングロサクソン型（以下，A型），ドイツ型（以下，D型），日本型に分かれる。A型はアメリカとイギリスに代表されるガバナンスのタイプである[7]。このタイプの基本スタンスには，①企業を株主の所有物として見ること，③市場を重視した企業の制御と利害調整を重視することという2点が指摘される。2000年以降に発覚してきたいくつかの不祥

第Ⅰ部　現代の企業

事を通じて，第3のポイント，④企業不祥事を防ぐ方策を検討するという点が挙げられよう。アングロサクソン国（以下ではアングロ国と略記）では，いかにして経営者による株主利益の促進と企業を公正なものとしていくかが検討されている。A型のガバナンスは単層構造と呼ばれる。図5－6にあるようにA型のガバナンス構造においては，日本のような監査役は会社機関としては存在せず，株主総会，取締役会，代表取締役の3機関が存在するのみである。このガバナンス構造およびガバナンスについての考え方の利点は次のような点である。まず，重要な関係者の一本化がなされている。これは，企業を取り囲む関係者間の問題としての利害衝突が経営者と株主に一本化され，他の関係者との衝突は考慮しないで済むことを意味し，よりシンプルに利害衝突と企業の運営の仕組みを考えられることを意味する。むろん他の関係者のことを考慮しないわけ

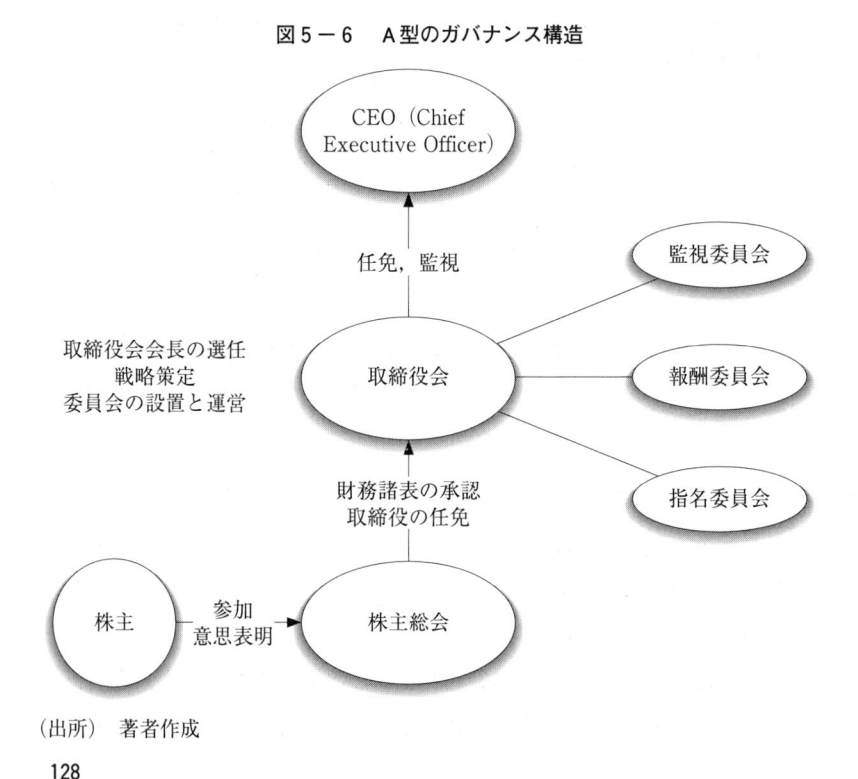

図5－6　A型のガバナンス構造

（出所）著者作成

ではない。また,市場というオープンな企業制御システムを活用する点でもA型は特徴的である。アングロ国では,取締役と代表取締役の談合,経営者報酬の増大,短期利益への偏重といった問題も抱えている。

D型における企業とその制御に関する基本スタンスとしては,①株主よりも企業と長期の利害関係を持つ関係者を重視する,②株主と同様に企業にとって重要な関係者である従業員をも運営に導入した株主と従業員による共同決定の思想が導入されている,③監視を重視し,監視と経営の機能分化を徹底しようとするという点が挙げられる。図5－7に示すように業務執行と業務監督の機能を明確に区分した2層構造のガバナンス構造を持つ点がその特徴である。D型のガバナンスの利点として,労働者の決定権がガバナンス構造に組み込まれていること,監視機能と経営機能の機能分化を図り,監視が堅実に達成される仕組みを持とうとしている点がある。しかし,株式市場からの規律づけが弱いこと,少数の銀行との相対的な関係での規律づけに頼るところが大きいこと[8]),

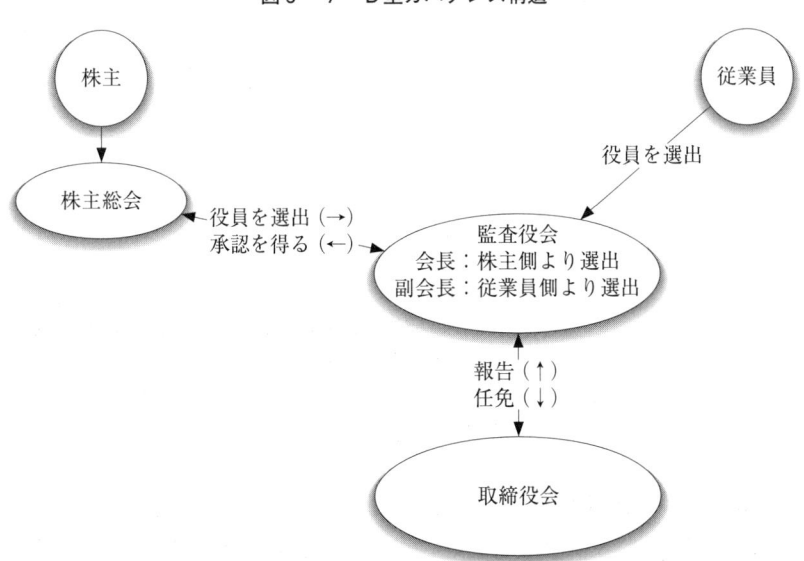

図5－7　D型ガバナンス構造

(出所)　著者作成

第Ⅰ部　現代の企業

そして，株主と従業員では株主が実質的な権限を持つ形で運用されていることがある。

3　ガバナンスをめぐるさまざまな理論

(1)　定義について

ガバナンスの定義については，多種多様な定義が見られる。いくつかの定義に共通している基礎的な問いは，表5－5のようなものである。これらの問いに対しては，多様な立場や状況によってバリエーションが想定されよう。

表5－5　ガバナンスの基本的な問いとバリエーション

問　い	バリエーション
企業は誰のものか	・企業方針の最終決定，経営者の任免の最終決定権，経営者の監督権，成果配分の最終決定権を誰が持つかによっていくつかの定義づけが可能である。
企業は誰が運営しているのか，誰が運営に影響しているのか	・株主を中核に，そして従業員，債権者と言った関係者が加わり，バリエーションが生まれる。国や時代により株主構造，株主の要求，行動パターンは異なるであろうし，また，従業員や債権者の位置づけも異なってくる。
誰が企業を規律づけるのか	
企業は誰のために運営されるのか	・主として3つの考え方がある。 ・株主価値の最大化を重視する伝統的モデルや株主価値最大化論 ・利害関係者との関係性構築を前提とした長期的視点からの株主価値の最大化を重視する洗練された株主価値モデルや啓発的株主価値論 ・利害関係者の多様な価値を重視する多元モデルや多元的価値論

(2)　株式会社論

株式会社論とは，現代社会において中心的な役割を果たす株式会社の特質を探求する領域である。株式会社論では，「所有者（株主）＝本来の企業の支配者」

第5章　コーポレート・ガバナンス

という観点から出発し，その本来の姿が保たれず，経営者が実質的な経営者になっていることを示した上で，そこに存在する危険性を指摘する。株式会社の運営原則である「一株一議決権の原則」に則った場合に，どういった株主がどれくらいの株式を所有しているかを示す所有構造の分析は重要である。ある企業の株主が少数である場合には，多数決原理において過半数の票を集めることは容易であることが多く，その中心となる株主が企業に対して大きな影響力を有することとなる。ところが，企業が大規模化し，必要な資金力が大きなものとなると，必然的に多くの株主から出資を仰ぐ必要が生じる。株主が多数に至ることによって株主は企業に対する支配力を失いがちである。ここに，所有者が支配者ではない状況を指す「所有と支配の分離」が生じる。このことを実証研究によって最初に指摘したバーリとミーンズは，経営者が掌握する巨大な権力について危惧し，警鐘を鳴らし，表5－6にあるようないくつかの方向性を示唆した。株式会社論は，企業が関係者に対して持つ影響力の適正公使とその制御に注目する。ガバナンスの諸問題の根本にある問題を理解する視点を提供してくれるのが株式会社論である。

表5－6　バーリとミーンズが示す企業権力の制御のあり方

方策における方向性	内　　容	バーリとミーンズの評価
(1) 現状の容認	経営者が多大な権力を持っていることを容認し，その適切な行使を経営者の良心に委ねる。	企業が持つ影響力を考えたときに，それを手放しにすることは危険である。
(2) 現状の制度強化	株主による制御を強化するための制度設計を推進する。	株主による強化は，企業の性格が変化し，関係者の増大した状況では，適切ではない可能性がある。
(3) 第3の途を探る	企業が持つ多様な関係者への多大な影響力を前提として，多様な関係者からの制御により企業権力を制御する。	企業の持つ影響力を考慮するならばもっとも好ましい制御のあり方である。

第Ⅰ部　現代の企業

(3) エージェンシー理論

　エージェンシー理論とは何らかの用役を自らに代わって遂行させるべく他の人間と関係を有するときにエージェンシー関係が存在すると捉え，その間の諸問題を取り扱うことを目的とした理論である。この理論では依頼する側をプリンシパル，代理を受ける側をエージェントと呼ぶ。ガバナンスとの関係には，図5-8のように株主をプリンシパルとし，経営者が経営を依頼されたエージェントとして捉えることで適用されている。プリンシパルとエージェントの両者の間には，プリンシパルにとって最も望ましい行動をエージェントがとらない可能性が常に存在している。エージェントである経営者はプリンシパルである株主のために職務を遂行するが，他方で経営者自身も自分自身の利益を追求するためである。ここで生じるような問題をエージェンシー問題と呼ぶ。このエージェンシー問題は意思決定を行う経営者のようなエージェントが行う意思決定プロセスが周囲から見えず，それが適切な判断であるかどうかを理解できない時により複雑なものとなる。エージェントである経営者が企業の業績を低下させたとして，その原因は経営者本人にあるのか，環境変化が原因なのかは結果だけを見てもわからないのである。前者のように本来ならば経営者がより注意を払うことで，好ましい結果を導く可能性があった場合には，モラルハザードが原因で業績が低迷したということになる。モラルハザードとは，本来であれば払っていた注意を払わずに損害が生じてしまう危険性を指している。この問題を解消するためには，その意思決定の妥当性を判断するために意思決

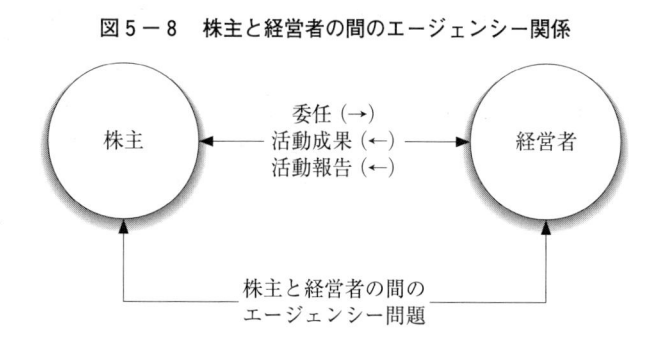

図5-8　株主と経営者の間のエージェンシー関係

株主　←　委任（→）
　　　　　活動成果（←）　　　経営者
　　　　　活動報告（←）

株主と経営者の間の
エージェンシー問題

定者の行動と直面した環境状態を観察し，その上で意思決定者の行動を判断するためのモニタリング（監視）が必要となる。また，エージェンシー問題を抑えるためには，モニタリングを行う以外にも適切なインセンティブシステム（報酬制度）を設計することによっても問題は解消されえよう。

このエージェンシー理論の発想はガバナンス研究の1つの学問的潮流としてメジャーなものであるとともに，その発想は諸種の改善策を導出する際の根本思想として活用されている。たとえば，経営者の報酬や経営者の監視システムを考えるときにこの理論の発想が援用されている[9]。エージェンシー理論は，いくらか抽象的な概念を用いた理論ではあるが，委任関係を分析し，その問題点や改善策を導出するための知見を導出する視点を提供してくれるのである。

(4) 「退出」と「発言」の論理とアカウンタビリティ

「退出」と「発言」の論理とは，ハーシュマンが唱えた企業などの組織に関わる人々が採択することができる行動の原理とその影響のメカニズムを指している。企業の関係者が企業を選択することができ，自分にとって好ましくない企業との関係を絶てるとき，退出（exit）が可能であるという。また，企業に意見し，企業行動の変革を促せるときには発言（voice）が可能であるという。発言は直接の企業へのメッセージとなって企業を直接に制御し，退出はこれがこぞって行われた場合に，間接的な制御となる。ガバナンスの改革に関して，市場の活用と会社機関をはじめとする制度の活用がさまざまな形で示されているが，市場の活用は「退出」の可能性をより高めることによって，制度の活用は「発言」の可能性を高めることによって，それぞれガバナンスに関わる問題を解消することにつながっている。退出の可能性は市場に限らず，情報が利害関係者に行き渡り，企業を選択できるような状況になることによって多くの利害関係者に適用可能であり，発言も株主に限らず他の利害関係者にも適用可能な概念である。

アカウンタビリティとは，説明責任と訳される。経営者の行為の結果について説明し報告する義務であり，それを通じた権限を行使した結果責任の解除を

第Ⅰ部 現代の企業

表5－7 「退出」と「発言」概念とガバナンス

概念	説　　明	ガバナンスとの関連
退出	組織との関係の継続を選択可能であるときに，組織との関係を絶つこと。	市場等において，株式投資を引き上げることに該当する。多くの株主がこの行為を行うと企業の株価は低迷し，資金繰りの悪化と買収の対象として選定されやすくなるという面で企業にとってマイナスとなるため，企業はこのことを避けるような行動をとる。間接的に企業は規律づけられる。
発言	組織変革を促す直接の影響力を行使すること。	株主総会などで，その権利を行使し，経営陣の行動に影響すること。直接の規律づけとなる。

意味する。経営者は行動・成果でその関係者と良好な関係を形成できるとともにアカウンタビリティによってもそれが可能である。利害関係者の求めに応じて，企業によるアカウンタビリティが適切に果たされるならば，利害関係者は企業に委譲している権限や付与している権力からの影響を許容するであろう。「退出」と「発言」のための仕組みが整備しがたい状況でも，企業がこのアカウンタビリティを果たすことによって，企業は自律性を保ちつつ，ガバナンス問題に挑んでいくことが可能なのである。イギリスではこのアカウンタビリティが重視されている。企業という権力体を動かす経営者がその持てる権力の行使において，結果だけで正当化するのでなく，しっかりとした説明によって，これを達成しようとする側面をアカウンタビリティの考え方は示してくれる。

(5) ガバナンスと企業業績

　ガバナンスが日本で盛んに議論される契機となっていたのはバブル崩壊によって顕在化した日本企業の効率性の低さであった。ガバナンスに関する諸要因と企業業績の関連について取り扱う研究がある。2001年にＪＣＧＦ（Japan Corporate Governance Forum：日本コーポレート・ガバナンス・フォーラム）は『コーポレート・ガバナンスと企業パフォーマンス』と題し，一連の研究をまとめた書籍を発行している。この書籍において，検討されているガバナンス諸要因とはその分析概要は，表5－8のようになる。ガバナンスと企業業績の関

係について,日本においてはまだ十分な研究成果を導出されているとは言いがたいが,よりよいガバナンスと企業業績が結びつく可能性を示唆する研究が多い。また,それに基づく提言も提示されており,今後の日本企業のガバナンスに影響を持つ可能性が高いため,看過できない領域である。

表5-8　JCGF『コーポレート・ガバナンスと企業パフォーマンス』概要

テーマ	概要
株主構成	・日本版金融ビッグバンの影響で投資信託が増加し,日本企業の所有構造は変化する可能性が増している。これにより,ガバナンスは好影響を受けるのかを過去の実証研究から推測する。
意思決定構造	・株主が意識する企業の意思決定構造についての見解が示されている。
経営者報酬	・株主価値と経営者の報酬を連動させるような報酬決定システムの仕組みと企業業績の関係を示している。 ・課題はあるものの,ここには関係があると結論づけられている。
IR (Investor Relations:投資家関連活動)	・さまざまな要因が企業のIR活動を活発化させ,これが株主からのモニタリング効果につながり,企業業績にも影響する可能性があることが示唆される。

4　ガバナンスをめぐる制度改革と提言

1990年代はじめのバブル経済崩壊以降,ガバナンスに関するいくらかの制度改革と提言の提示がなされてきた[10]。このガバナンスの改革は,主として会社機関の見直しに関わるものである。会社機関ごとの改革内容を順に見ていこう。

(1) 株主総会および株主に関わる動向

株主総会についての改善は,株主総会の本来の機能を取り戻させるような株主と取締役会との意見交換の場としての機能向上,総会開催の同日開催傾向の

解消と，企業における意思決定の迅速化のための施策などが主たるものである。また，招集通知の送付および株主の議決権行使を電子的手段により行えるようにする形で，ＩＴ技術の進展にあわせて，株主総会と取締役会のコミュニケーションがよりスムースになるような途も模索されている。

株主に関連する事項としては，平成5年の商法改正において株主権の強化の一環として行われた株主代表訴訟の簡素化と帳簿閲覧権強化がある。株主代表訴訟制度は，一株主が全株主を代表して，会社のために，ルールに違反して企業に損害を与えた役員に対し，法的責任を追及し損害賠償請求を行う制度であり，①企業の被った損害を回復する損害回復機能，②企業における違法行為の抑制機能，③企業経営が健全に発展するための健全性確保機能がある。この法改正により実際に株主代表訴訟の数は増加した。帳簿閲覧権強化とは，帳簿閲覧権行使の持株要件の緩和であり，これにより帳簿閲覧権を持つ株主は10倍以上に増えたと言われる。この結果として企業の詳細な資料を手に入れる株主が増加し，その株主が経営のモニタリングを行うことを可能とした。

(2) 取締役会，執行役についての提言

取締役会の改善については，取締役の独立性の確保，取締役会の構成や規模の面での改善を通じて本来の機能を果たさせるための施策がその主たる内容である。日本企業の取締役会の規模は15～40人と大きく，細かな機能分化がなされていないため，会議体としての機能を有していないで機能を代替する他組織があるというように本来の機能を果たせない状況にある。ＪＣＧＦが提示する取締役の人数の適正さに関する見解では，適正規模は6～7人程度である。代表機能・執行機能と監督機能を果たすための会議体としての適正規模とされ，人数が多い場合には内部の機能分化を明確にし，権限と責任の分担を明確にしておく必要があるという。

また，日本の取締役の構成は社内出身者が圧倒的に多いという特色を持つ。組織の内部が従業員から連続する形で取締役，代表取締役というように序列化されていくならば，そこでは苛烈な出世競争が生じ，組織の中で認められるこ

第5章 コーポレート・ガバナンス

とに価値を見い出す内部の意見調整のみに優れた役員が出てきたとしても不思議はない。ここに慣習としての代表取締役による人事権の掌握という状況が生じれば，社内者による代表取締役の監視が困難となるのは自然な成り行きであろう。社内出身者が社内での評価を高くするために磨いていく能力は，必ずしも取締役に求められるものと一致するとは限らず，戦略策定といった広い視野での分析と判断が可能かどうかははなはだ疑問である。そこで，取締役会の機能面に注目した提言もなされてきている。この種の提言は，①経営意思決定・監視機能と業務執行機能との分離を推進するための施策に関わるもの，②社外取締役の登用に関わるもの，③各種委員会の設置を通じた取締役会の活性化に関わるもの，④社外取締役を含む取締役間の情報共有に関わるものがある[11]。

　取締役の役割が監視と戦略策定に特化していくとき，従来担われていた執行に関する業務を担当する人材が必要となる。ＪＣＧＦでは経営執行委員会を提言しているが，執行役員制度の導入も１つの方策である。執行役員は取締役ではなく，取締役から業務執行を指示された者である。この役職手配により取締役会はより機能的に特化することが可能となり，また，人数面でのスリム化を図ることも可能となるのである。1997年にソニーが日本ではじめてこの仕組みを導入して以降，多くの企業に活用されている。ソニーでは経営組織の見直しの一環としてこの制度を導入した。不正防止，経営の監視という面では，独立した立場からその任に当たることができる社外取締役は多いほどよいが，内部昇進者のポストを奪うという点では好ましいとは言えない。そこで，その者たちへの役職手配の１つとして，執行役員というポジションが与えられた。これまで実際にこなしてきた業務執行に関する役職を作り，その取締役会から独立した役職に既存の役職者で取締役会から抜けた者を充てることによりモラール低下が一定程度のところで止められた。また，戦略策定に関われる取締役とそこへ関与できない執行役員の間には情報格差についても配慮された。実際に執行役員制度を導入する企業ではそれを定着させるための個別企業レベルでの工夫が必要となろう。

第Ⅰ部　現代の企業

(3) 監査役に関わる提言

　監査役に関わる提言については，①社外監査役の導入，②監査役の独立性確保，③監査領域の拡大，④適切な監査役人材の確保，⑤監査環境の整備についてなどがその主たるものである。監査役および監査という点については，商法の改正を伴いつつ，その強化への途を歩みつつある。商法改正の今日までの流れを見ておくと，まず，昭和25年には，株主総会と監査役の権限縮小，取締役会の権限拡大が行われている。監査役の権限を会計監査のみとすることにより，取締役会の機動性と健全性を確保する目的があったようである。この昭和25年改正商法が生み出したものは，代表取締役への権力集中であり，監督の有名無実化であった。そこで昭和49年改正商法では，監査役の業務監査等の権限の強化が行われた。その後の昭和56年改正商法・平成5年改正商法でも監査役は強化されていく。任期を3年に延長し監査役の地位を保護，社外監査役の導入により独立した監査を確保，大会社における監査役会による組織だった監査の規定の制定等の改正が行われた。平成13年には，「企業統治に関する商法等の改正法」が制定された。監査役をさらに強化し，ガバナンスを再構築することを目的として，表5－9のような監査役の強化・独立性の確保を行っていった。

表5－9　平成13年改正商法における監査役の強化

(1)	監査役は取締役に出席でき，意見を述べることができる。
(2)	監査役の任期を4年に延長する。
(3)	監査役を辞任した者はその理由を株主総会で述べることができる。
(4)	大会社では監査役は3人以上（半数以上は社外監査役）。猶予期間は3年。
(5)	監査役の選任にあたっては，取締役が監査役会の同意を得た上でなければ，それを実現できない。

　これらはガバナンスの構造は変化させず，昭和25年の商法改正で弱めた監査役の力を徐々に強化する形でガバナンスの機能向上を図る監査役強化会社への方向性を示すものである。平成14年の商法改正では，これとは異なる構造を持つ委員会等設置会社の採択が認められた。委員会等設置会社では，社外取締役，

3種委員会（指名委員会，報酬委員会，監査各委員会）が設置され，執行役の設置が義務づけられている。監査役を置かず，取締役が執行役の経営を監督する形をとる。この構造は，A型の構造を模しており，株主から代表取締役に至る委任と責任関係のラインを一本化できるのである。

(4) 監査役強化会社と委員会等設置会社

監査役強化会社は，監査役を強化することを通じてガバナンスの機能向上を図るが，これは監査役の地位を諸外国の外部取締役の地位に近づけることを意味する。監査役は取締役会に参加，発言もできる。この点は取締役が取締役会には参加できるものの，監査役会には参加できない点と比べて優れている。しかし，監査役強化会社に向けての一連の商法改正では，株主代表訴訟に対する取締役の責任制限が盛り込まれているが，株主代表訴訟が本来持つチェック機能の低下をもたらすかもしれない。こういった監査役強化会社の特徴と課題をまとめると表5-10のようになる。

表5-10 監査役強化会社の特徴と課題

特徴	・監査役は，取締役会と監査役会両方に参加できるので，情報への接近と見解表明の面で（社外）取締役よりも優れる。こういったメリットを持つ監査役を活用できる点で優れている。 ・過去の実績を生かすことができる。
課題	・情報への接近可能性（内部者とのコミュニケーションの場の設計をいかに図るか） ・人事権の問題をいかにクリアし，独立性の高い監査役を確保するか。 ・監査役強化会社に向けての商法改正に伴って，盛り込まれた株主代表訴訟に対する取締役の責任制限がもたらす経営者に対する牽制効果の軽減の側面

次に表5-11を用いて，委員会等設置会社の特徴と課題を見ていこう。取締役会が委員会によって機能分化される点，監督，執行の分離が徹底される点で優れており，また，グローバルスタンダードに合わせやすいというメリットがある。反面，委員会等設置会社は大会社のみに適用される限定的な仕組みである。また，この構造は株主の意見が反映されすぎる危険性を内包する。アング

ロ国のガバナンスモデルを模範としているが，これらの国では短期利益追求の問題に悩まされてきた。これは競争力強化のための長期的な投資，企業の多様な関係者との良好な関係形成についての問題である。さらに，委員会等設置会社では，外部取締役への期待が過度なものになっている。外部取締役を意味あるものとして活用する場合には，その処遇と選抜方式が重要であるが，会社組織において外部者を阻害する状況にあったならば，このことは期待しにくい。また，社外性の面で適格者の人材確保も何をもって社外者と見るか等の課題がある。委員会等設置会社はその運用実績を蓄積し，大会社以外への適用，短期利益偏重問題への対応，そして，外部取締役の意義の共有，外部取締役市場とでも言うべき，安定的に適切な人材が流通する社会的基盤の確保が必要となろう。

表5－11　委員会等設置会社の特徴と課題

特徴	・経営と監督の分離の徹底 ・委員会の設置による取締役会機能の活性化 ・グローバルスタンダードへ合わせやすいこと
課題	・大企業にしか活用できない ・選抜と処遇についての問題 ・短気利益偏重に伴う長期利益阻害と企業関係者への不利益の可能性

5　更なる学習に向けて

本章ではガバナンスについてケースを用いてそのイメージをつかみ，所有者と経営者の関係という基礎的な領域についての考察を進めてきた。そして，その裏づけとなるガバナンスの制度的な仕組みについて日本型とそれ以外の型について見てきた。その上で理論的にアプローチをする時の視点について見ていき，現在の改革動向について見てきた。ガバナンスはその領域が広大であるため多様なアプローチが可能である。また従業員，株主，経営者等の検討する人々の立場によってさまざまな議論が可能であるが，それらの検討は時として

第 5 章　コーポレート・ガバナンス

多くの関係者とのバランス関係を崩すような独りよがりのものともなりかねない。本節では，著者から読者へのメッセージも込めて，今後の学習についてのコメントを述べていきたい。

(1)　唯一最善の構造を求めるか否か

　ガバナンスのあり方については，実態面でも，規範面でも多様な見解と展開が見られる。ガバナンスに関わる取り決めは短期的に変更されるようなものではなく，経済の基本としてある程度固定化されるべきものであろう。その点では，普遍的な唯一最善の構造を求めていく必要があるだろう。しかし，ガバナンスはいったん形成をすると，その構造を前提に更なる問題が浮上する側面を有していると考えられる。本章で紹介した商法の改正の歴史を見ても，このことはうかがわれる。

　では，そういった揺れ動きやバランス取りを考える何らかのヒントはないであろうか。ロー (Roe, J. Mark) は，ガバナンスを，特定の運営体制の元で，主たる運営者が感受できず，組織に変化をもたらせなかったときに，多様な関係者に影響をもたらし，その問題が具体化する性質を持つとする。彼の主張では，ガバナンスに大きな影響を持つ人々の感受性とそれによる組織変化が重視される。ガバナンスのあり方を問題依存的にみる発想といえよう。既存の法理念や運営体制の元で生じてくる諸問題を解消する手段はいろいろあると考えられ，その手段には法規制のような固定化されたものだけでなく，個別企業の自主努力のように柔軟なものも含まれる。個々の企業の状況を検討し，問題を引き起こす既存の運営体制の感受性を改善するための方策を検討する必要性を指摘できるだろう。グローバルスタンダードの制定も含め，ガバナンスに関する共通ルールの策定は今後もますます進行していくであろうが，それらは，おそらく最低限度の制約条件となっていくのではないだろうか。そして，個別企業あるいは，国，業界等でくくられる企業群レベルで問題となってくるものの背景にある既存の運営体制の感受性を検討する必要があるのではないだろうか。その場合には，経営環境に適した組織変革をもたらすことができる感受性を持ちえ

第Ⅰ部　現代の企業

ない取締役会や監査役，代表取締役等のガバナンスに影響を持つ人々の役割と状況の分析を通じた把握が重要なポイントとなることを指摘できるだろう。

(2)　社会に開かれた企業・ステークホルダーを尊重する企業

　企業がその持てる影響力の大きさから，社会の公器として捉えられる場合がある。ここから，さまざまな関係者に開かれた企業や，その中でも重要な関係者である従業員主権に基づくガバナンス論等が出現している。従業員主権に基づくガバナンスは，従業員が投入する資源，また企業の運営に関わる意思等の側面で，株主主権に基づくガバナンスを凌駕する説得力を持つものであり，ガバナンスの機能やそれに携わる人々についての大いなる知見をもたらしている。

　社会に開かれたガバナンスについての議論は，企業をより多くの関係者に従属する存在とさせることを主張する。この点は現代企業の社会的責任を考えれば好ましいといえるが，その方向性をめぐってはいまだ十分な合意を得られるほどまでにはなっていない。たとえば，この方向性の1つの極として提示されるすべての関係者を運営レベルで視野に収めたガバナンスはその実現可能性と正当性という点で十分説得力を持つにはいたっていない。ローの指摘を援用するならば，どういったガバナンスの状況が，多様な関係者の問題を引き起こしているのかを出発点により具体的な議論が必要なのだろう。ステークホルダーという言葉で表されるようになってきた企業の関係者は，どれも企業と対等にそして企業から公正な処遇を受けるべき対象であるが，運営レベルへの関与が常に必要な訳ではない。どういった状況で，特定の関係者の不利益が生じるか，あるいは歴史的な趨勢の中で，運営に携わる必要がある関係者は誰なのかを見定める必要がある。企業から対等かつ公正な処遇を受けられることをいかにして保証するかということと企業の運営を検討することは，重なる部分もあるものの，異なる部分もあることを見極め，社会に開かれた企業という言葉の意味をじっくりと考えることである。

第5章　コーポレート・ガバナンス

(3)　企業と関係者のコミュニケーション

　インターネットを通じた議決権行使が可能となっている。株主と企業との関係では，その情報開示のあり方，ＩＲのあり方等多様な展開が見られる。また，株主だけでなく，地域住民，顧客とのコミュニケーションも盛んになってきている。企業側からは，多くの関係者からの支持を得る必要が，また，関係者の側からは企業に自分の意思を伝える機会の必要性がこのコミュニケーションの背景にあると考えられる。ガバナンスはこれらのコミュニケーションそのものではないが，こういったコミュニケーションによって，解消しうる利害の衝突があるならば，あるいは，企業側と関係者側の両者の合意形成がこういった場で図れ，企業の運営体制を直接，改変する必要はないかもしれない。これらのコミュニケーションは広い意味でのガバナンスの一領域となるだろう。市場，コミュニケーション等の利害調整，合意形成の仕組みとガバナンスはバランスをとりつつ設計されることで，より効果的なものとなる。

(4)　更なる学習のための基本文献

　最後にガバナンスについての関心を深めた読者にこの領域についての基本文献をいくつか紹介しておきたい。まず，ガバナンスの問題領域をより具体的に，かつ理論的に考察したいと考える読者には，土屋守章，岡本久吉著の『コーポレート・ガバナンス論　基礎理論と実際』をお奨めする。この書籍はガバナンスという多様な問題を内包する領域をさまざまな視点から，整理しつつ，具体的に論じている。総合的な学習のためにはうってつけの書である。ガバナンスをより広い関係者との関係から論じたものに出見世信之著の『企業統治問題の経営学的研究』がある。この書籍は学術性が高いもののアカウンタビリティという考え方を一貫的に用いつつ，企業と社会の関係を踏まえたガバナンスの論理構造を明確に示している。ガバナンスを検討するときの視野をより広めたいと考える読者にはお奨めの書である。また，ガバナンスの主権者の意味をより検討されたい読者には，伊丹敬之著の『日本型コーポレートガバナンス―従業員主権企業の論理と改革』をお奨めしたい。この著書では株主と従業員を比較

第Ⅰ部　現代の企業

し，また，企業の他の関係者との関係も視野に収めた議論がなされている。また，ガバナンスについてのより深い洞察を得たいと考える読者には，モンクスとミノウ（Monks, R. A. G. and Minow, N.）の『コーポレート・ガバナンス』を読んでいただきたい。ガバナンスがどういう場面で問題となるのか，その問題の根本的な原因は何かを考えるためのヒントを提供してくれるはずである。この書は近年のガバナンスのテキストとして評価が高いものである。

　ガバナンスの問題領域では，理論的な考察は欠かせない。多くの問題領域が横たわっており，いくつもの理論を駆使しつつ，この分析は行われる必要があるのである。時には相矛盾して見える主張を行う理論があるかもしれないが，それこそがこの領域の複雑さを物語るものである。幾重にも重なる問題群とそれへのアプローチとして重層的な理解を要する。そして，同時に具体的な問題群を実際に検討してみてこそ，その理解がより深まる領域であろう。ある程度の知識や感覚を座学でつかんだ後は，是非とも具体例を調べて，どういった議論がなされているか，関連する制度は何かを検討しつつ，その問題と解消策を検討してみてもらいたい。

〔注〕
1）　代表的な買収防衛策としては，ホワイトナイト（White Knight），パックマンディフェンス（Pack-man Defense），ジューイッシュデンティスト（Jewish Dentist），ショーストッパー（Show Stopper），スコーチド・アース・ディフェンス（Scorched-earth Defense），クラウン・ジュエル（Crown Jewel），スタッガードボード（Staggered Boards），ポイズンピル（Poison Pill），ゴールデンパラシュート（Golden Parachute）などがある。
2）　トヨタ自動車（株）ホームページの「株主・投資家の皆様へ，株式・格付け情報，株式の状況」より。http://www.toyota.co.jp/jp/ir/stock/outline.html
3）　これ以外にも個人企業や相互会社も存在する。個人企業においては，大きな影響力を持ちうるくらいまでの発展を前提とせず，また法律での規定がないため，そして，相互会社においては，特殊な業態でのみ選択可能な形態であるため，ここでは直接の考察対象としない。
4）　資金の貸し手からすると資金回収の点でリスクが大きくなってしまう。そのため，実際には，会社の代表取締役社長やオーナーの一部が個人的に会社の借金の共同保証

第 5 章　コーポレート・ガバナンス

人になる,または個人的な名義で借り入れを行うなどの形で個人に無限責任が及ぶようにする場合も見られる。
5)　たとえば,経営者が企業を利益にかなうように運営する可能性,所有を伴わない経営者が払う配慮の不安定さなどについての指摘がこれに該当する。
6)　3(1)参照。
7)　アメリカとイギリスではガバナンスの構造は共通であるが,その問題の焦点と解決に向けての施策については,各々の国の特徴を反映した異なる展開が見られる。
8)　近年のドイツでは,企業の国際化,金融市場のグローバル化を背景とする外国人投資家の圧力などにより,見直しの機運も高まりつつあり,企業統治改革法として,より開放的な資本市場の形成に向けて,企業の透明性を高めるような規定を設けつつある。そして,ガバナンス原則委員会によって制定されたコーポレート・ガバナンス原則において,会社機関をより効果的に用いるためのさまざまな原則が定められるにいたっている。
9)　この理論はさらに,プリンシパルとエージェントの特性を修正することで多様なバリエーションを生み出すことができる。企業業績が傾向的に低下していたアメリカにおいて,その問題を分析するために,プリンシパルの性質として,流動性が低く,他のエージェントを選びにくい状況を想定し,そこから生じる更なる問題へと展開するものもある。
10)　ここでの叙述は,小島(2004)の文献に依拠し,その提言内容を確認したものである。紙面の都合上,提言の全内容および提言団体の詳細を示せないので,各自で確認をしていただきたい。
11)　この点について包括的な提言をしているのが,ＪＣＧＦである。この団体の提言内容はインターネットでも確認可能なので,是非,確認していただきたい。http://www.jcgf.org/jp/

〔主要参考文献〕
伊丹敬之著『日本型コーポレートガバナンス—従業員主権企業の論理と改革』日本経済新聞社,2000年
菊池敏夫,平田光弘編著『企業統治の国際比較』文眞堂,2000年
小島大徳著『世界のコーポレート・ガバナンス原則　原則の体系化と企業の実践』文眞堂,2004年
土屋守章,岡本久吉著『コーポレート・ガバナンス論　基礎理論と実際』有斐閣,2003年
出見世信之著『企業統治問題の経営学的研究』文眞堂,1997年
日本コーポレート・ガバナンス・フォーラムパフォーマンス研究会編『コーポレート・ガバナンスと企業パフォーマンス』白桃書房,2001年
深尾光洋,森田泰子著『企業ガバナンス構造の国際比較』日本経済新聞社,1997年
Monks, R. A. G. and Minow, N., *Corporate Governance*, Blackwell Publishers, 1995. (ビ

第I部　現代の企業

ジネス・ブレイン太田昭和訳『コーポレート・ガバナンス』生産性出版, 1999年)
Roe, J. Mark, *Strong Managers, Weak Owners: The Political Roots of American Corporate Finance*, Princeton University Press, 1994. (北篠裕雄，松尾順介訳『アメリカの企業統治』東洋経済新報社, 1996年)

第Ⅱ部
現代の経営管理

第6章　生産経営
第7章　財務管理
第8章　人的資源管理
第9章　技術経営
第10章　リスクマネジメント

第6章

生産経営

　日本の生産経営システムは世界的に高い評価を受けてきた。これは，個々の作業者の熟練した技術や機械設備の性能が優れているだけでなく，日本企業の突出した生産技術力に負うところが大きい。特に海外で注目されているのは，「トヨタ生産方式」に代表される，日本的生産システムである。そこで本章では，生産経営の生成から日本的生産システム，さらには，生産経営における今日的課題について概観する。

第Ⅱ部　現代の経営管理

1　生産経営が誕生した背景

(1)　アメリカにおける産業革命

　生産経営が必要となった時代背景をアメリカを例に概観する。南北戦争（1861-65年）以前のアメリカは農業国であり，黒人移民が南部のプランテーションでタバコや綿栽培に従事していた。南北戦争後，産業革命が起こり，ベルの電話機発明（1876年），エジソンの電灯発明（1879年）などにより，電信電話，電気，鉄道，鉄鋼そして自動車産業が誕生した。その中でも特筆すべきことは，「民間資本」による大陸横断鉄道の完成（1869年）である。

　鉄道がもたらしたものは，まず鉄道建設の巨額の資金を調達するための「株式市場」の発達，そしてモルガンのような金融王の登場である。次に，産業資本家の誕生である。線路用に大量の鉄が必要となり，カーネギーのような鉄鋼王が誕生し，さらに鉄道を利用して大量の石油輸送が可能となり，ロックフェラーのような石油王が誕生した。

　他方，標準化，時間管理が促進された。具体的には，線路幅の「規格の統一」や，鉄道を正確に運行するための時間管理の徹底である。時計の発明によって時間を守るようになったわけではない。時刻表のような時間を守るべき状況が生まれたために時間を守るようになるのである。

(2)　未熟練工の増加と分業

　巨大資本による産業化の進展により，労働力不足が発生し，南ヨーロッパの農業従事者の移民が増加した。彼らは，工場で必要とされる技能（スキル）を保有せず，必ずしも英語を話すことができるわけではなかった。この大量の未熟練労働者の発生が，巨大資本と結びつき「分業」（division of labor）による大量生産方式を推進した。

　分業による生産性の向上は，アダム・スミス（1776）『諸国民の富』の中での「ピンづくりの工程分業」の事例が有名である。分業によるメリットは，①

個々の作業への習熟（これまでよりも仕事の担当範囲が狭くなる），②段取り替えの時間の節約（分業により担当する作業が1つになるとすれば段取り替えが不要になり時間と労力の節約になる），③機械の発明（分業により1つ1つの仕事が単純化されれば，機械を発明しやすくなる）である。

つまり，仕事を分割する際には，①習熟しやすい範囲を想定し，②段取り替えがあるところで仕事を分割し，③うまく機械化することを考えることが基本原則となる。

他方，分業の欠点としては以下のことが考えられる。まず①作業の細分化により仕事の全体像が見えなくなり，作業者がやる気をなくしてしまう可能性があること，②分業が細分化すればするほど，全体の仕事を調整することが困難になること（例：営業と生産現場との対立の調整）である。

さらに分業による大量生産の進展は，①見込み生産による生産過剰の問題，②労使関係の悪化，後述する③組織的怠業の問題を引き起こし，このようなことから「管理」の必要性が生じてくる。これが生産経営の始まりである。

【参考】 バベッジの分業のメリット

いま1人の熟練工がA，B，Cという3つの作業をしていたとする。作業A，B，Cはそれぞれ知力と体力に関して難易度が異なる。100点満点で評価すると，作業Aは知力を90点，体力を30点以上必要とする。作業Bは，知力は30点でよいが，体力は90点必要となる，作業Cは，知力・体力ともに20点で十分である。分業する前であれば，作業A，B，Cすべてを1人の人間が行うため，知力・体力ともに90点以上の人を雇わなくてはならず，このような人を探すには，非常に高い賃金を払うことになるであろう。しかし，作業をAとBとCに分割すれば，それぞれの作業により多くの候補者を見つけることができる。より多くの候補者の中から担当者を見つけることができれば，賃金を安く抑えることができるのである。

第Ⅱ部　現代の経営管理

2　科学的管理法

(1)　科学的管理法の背景

　生産経営のはじまりはテイラー（Taylor, F.W.）による「科学的管理法」であると言われている。ではなぜテイラーは「科学的管理法」を提唱することになったのか。それは当時の生産現場の経営方法にある。当時は職人的熟練工がラインスピードを支配し，監督者側が賃率を支配していた。このため目分量方式による仕事の割り付けや，現場での経験や勘に頼った「成り行き管理」が一般的であった。

　そして作業の成果（出来高）に応じて賃金が増える「単純出来高給（図6－1参照）」が採用されていたが，出来高給の根拠となる賃率の基準がなかった。また作業者の「組織的怠業」の問題があった。組織的怠業とは，作業者が申し合わせて意図的に怠業を行うことを言う。

　作業者が生産性を上げたとしても，新しい機械の導入による生産性の向上もあり，経営者は一方的に賃金を引き下げ，もしくは高能率を達成した熟練工を標準と決めつける。この方法では，努力した作業者だけは賃金は下がらず（上

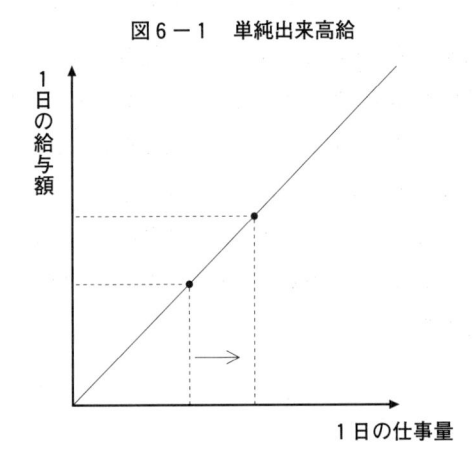

図6－1　単純出来高給

がりはしない），多くの作業者の賃金は下がることになる。この結果が組織的怠業を招いたといえる。

(2) 科学的管理法の内容

① 動作研究と時間研究

テイラーは第1級の作業者を選別し，協力を依頼し，彼らの精一杯の作業動作の手順を分析し，手順の要素のそれぞれにかかる時間をストップウォッチで計測し，客観的・科学的測定によるデータを獲得した。

「動作研究」では，作業者の実際の作業を観察し，「最適な作業方法」を確定した。そして「時間研究」では，作業者の実際の作業時間を計測し，「公正な作業量」を確定した。これらのデータを基に，一流の作業者がまじめに働いた時に達成できる1日の標準的仕事量を設定したのである。

② 標 準 化

標準化とは，「作業の標準化」，「時間の標準化」，「道具の標準化」であり，わかりやすく言えば，「マニュアル化」である。誰でも努力すれば一流の作業者の仕事ができるようにすることを目的としていた。

③ 差別的出来高給

「差別的出来高給」は当時行われていた「単純出来高給」に代わって提案された。「差別的出来高給」では，標準作業量を境に単純出来高給を上回るプレミアム（報償金）部分のある折れ線グラフで示される（図6－2参照）。ここで大切なことは標準作業量の適否である。標準作業量が相当努力しなければ達成できない目標であるならば労働強化につながるが，妥当な標準値ならば，プレミアムが励みとなり生産性が向上する。このため標準作業量を決定する作業研究がどれほど妥当なものであるかということが問題になる。

図6－2　差別的出来高給

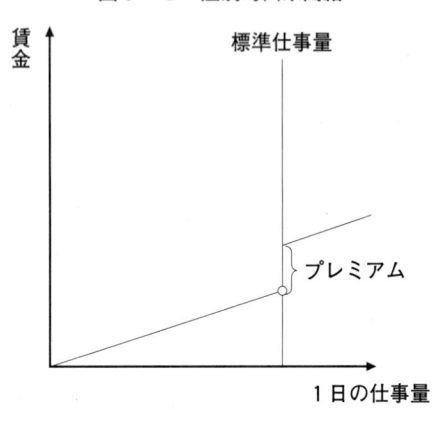

(3) 新しい組織

　従来の万能職長制（職長が計画や管理，実行を担当していた）に代わり，新たな組織としてテイラーは，「職能別職長制」を提案した（図6－3参照）。この組織形態は，職長の機能を大きく「計画職能」と「執行職能」に分け，合計8つの職能に分類したものである。これにより，職長ごとに分かれていたグループの作業量・速度・品質のバラツキをなくした。しかし作業者は，「計画職能」と「執行職能」の計8人から管理を受けることになり，命令が多元化し，混乱を招くこととなり，この組織形態は長続きしなかった。

第 6 章 生産経営

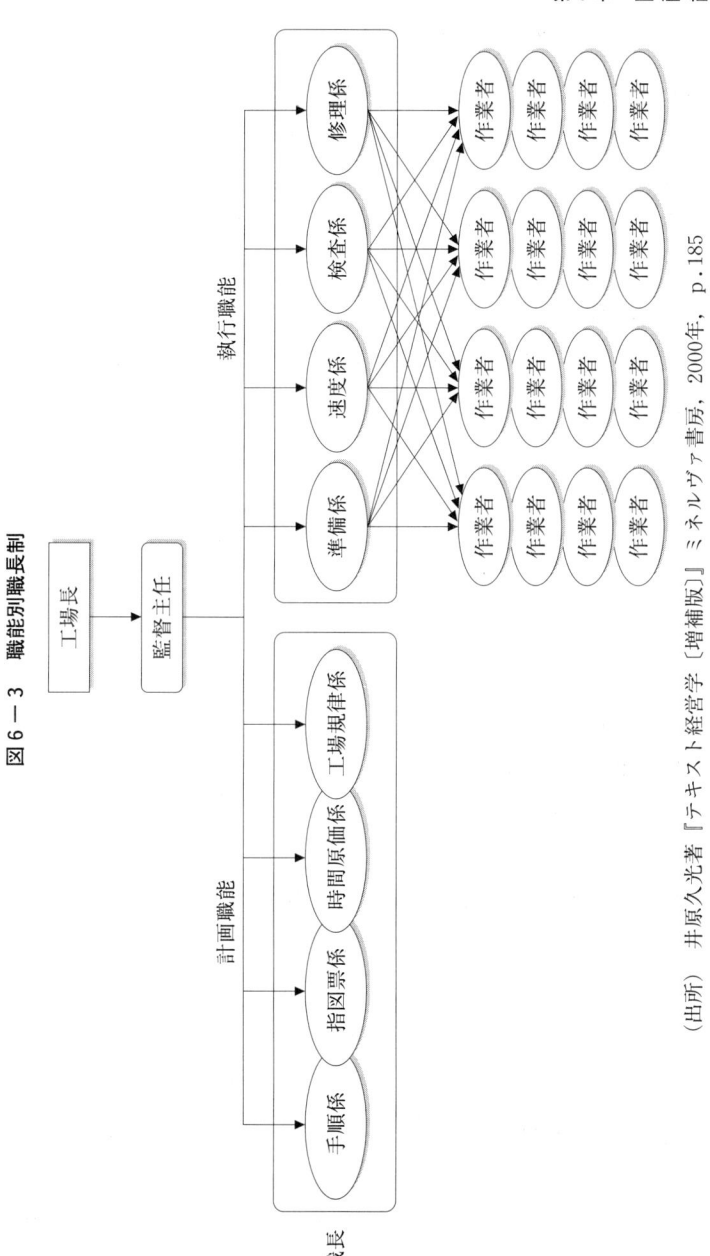

図 6 − 3 職能別職長制

(出所) 井原久光著『テキスト経営学 [増補版]』ミネルヴァ書房, 2000 年, p.185

第Ⅱ部　現代の経営管理

(4)　科学的管理法の含意

① 人　間　観（管理される人をどのように捉えるか）

科学的管理法における人間観は「経済人モデル」と呼ばれ，人間は報酬によって動機づけられ，合理的な選択をして行動すると捉えられていた。これは当時の社会状況，すなわち大量の移民が存在し，非常に貧困であったことを考慮すると，やむを得ない面もあると考えられる。

② 組　織　観

科学的管理法における組織観は，「機械人モデル」と呼ばれ，作業者は8人もの監督の命令を受けて，機械のように文句も言わずひたすら作業を行うことを要求されていた。

③ 批　　判

テイラーの科学的管理法は，成り行き管理でルールが存在しなかった工場に，管理という視点を持ち込んだ点で評価されるが，アメリカの労働組合は，科学的管理法を公式に拒否している。この理由として，作業者を機械の一部としてみなしている点，実際には，タスク（課業）の決定が，経営サイドに有利に決定される傾向があったことなどを挙げている。

④ 今日の科学的管理法

テイラーの科学的管理法を推し進めれば，人間の労働は単純作業に分解され，同じ作業を反復させられ，仕事は無味乾燥な画一的なものになっていく。そのため，科学的管理法は労働組合や，社会主義勢力から「科学という名の労働強化」として批判された。しかし，後に管理工学やインダストリアル・エンジニアリング（IE）の発展をもたらした。

3　フォード・システム

フォード・システムは，ヘンリー・フォード（Ford, H.）によって確立された大量生産方式である。当時，富裕層の嗜好品であった自動車を大衆の足にし

たいという願いから彼はテイラーの科学的管理法を実践し、生産経営の重要性を広く知らしめた。

(1) フォード・システムの特徴

① 標 準 化

フォードは単品種（T型のみ）を分業による、工程の単純化、スキルレス化により大量生産することで安価な車づくりを追求した。

② 移動組立方式＝コンベア方式の導入

移動組立方式とは、生産方式の変更（分業）により1台あたりの作業時間の大幅な短縮を目的としていた。具体的には、

A：製品（車台＝ライン）が作業者の所に移動する方法であり、

B：組立ラインを長くすることによって、作業者の人数を増やし、工程分業の細分化が可能になる。これは1人あたりの作業の範囲は狭くなり、必要とされるスキルも低くなる。

C：この結果、同時に多くの自動車を生産することができるのである。

なお、それまでの生産方式は「定置生産方式」と呼ばれ、車台を1ヶ所に定置し、そこに部品を持ってきて組み立てる方式であった。すなわち、人が車台に向かって作業するため、一箇所で作業できる人数は限定される。このため、作業者の必要とされるスキルは、高くなるというものであった。

③ 専門工作機械による加工精度の向上＝設備の専門化

特定の部品を製作するために作られた専用の工作機械を開発し、それまでのような熟練工がヤスリによって部品の誤差を修正する作業を不要にし、任意に取り出した部品がすべて同じ寸法精度になるようにした。これにより、部品の互換性を持たせることが可能となり、作業者の部品の取りつけがしやすくなり、作業がより標準化された。このメンテナンス（修理）のしやすさが、T型フォードの品質をカバーしていたと言ってもよい。

(2) T型フォードの成功

フォードは,「富裕層の嗜好品」としての自動車を「大衆の足」と位置づける新しい着想によって,フォード・システムを確立し,大衆自動車市場を創造した。T型フォードの価格は960ドル(1909年)から360ドル(1916年)に引き下げられている。これは「規模の経済効果」と「経験効果」により可能になったものと言える。これは販売台数の推移が約2万台(1909年)から約72万台(1916年)と急増していることからもわかる。

また,平均賃金(時給)も移動組み立て法を本格的に導入した1913年の27セントから翌年の1914年には60セントまで跳ね上がっている。フォードは,賃金動機の経営哲学を掲げ,「賃金を上げて,価格を下げることで,需要を拡大させる」計画を実践していった。

(3) フォード・システムの問題点

T型フォードの成功にもかかわらず,フォード社は1920年代半ばにはゼネラル・モーターズ(GM)社に抜かれてしまい,1927年にT型フォードの販売を中止せざるを得なくなる。T型フォードの生産は1909年にはじまっているので,18年足らずであった。

T型フォードは,最初の1台目としては好まれるが,2台目や買い替えの車となると,顧客の満足を得られなくなっていた。顧客が求めていたのは,高級感のある大型車であったり,定期的にモデルチェンジをする車であったり,オプション設定のできる車であった。

このような消費者の嗜好の変化をフォードは見抜くことができず,実践家フォードは,実践の中でつまずいてしまったのである。

4　トヨタ生産方式の2本柱と改善活動

トヨタ生産方式は,「自働化」と「ジャスト・イン・タイム(Just-In-Time:

JIT)」を2本柱として展開される。自働化は機械設備などに異常が生じたときに自動的に機械を停止させるための仕組みであり，JITは一部の工程が停止したり遅れた場合に，生産ライン全体を同じはやさで進ませるための仕組みである。これらの仕組みによって，異常の発生が明確に認識されるようになる。そして，改善を通じて異常の発生原因を取り除き，徐々に安定的な生産を行うことがトヨタ生産方式の概略である（図6－4参照）。

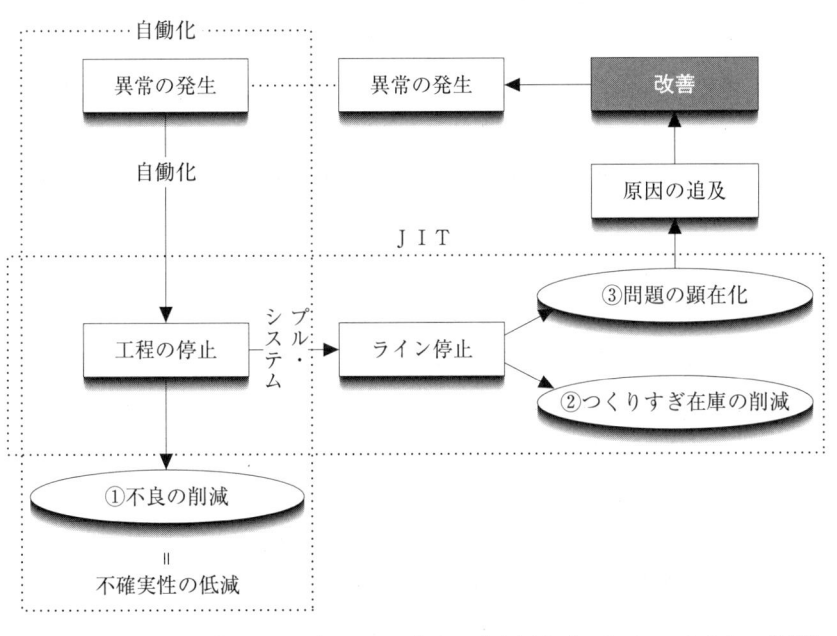

図6－4　トヨタ生産方式の概略

（出所）　小沢　浩著「日本の生産システム」永野孝和編著『マネジメントからの発想』
　　　　学文社，2006年，p.57

(1) 自 働 化

　自働化は，自動化と区別するために「ニンベンのついた自働化」ともいわれる。自動機械は「自分で動く」機械であるから，たとえば機械に不具合が生じたために不良品が生産されてしまっても，止まることなく動き続け，大量の不

良品を作り出してしまう。しかし，不良品を作ることは価値を生み出す「働き」にはなっていないのである。そこで，トヨタ生産方式では，不具合が生じたらすぐに停止する仕組みを機械に備えつけ，不良品を作らないようにする。これによって単なる「動き」を価値を生み出す「働き」に変えるという意味をこめて「自働化」という言葉を使っている。

停止する仕組みは機械だけに備えられているのではない。トヨタ生産方式では，あらゆるところに異常を発見したら停止する仕組みが備えられている。たとえば，組立ラインで作業者が所定時間内に自分の作業を終えることができなかった場合，ライン脇にあるヒモを引くとコンベアが止まるようになっていて，作業者はいつでもコンベアを止めることができる。実際には，頻繁に止まると生産計画が狂ってしまうので，工程に「アンドン」と呼ばれる表示板が取り付けられていて，作業が遅れて助けが必要なときは黄色を点灯し，機械の故障などラインを停止させなければいけない場合には赤色を点灯するようにしている。

その他に，作業者の不注意による不良の発生などを防ぐための仕組みもある。たとえば，製品が決められた位置に置かれていないと，運搬装置や製品が破損してしまうことがある。そこで，センサーが位置を検知し，正しい位置にセットされていなければ作動しないようにする仕組みがある。あるいは，部品の取りつけ忘れ，取りつけ順序の間違いや，いろいろな種類の製品を組み立てているときに間違った部品を取りつけてしまうなどのミスを防ぐために，ひとつひとつの作業をセンサーが感知し，必要な部品の箱が開くような仕組みもある。このように，落ち度があれば次の工程に進めないようにして，ヒューマンエラーを防ぐための仕組みを「ポカよけ」という。

不良は，不確実性を増大させる原因にもなる。不良が発生すると，補修や再加工が必要となるなど，生産計画が狂ってしまう。自働化には，不良を削減することによって不確実性を低減するという役割もある。

(2) JIT（ジャスト・イン・タイム）

JITは，「必要なモノを，必要な時に，必要な量だけ」生産するという

第6章 生産経営

キャッチフレーズで知られている。このキャッチフレーズは,「つくりすぎないこと」を強調しているのである。つまり,「必要でないモノはつくらない」「必要なタイミングより早くつくらない」「必要な量しかつくることはしない」ということである。これによって在庫を持たないようにするのである。

在庫を持つことで,需要の変動に対応できる。また工程内では,工程間に在庫を用意することで,機械の停止や作業の遅れなどが後工程に及ぼす影響を緩和することができる。このため,多くの場合,作業者は少し余裕をもって作業を進め,在庫を持とうとする。

しかし他方で,在庫を持つことは,在庫を保持するためのスペースや,在庫の管理が必要となるため,在庫によって余分なコストが発生するというデメリットを伴う。製品が1種類ではなく,多品種の製品を製造するようになると,各製品種類ごとに在庫を持たなくてはならなくなり,在庫の存在は深刻な問題となる。そこで,余分なモノを作らず,必要なモノを必要な時に必要な量だけ提供し,在庫を極力もたずに生産をしようとするのがJITである。

また,JITでは「後工程が,作業を行うために前工程に引き取りに行く」という方式をとる。この方式は,「プル・システム」と呼ばれる。後工程は,1つの仕掛品に対して作業を終えると,前工程に次の仕掛品を取りに行く。そして,前工程は,後工程から仕掛品を引き取られてから,次の作業に取りかかるのである。後工程からの引き取りがない限り,前工程は作業を行うことができないので,どこかの工程が停止すれば,その前後の工程も停止し,作りすぎによる在庫の発生を防止することができる。

プル・システムによって,作業が遅れている一部の工程のためにライン全体の作業を遅らせてしまうことは稼働率の低下をもたらし,非効率であるような印象を持つかもしれない。しかし生産能力は,全工程の中で最も遅い工程(=ボトルネック工程)によって規定されるため,一部の工程が遅れれば,製品産出のスピードはその工程によって制約される。したがって,他の工程がいくら稼働率を高め,作業を早く進めても,製品産出のスピードを速くなるわけではなく,「仕掛品の在庫」を増やすだけである。これが,能力に余裕がある限り「つ

くれるだけつくる」のではなく，最も遅い工程に合わせて「必要な量だけ」作るということの意味である。

異常が発生したときにライン全体が止まることは，在庫を減らす以外に，作業条件の改善を促進する役割を持っている。在庫によって他工程に及ぶ影響を緩和することは，生産が円滑に行われているように見せかけ，異常の発生を覆い隠してしまう。

これに対して，異常が発生したときにラインを停止させることは，異常の発生を明確に認識させ，原因追及および作業条件の改善による再発防止の取り組みを促す。そして，異常が発生するごとに発生原因を除去するという手続を繰り返すことで，異常の発生頻度は徐々に少なくなる。こうして，時間が経つにつれてラインの停止回数が少なくなっていくのである。

(3) かんばん

ＪＩＴ生産方式は，「かんばん」と呼ばれる伝票を用いることから，かんばん方式と呼ばれることがある。

「かんばん」には，「引き取りかんばん」と「生産指示かんばん」の2種類がある。「引き取りかんばん」というのは，後工程の運搬担当者が部品置場へ部品を取りに行くときに，何をどれだけ引き取ればよいのかを記したかんばんである。後工程の運搬担当者は，空になった部品箱と「引き取りかんばん」を持って部品置場へ行き，「かんばん」に指示された部品箱を取り出す。このとき，部品箱には「生産指示かんばん」がついているので，これを取り外して前工程に送る。後工程の運搬担当者は，部品箱と「引き取りかんばん」を後工程へ持ち帰る。前工程には，部品箱からはずされた「生産指示かんばん」が送られるので，前工程は，この「かんばん」に指示された通りの生産を行う。こうして，後工程が引き取った分だけ前工程が生産するという仕組みが機能するのである（図6-5参照）。

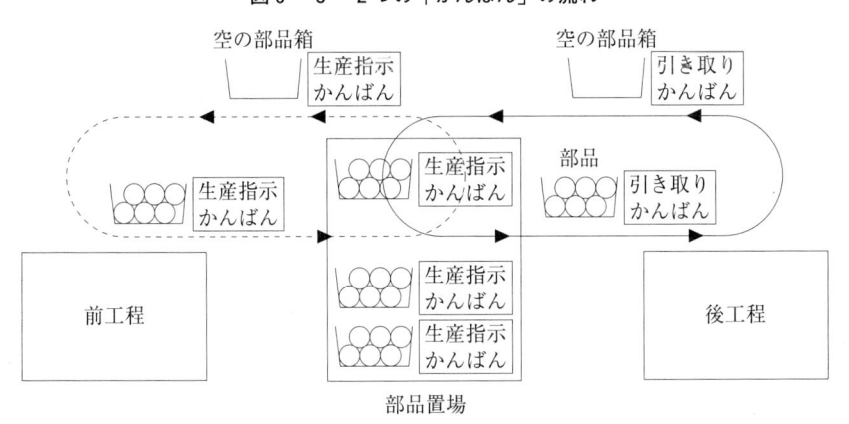

図6-5　2つの「かんばん」の流れ

（出所）　門田安弘著『新トヨタシステム』講談社，1991年，p.51

(4) 改善活動

　JITは代表的なトヨタ生産システムとされるが，それは一部に過ぎない。トヨタ生産システムのより本質的な特徴は，継続的な改善活動，すなわち徹底的にムダを排除する取り組みにある。

　改善活動は，主に現場作業者によって，より生産性を高めるために製造条件の見直しを行う取り組みである。19世紀末頃までは，前述したように工場における作業は，用いる道具，作業の手順，作業のペースなどすべてが作業者に任されていた。しかし，19世紀末から20世紀初頭にかけて，テイラーらによって科学的管理法が展開されると，作業方法は経営者が決定し，作業者はそれを忠実に実行することだけが求められるようになった。これを「計画と作業遂行の分離」あるいは「熟練の経営への移転」という。

　その後，フォード・システムとよばれるベルトコンベアを用いた生産システムが世界的に普及するが，これも計画と作業遂行の分離という考え方を踏襲したものであった。しかし，日本，特にトヨタ自動車では，科学的管理法の技術，ベルトコンベアを用いるフォードの方式は採用しながらも，作業者にさまざまな権限を与え，その思考能力を活用しようとした。作業者が異常を感知したと

きにラインを停止させる自働化もその例であるし，作業条件を作業者自身の創意工夫によって変更できる改善活動はその典型である。

　改善活動には，品質改善の活動と原価改善の活動がある。品質改善の活動は，前述の自働化によって機械やラインが停止した場合に，現場の作業者がその原因を追及し，対策を施す活動である。この活動を継続することにより，異常の発生を予防することができ，機械やラインが停止する頻度が徐々に少なくなる。

　現場作業者が問題を解決するための考え方として，「5つのなぜ」と「3現主義」という考え方がよく知られている。「5つのなぜ」とは，問題が発生した場合には，「なぜ問題が発生したのか」から始まり，「なぜ」を5回繰り返し，その中から問題を発生させた真の原因を突き止めるという考え方である。

　他方，3現主義とは，「現地」・「現物」・「現実」に基づいて，つまり，問題の発生した現地へ赴き，現物を見て，問題の実際の状況（現実）を把握して，これらに基づいて判断すべきであるという考え方である。

　原価改善は，「徹底したムダの排除」を目指して行われる。ムダとは，生産活動において，顧客に付加価値を加えないすべての要素のことである。具体的には，「つくりすぎのムダ」，「手持ちのムダ」，「運搬のムダ」，「加工そのもののムダ」，「在庫のムダ」，「動作のムダ」，「不良をつくるムダ」である。現場の作業者が日常の生産活動の中で，このようなムダを発見し，創意工夫によって，それを取り除くことで生産性が高められる。

　おそらく仕事に対する意識や雇用条件，会社に対する忠誠心の違いなどが理由であろうと思われるが，日本以外では，作業者を改善活動に参加させることは難しいとされる。その意味でも，改善活動は日本の特徴的な取り組みであり，日本的生産システムを作り出した根元的要素であると言える。

5　セル生産（屋台生産方式）

　組立型製造業において，基本的に，ひとりの作業者が部品の取りつけから組

第6章 生産経営

立，加工，検査までの全工程を担当する生産方式をセル生産方式もしくは屋台生産方式という。部品や工具をＵ字型などに配置した「セル」において作業を行う。

　最も大きなメリットとして，部品の入れ替えやセルでの作業員の作業順序を変えるだけで，生産品目を容易に変更できるため，多品種少量生産への対応に優れていることである。また生産量の調整も，セル内の人数の調整やセルの数の増減によって対応できる。

　ライン生産では，ライン上のどこかの工程の生産性や品質が低ければ，全体もその「ボトルネック」の制約を受け，他工程の生産能力が無駄になる場合も考えられるが，セル生産では，あるセルが停止したとしても，他のセルは独立して稼働しているので無駄は少ない。また，すべての工程を担当者ひとりで受け持つため，問題点や改善点が見つけやすい。

　セル生産の特徴として考えられることは，ひとりが多工程を担当するため，スキル修得までに時間がかかること，作業効率が作業者個人のモチベーションに依存するということなどが挙げられる。

　セル生産は，トヨタ生産方式の「多能工化」を進化させたものであり，ソニー，サンヨー，キヤノンなどエレクトロニクス製品の組立生産工程で採用されるようになった。当初は，比較的小型の製品に向いているとされていたが，その後，大型の複写機や工作機械などの分野でも導入が進んでいる。

　セル生産が注目されるようになった背景には，「消費者ニーズの多様化や製品ライフサイクルの短縮化」と「大量生産拠点の海外流出」などがあるであろう。1990年代以降，携帯電話やＡＶ機器，パソコンなどの分野ではモデルチェンジが頻繁に行われるようになり，多様化する消費者ニーズに即応する工場が求められるようになった。

　従来のライン生産は，ラインの組み替えに要する時間などの問題から，ライフサイクルの短い製品の生産には向かず，「生産単価の引き下げ」を目指して海外とのコスト競争に勝ち抜く生産性向上が求められる。そこで国内製造業は市場に近いというメリットを活かして，市場ニーズに合った製品をすばやく提

供する体制を構築するため，セル生産に取り組んでいる。

しかし，製品の大きさ，重さ，生産数量，部品点数によっては，ライン生産の方が効率的な場合もあることに留意しなくてはならない。

6　生産経営の今日的課題

(1)　企業の能力形成

まず，藤本隆宏 (1997) の『生産システムの進化論』では，企業の能力を「静態的能力（ものづくり能力）」，「改善能力」，「進化能力」の3層に分けて考えている。「静態的能力」とは，日常的な現場の生産活動において，同じ製品を，競争相手より低いコスト，高い品質，短い納期で供給し続ける能力である。これは定常状態における能力であるが，企業は絶え間ない努力により，この能力を向上するように努めなければならない。そこで，「静態的能力」を向上させるものとして「改善能力」という概念が提示される。

改善能力の高さは，企業が持っている改善ノウハウ，改善を行うことができる人材の数と質によって規定され，改善できる人材をいかに育成するかが大きなポイントとなる。さらに，改善能力を向上させるメタ能力として「進化能力」という概念が提示される。「進化能力」とは，企業にとって予見，制御困難な非ルーチン的能力である。そしてこの能力は企業特殊的である。具体的には，多能工の育成や，協力メーカーとの相互協力体制下でのインターラクション，消費者の評価などを通じて形成される。

(2)　企業間の取引を通じた能力形成

企業間の取引を通じた能力形成とは，浅沼萬里氏のいう貸与図から承認図メーカーへの昇格といった形で現れる。さらに承認図メーカーでは，「デザイン・イン」と呼ばれる，ユーザー（アセンブリーメーカー）との共同開発を行うことにより「進化能力」をさらに高めることができる。

別の視点から見ると藤本隆宏（2003）『能力構築競争』で言う設計思想すなわち「アーキテクチャ」の視点から分析することができる。日本の代表的な産業である自動車産業では，トヨタを中心にアセンブリメーカーと部品メーカー間での綿密な相互調整を必要とする「擦りあわせ能力」の形成が，世界的地位の確立につながっている。

ただし，中国企業に見られるような標準部品の「組み合わせ」によって低コストで製品を生産することによる能力形成方法もある。ただし，「組み合わせ」による能力形成は，より先端的な製品が中国へ移転されることによって「擦りあわせ能力」が要求されるようになり，能力形成の遅れから成長の限界を迎える可能性がある。

(3) 国家の政策・規制の影響を受ける能力形成

最後に，国家の政策・規制の影響を受ける能力形成とは，ある国が高い品質水準を求める規制を設けると，その水準を満たすために企業の能力形成を促す。具体的には，排ガス規制に対し，ホンダがＣＶＣＣエンジンの開発により，トヨタが3元触媒の開発により規制をクリアし，アメリカでのシェアを伸ばしていく契機となったことが挙げられる。

以上のことから能力形成の目的は，企業の競争力の強化・向上と言える。上記の3つのすべてが現在のグローバルな競争の中で考慮すべき能力形成のあり方と言える。

〔参考文献〕
浅井敬一朗・小沢　浩著「生産経営論の構成と展開」上田泰他編著『経営学再入門』同友館，2002年，pp.93-111。
浅沼萬里『日本の企業組織革新的適応のメカニズム』東洋経済新報社，1997年。
アダム・スミス『諸国民の富』大内兵衛・松川七郎訳，岩波文庫，1959年。
井原久光著『テキスト経営学〔増補版〕』ミネルヴァ書房，2000年。
大野耐一著『トヨタ生産方式―脱規模の経営をめざして―』ダイヤモンド社，1978年。
小池和男著『日本企業の人材育成』中央公論新社，1999年。

第Ⅱ部　現代の経営管理

小池和男著『仕事の経済学―第2版―』東洋経済新報社, 1999年。
小川英次著『トヨタ生産方式の研究』日本経済新聞社, 1994年。
小沢　浩著「生産管理論の新展開」『企業診断』第46巻2号, 同友館, 1999年, pp.92-97。
小沢　浩著「日本の生産システム」永野孝和編著『マネジメントからの発想―社会問題へのアプローチ―』学文社, 2006年, pp.51-74。
高橋志津子他著「驚異の「キヤノン生産方式」―国内生産で勝ち抜く"本気"日本でしか作れないものを作る」『週刊東洋経済』, 2003年12月27日号, 東洋経済新報社, pp.122-128。
テイラー, F.W著『科学的管理法』上野陽一訳, 産能大学出版部, 1969年。
藤本隆宏著『産システムの進化論―トヨタ自動車に見る組織能力と創発プロセス―』有斐閣, 1997年。
藤本隆宏著『能力構築競争』中央公論新社, 2003年。
門田安弘著『新トヨタシステム』講談社, 1991年。

第 7 章

財 務 管 理

　企業の財務管理は，企業資本の調達と運用に関わる諸問題を取り扱う。そこでの重要概念は，「キャッシュ・フロー」，「時間」および「リスク」である。本章では，キャッシュ・フロー概念の理解の後に，時間やリスクの概念をとり入れた投資決定のあり方を考察する。また，資本調達や資本構成に関する理論的理解を進めた上で，いくつかの現実的な財務政策を検討する。

第Ⅱ部　現代の経営管理

1　キャッシュ・フローと財務管理

(1) キャッシュ・フローの管理

　一般に，企業資源を「ヒト・モノ・カネ・情報」と表現するが，財務資源についてはカネすなわちキャッシュとして認識されるものを指す。財務管理とは，そのキャッシュの流れを管理すること，つまりキャッシュ・フローの管理を意味する。

　貸借対照表を考えてみよう。貸方には負債項目と資本項目が記載される。これは他人資本と自己資本（株主資本ともいう）と言い換えることができ，貸方は全体として企業の総資本を示している。一方，借方には資産項目が記載される。ここにある資産は，キャッシュという一資産が姿を変えているものと考えられる。それらはやがて，企業活動の中で再びキャッシュとして戻ってくることになる。たとえば，キャッシュを支払って原材料を購入する。この原材料を使って製品を生産する。製品を販売し，いったんは売掛金とする。この売掛金を回収すれば再びキャッシュが手に入る。このようにキャッシュは他の資産形態に転化し，そこで一定期間拘束されるが，そこから解放されればもとのキャッシュという資産形態に回帰する。こうしたキャッシュの循環を管理するのがキャッシュ・フロー管理である。

　上の例は営業循環過程にあるキャッシュの流れを説明したものであるが，このほかに調達の流れと分配の流れについても考えなければならない。そもそも借方の総資産は，貸方の総資本があってはじめて入手できる。ここでの他人資本や自己資本の調達がどうあるべきかについても，一連の循環に加えて検討すべき問題である。また，資本提供の見返りとして債権者や株主に企業成果を分配するときには，キャッシュが企業外部に流出する。これらキャッシュ・アウトする分についても管理の対象となる。

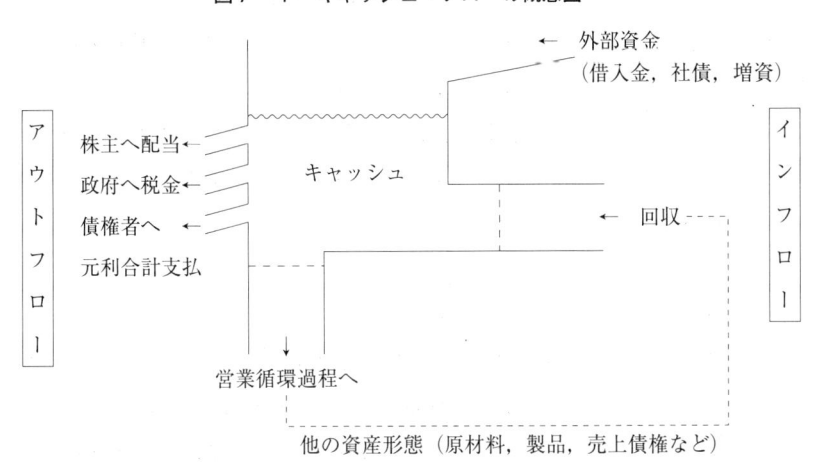

図7−1　キャッシュ・フローの概念図[1]

```
アウトフロー
  株主へ配当←
  政府へ税金←     キャッシュ
  債権者へ　←
  元利合計支払
                      ← 外部資金
                        （借入金，社債，増資）

                      ← 回収

                                  インフロー

      ↓
  営業循環過程へ
      他の資産形態（原材料，製品，売上債権など）
```

　以上の内容を簡単な概念図にまとめておく。図7−1で示されるキャッシュ・アウトフローとキャッシュ・インフローに関わるすべてのことがらが，財務管理として行われるキャッシュ・フロー管理の内容である。そこには，どのような資産を手に入れるかという投資決定や外部資金の調達決定，株主への配当決定などさまざまな財務決定問題が含まれる。そうした財務政策では，キャッシュ・インフローからキャッシュ・アウトフローを減じて求められる正味キャッシュ・フローを最大にするように，より正確には，正味キャッシュ・フローの価値を最大にするように意思決定が行われる。一般にキャッシュ・フローという場合には，この正味キャッシュ・フローを指している。

　ここで，営業循環過程のキャッシュ・フローについて確認しておこう。

　（正味）キャッシュ・フロー
　　　　　＝キャッシュ・インフロー−キャッシュ・アウトフロー……①

なので，ある一定期間に，たとえば原材料や半製品などの棚卸資産が増加することは，キャッシュ・アウトフローの増加を意味し，左辺のキャッシュ・フローの減少につながる。同様に，ある一定期間に，売掛金や受取手形といった売上債権が増加することもキャッシュ・フローの減少につながり，逆にそれら

が減少することはキャッシュ・インフローの増加を意味するのでキャッシュ・フローの増加につながる。一方，買掛金や支払手形といった仕入債務の増加は，キャッシュ・アウトフローの減少であり，これはキャッシュ・フローの増加につながる。また，会計上の費用概念である減価償却費は，①式の正味キャッシュ・フローに含まれている。なぜなら，減価償却費ははじめからキャッシュ・アウトしていないからである。

(2) キャッシュ・フローの価値最大化

次に，キャッシュ・フローの価値について考える。キャッシュ・フローの価値を測定するには，後述するように時間やリスクに注意しなければならない。また，成果分配の側面からも価値を判断する必要がある。図7-1から明らかなように，キャッシュの残高からまずはじめに分配されるのが債権者への利子支払いと元金返済である。税金はその次になり，最後に分配されるのが株主に対する配当である。この分配順序を念頭に置けば，企業の意思決定は，まず債権者への支払いを確実にするもので，ついで税金を多く納め，最終的に株主への報酬をできるだけ大きくするという観点で行われるべきである。このとき，株主への報酬が最大になっているならば，債権者への支払いは確実であるし，税金も十分に納められているはずである。このように考えると，キャッシュ・フローの価値を最大にするということは，最後に配分を受ける株主の持分の価値，すなわち株主価値の最大化につながっていることがわかる。こうして，企業の財務政策は株主価値最大化を目指して行われるのである。

以上の内容は，ストックの概念図でも説明できる。図7-2において，企業の財務政策は，資産が生み出す将来のキャッシュ・フローの価値を最大化するように実行される。そこに関わるさまざまな問題，投資決定や調達決定，さらには貸方の資本構成の決定などが，財務上の意思決定問題として取り上げられる。たとえば，資本構成問題では，負債調達のメリットを活かしながら財務リスクの増大に注意を払い，企業価値を最大にする最適な資本構成を追求する[2]。

図7-2で重要なことは，将来のキャッシュ・フローは，単に財務的意思決

第 7 章　財 務 管 理

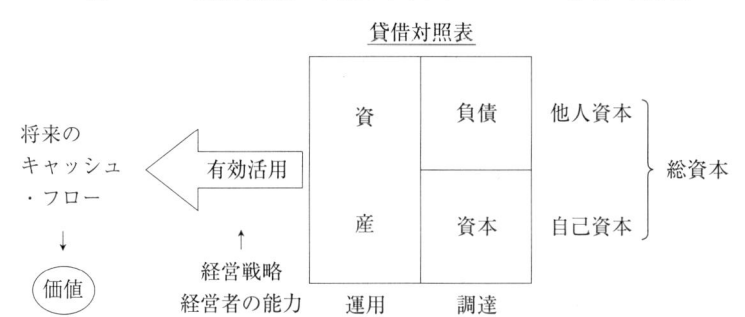

図 7 － 2　貸借対照表から見たキャッシュ・フロー管理の概念図

```
                           貸借対照表
                    ┌─────────┬─────────┐
  将来の             │         │  負債   │ 他人資本 ┐
  キャッシュ ⇐有効活用│  資     ├─────────┤          ├ 総資本
  ・フロー           │         │         │          │
    ↓               │  産     │  資本   │ 自己資本 ┘
  (価値)            └─────────┴─────────┘
            経営戦略   運用      調達
            経営者の能力
                     投資収益率≧資本コスト（投資家の要求収益率）
```

定である投資決定によって，必然的に生み出されるものではないという点である。それは，言うまでもないことだが，手に入れた資産をどのように有効に活用するのかにかかっている。したがって，投資案件に対する個々の判断だけでなく，資産全体をいかに活用するのかといった全社的経営戦略やそれを実行する経営者の手腕に負うところが大きいと考えられる。

　次節では，キャッシュ・フロー計算の基礎と投資決定基準を考察する。いま述べたように，投資案の財務的内容を理解することは，企業価値の最大化につながるあくまで最初のステップにあたるものである。

2　現在価値計算と投資決定

(1)　現 在 価 値

　将来のキャッシュ・フローは，貨幣の時間価値を考慮して何らかの割引率を用いて現在価値（present value）に直さなければならない。これは，将来価値の逆算をすることになる。

　たとえば，10万円を利子率 3 ％（ 1 年複利で毎年同一）で 5 年間預けたとしよう。 5 年後に受け取る将来価値は，次式のように約11万5,927円になる。

10万円×(1＋0.03)^5 ＝115,927.4074……②

反対に，5年後に確実に受けとることのできる10万円は，利子率3％（1年複利で毎年同一）のもとで現在価値に直すと約8万6,261円になる。

10万円÷(1＋0.03)^5 ＝86,260.8784……③

この計算が現在価値計算または割引計算である。通常はこれをかけ算で考えて，

$$10万円 \times \frac{1}{(1+0.03)^5} = 86,260.8784 \cdots\cdots ④$$

のように書き改めたとき，1／(1＋利子率)^{年数}を「複利現価係数」あるいは単に「現価係数」と呼ぶ。

このように将来のキャッシュ・フローは，必ず現在価値に直して評価する必要がある。ただし，利子率が年ごとに変動する場合には，その都度割引計算を行わなければならない。また，ここでは分母の割引率を利子率にしているが，本来はリスクを加味した「リスク調整済み」の割引率が望ましい。これは，簡単に言えば，リスク分を上乗せしてやや高めに設定した割引率のことである。

(2) 正味現在価値

企業の典型的な投資では，初年度に初期投資が行われ，次年度以降プラスの正味キャッシュ・フローが発生する。こうしたキャッシュ・フローの流列が数年間続くとき，各年度のキャッシュ・フローを現在価値に直して合計した値を正味現在価値（net present value，ＮＰＶ）と呼ぶ。

たとえば，初期投資額20万円で，1年目10万円，2年目8万円，3年目6万円のキャッシュ・フローが発生するとき，利子率5％（1年複利で毎年同一）でこの投資案の正味現在価値を計算すると，

$$ＮＰＶ = -20万円 + \frac{10万円}{1+0.05} + \frac{8万円}{(1+0.05)^2} + \frac{6万円}{(1+0.05)^3} = 19,630.7094 \cdots\cdots ⑤$$

のように約19,631円のプラスの価値があるとわかる。企業の投資決定では，正味現在価値がゼロ以上の値をとればその投資案を採用し，負の値をとればその

第7章 財務管理

投資案を棄却する。上の例では，正味現在価値が正なのでこの投資を実行した方がよい。

しかし，この計算では利子率を5％としていたので正の値が出てきたのかもしれない。利子率を10％にすると，正味現在価値は約2,104円になる。さらに，利子率が11％になると正味現在価値はゼロを下回ることになる。こうした計算で，正味現在価値がちょうどゼロとなる割引率を内部利益率（internal rate of return，ＩＲＲ）と呼ぶ。この場合，内部利益率は約10.655％である。わかりやすくいえば，これよりも低い利子率で借り入れできるならばこの投資案は採用すべきである。

企業の投資決定の判断基準である正味現在価値法と内部利益率法は，割引キャッシュ・フロー（discounted cash flow，ＤＣＦ）法と呼ばれる。両者は投資案の採否に用いることができるが，相互排他的な投資案の順位づけには正味現在価値法だけを使うべきである。その基準をまとめると表7－1のようになる。

表7－1　ＮＰＶ法とＩＲＲ法

投資案の採用	ＮＰＶ≧0，ＩＲＲ≧利子率（必要利益率）
投資案の棄却	ＮＰＶ＜0，ＩＲＲ＜利子率（必要利益率）
投資案の順位づけ	ＮＰＶの大きい順，ＩＲＲは使わない

内部利益率法は，現在価値計算にあたって，急激なインフレーションなどにより適当な割引率が見つからないときには有効であるが，順位づけには不適当である。また，複数解が存在しうるなどいくつかの問題点を持っている。そのため，投資決定の判断基準としては，はじめから正味現在価値法を用いるべきである。

そこで，再び正味現在価値計算を見ていく。利子率が毎年同一で将来のキャッシュ・フローも一定の場合，このキャッシュ・フローを年金タイプのキャッシュ・フローと呼ぶ。たとえば，初期投資額100万円で，1年目から3年目まで毎年40万円のキャッシュ・フローを生む投資案を考える。利子率5％で正味現在価値を求めると，

175

第Ⅱ部　現代の経営管理

$$NPV = -100万円 + \frac{40万円}{1+0.05} + \frac{40万円}{(1+0.05)^2} + \frac{40万円}{(1+0.05)^3} = 89,299.2117 \cdots ⑥$$

となる。年金タイプのキャッシュ・フローの場合，簡単には「年金現価係数」を使って次式のように近似値を計算できる。

$$NPV = -100万円 + 40万円 \times 2.7232 = 89,280 \cdots ⑦$$

ここでは，2.7232が利子率5％における3年間の年金現価係数である。

また，利子率が毎年同一で，一定のキャッシュ・フローが永久に続く場合，このキャッシュ・フローを永久年金タイプのキャッシュ・フローと呼ぶ。たとえば，初期投資額100万円，1年目以降毎年永久に5万円のキャッシュ・フローがあるとき，利子率が5％であれば，正味現在価値は次のように計算される。

$$NPV = -100万円 + \frac{5万円}{0.05} = 0 \cdots ⑧$$

この場合，正味現在価値はゼロなので，この投資案は採用すべきである。ただし，利子率が5％を少しでも上回ると正味現在価値は負となり，この投資案は棄却される。ここではこの5％が内部利益率である。

(3) 実務的評価方法

投資が生み出す将来のキャッシュ・フローの価値の測定，すなわち投資案の評価にはDCF法の中のNPV法を使うべきであった。しかし，実務的には，これ以外の簡便な方法が用いられることもある。その代表は，会計的利益率（accounting rate of return，ARR）法と回収期間（payback period，PP）法である。

会計的利益率法は，年平均利益を平均投資額で割った値，すなわち平均投資利益率（あるいは会計的利益率）を求め，これがあらかじめ設定した必要利益率と比べて上回っていればこの投資案を採用するという評価方法である。実務的には計算が容易でわかりやすいという利点があるが，貨幣の時間価値を考慮していないという致命的な欠点を持つ。また，会計的利益をベースにするため減

価償却の方法に左右されたり，比較する必要利益率の設定が恣意的になるなどのいくつかの問題点を抱えている。そのため，理論的にはこの評価方法を使うべきではない。

回収期間法は，文字通り初期投資額がその後のキャッシュ・フローを用いてどれだけの期間で回収できるかを求め，これが別に設定した目標回収期間を下回っていればこの投資案を採用するという評価方法である。直感的にわかりやすいが，この方法も貨幣の時間価値を考慮しない，回収期間後のキャッシュ・フローを無視する，目標回収期間を合理的に設定できないなどの欠点があり，通常は投資案の評価方法として不適当である。

ただ，計算のベースが会計的利益ではなくキャッシュ・フローであるという点は1つの救いである。このキャッシュ・フローを適当な割引率で現在価値に直して回収期間を計算すれば，貨幣の時間価値を考慮することはできる。この方法は修正回収期間法と呼ばれ，実務上使われることもあるが，ここでも回収期間後のキャッシュ・フローを無視することには変わりないし，そもそもキャッシュ・フローの現在価値計算をするのであれば，はじめから正味現在価値法を使えばよいことになる。

実は，回収期間法は，キャッシュ・フローの価値の判断を，ＤＣＦ法のようにその収益性に基づいて行っているわけではない。単純にどれだけ早く回収できるかということは，いわば広い意味での安全性や流動性を見ていると考えられる。したがって，必ずしも他の評価方法と同列に並べて優劣を論じる必要はないのかもしれない。たとえば，次の数値例を考えてみよう[3]。

表7－2 3つの相互排他的投資案とキャッシュ・フロー

年	投資案1	投資案2	投資案3
0	－$18,000	－$18,797	－$16,446
1	5,600	4,000	7,000
2	5,600	5,000	6,000
3	5,600	6,000	5,000
4	5,600	7,000	4,000
5	5,600	8,000	3,000

第Ⅱ部　現代の経営管理

表7－3　割引率と正味現在価値の関係

割引率	投資案1	投資案2	投資案3
0％	$10,000	$11,203	$8,554
4	6,930	7,565	6,162
8	4,359	4,546	4,131
10	3,228	3,228	3,228
12	2,187	2,019	2,390
16	336	－114	888
20	－1,253	－1,928	－418

表7－2から各投資案の回収期間（年）は次のように計算される。

投資案1　　$PP_1 = 18,000 \div 5,600 = 3.2142$……⑨

投資案2　　$PP_2 = 3 + (18,797 - 4,000 - 5,000 - 6,000) \div 7,000 = 3.5424$……⑩

投資案3　　$PP_3 = 2 + (16,446 - 7,000 - 6,000) \div 5,000 = 2.6892$……⑪

この場合，投資案3が最も回収期間が短く，投資案2が最も長い。

一方，表7－3からわかるように，ＮＰＶ法では割引率が10％を下回れば投資案2が望ましく，割引率が10％を上回れば投資案3が望ましい。割引率がちょうど10％であれば，収益性の観点からは順位がつけられないことになる。このとき，回収期間に基づく順位は，割引率とは全く関係なく，回収期間の短い方から投資案3，投資案1，投資案2となるが，この順位はＮＰＶ法で割引率が10％を上回ったときの順位に等しい。それはちょうど，10％の割引率にプラスαを加えた「リスク調整済み」割引率で割引計算を行った結果と同一であるともいえる。この数値例では，割引率が明らかに10％を下回る場合を除いて，割引率が10％もしくはそれを上回るというような相対的にリスキーな投資となるときには，ＮＰＶ法も回収期間法も同一の順位づけになる。

このように，投資案の安全性を重視するという点では，あながち回収期間法も使えないわけではない。しかし，それはあくまでＮＰＶ法の補強材料程度にすぎない。上の数値例では，むしろＮＰＶ法が万能ではなく，割引率のほんの小さな差でも結論に重大な影響を与えるという注意点があることを理解すべきだろう。次節では，より明確にリスクを考慮した投資決定のあり方を考察する。

3 リスクを考慮した評価モデル

(1) 資本市場のリスク・リターン関係

英語のことわざに「1つのバスケットにすべての卵を入れるな」というリスク分散の教えがある。マーコビッツ（Markowitz, H. M.）によって1950年代に基礎づけられた現代ポートフォリオ理論（modern portfolio theory, ＭＰＴ）は、こうしたリスク分散の効果を理論的に明らかにした。その後シャープ（Sharpe, W. F.）やリントナー（Lintner, J.）らによって開発された資本資産評価モデル（capital asset pricing model, ＣＡＰＭ）は、資本市場における個別資産のリターンとリスクの関係を単純明快に解き明かした。現代ポートフォリオ理論は、それまでは漠然と理解されていたリスク分散化効果や右上がりとなるリスク・リターン関係を、精緻な理論モデルの中で説明することに成功した。1960年代から70年代にかけて完成したＣＡＰＭが、今日でもなお厳然たる影響力を持つのは、個人の選択行動に矛盾しない市場均衡モデルだからである。以下では、簡単にその要点を理解する。

投資家は、市場に存在するリスク資産のどのような性質を見て売ったり買ったりするのだろうか。それは将来どれだけ儲かるのかという期待リターンの大きさと、そのリターンに対して見込まれるリスクの大きさによると考えられる。実際のところ、資産の収益率が正規分布に従うと仮定すれば、その確率分布はリターン尺度である期待値とリスク尺度である分散または標準偏差という、たった2つのパラメータで完全に記述できる。さらに、個々の投資家の選択行動に関して、すべての投資家が同質的予想（homogeneous expectation）を形成する、すべての投資家が同一の無リスク利子率で必要なだけ貸借できるなどの仮定を置く。

このとき、投資家の選択対象となるリスク資産、あるいはその組み合わせであるポートフォリオはきわめてシンプルなものになる。このポートフォリオのリスク・リターン関係は、図7－3における右上がりの直線で示される。この

第Ⅱ部 現代の経営管理

図の理解は次のようになる。

市場で取引されるリスク資産やポートフォリオを，その期待リターン$E(\tilde{R}_P)$と標準偏差σ_Pの2つのパラメータに従って図中にプロットすると，ＴＴ線のような双曲線の一部とその右下に位置する選択機会集合を描くことができる。投資家はリターンは大きくリスクは小さくしたいと考えるが，図中の左上にあたるローリスク・ハイリターンとなるような極端に都合のよい選択対象は世の中に存在しない。それでは，ＴＴ線上とその内側で，投資家にとって最も望ましいポートフォリオはどれだろうか。

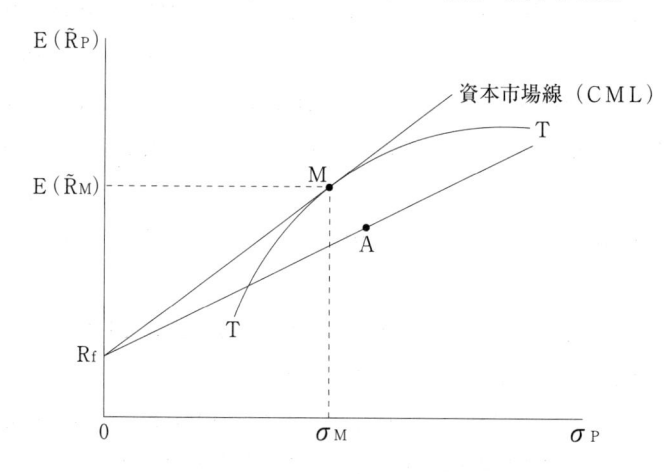

図7－3　資本市場のリスク・リターン関係（資本市場線）

無リスク資産（満期まで保有するときの国債など）の利子率である無リスク利子率R_fを縦軸上のある一点にとると，無リスク資産とリスク資産とを組み合わせたポートフォリオのリスク・リターン関係は，R_fとそのリスク資産のポジションを通る直線で表される。そのリスク資産がたとえば点Aであれば，無リスク資産とリスク資産AとのポートフォリオはRfとAを通る直線上に位置する。こうした組み合わせでリターンを最大にリスクを最小にするのは，R_fからＴＴ線へ引いた接線上のポートフォリオとなる。つまり，すべての投資家にとって選択対象として残るポートフォリオは，この1本の直線上に位置するこ

とになる。この直線を効率的フロンティア（efficient frontier）と呼ぶ。

効率的フロンティアに注目すると，市場に存在するあらゆるリスク資産およびそのポートフォリオのうち，最終的に選択対象として残ったのは接点のMで示されるポートフォリオのみであることがわかる。この唯一残ったポートフォリオは，市場の均衡状態を想定すると，市場に存在する全リスク資産を組み入れたポートフォリオであると考えられる。このようなポートフォリオを市場ポートフォリオ（market portfolio）と呼ぶ。また，この市場ポートフォリオMがどのように決まるかは，個々の投資家の好みのあり方とは無関係である。このことをポートフォリオの分離定理（separation theorem）と呼ぶ。

結局，投資家はR_fとMを通る直線上のどこかのポジションを選択する。どこを選択するかは，個々の投資家がリスクとリターンに対してどのような態度をとるかに依存する。この内容は表7－4に要約される。

表7－4　投資家の選択とそのリスク・リターン

投資家の選択	リスク	リターン
無リスク資産100%	ゼロ	R_f
R_fとMの間（貸付ポートフォリオ）	市場平均より小さい	
市場ポートフォリオ100%	σ_M	$E(\bar{R}_M)$
Mより右（借入ポートフォリオ）	市場平均より大きい	

ここで，Mより左側の投資ポジションを貸付ポートフォリオと呼ぶ。これは比較的ローリスク・ローリターンのポートフォリオであり，たとえば無リスク資産を60%，Mを40%といった組入比率で構成されている。一方，Mよりも右側の投資ポジションを借入ポートフォリオと呼ぶ。これはよりリスクの高い投資を意味し，たとえば無リスク資産を－20%（国債の空売りなど），Mを120%とするような組入比率で構成されている。

以上のように，効率的フロンティア上のポートフォリオ（効率的ポートフォリオ）のリスク・リターン関係は，均衡では単純な線形関係で表現される。この関係式は，

$$E(\tilde{R}_P) = R_f + \left(\frac{E(\tilde{R}_M) - R_f}{\sigma_M} \right) \sigma_P \cdots\cdots ⑫$$

となる。⑫式を図示した直線を資本市場線（capital market line, ＣＭＬ）と呼ぶ。資本市場線の傾きは⑫式の $(E(\tilde{R}_M) - R_f)/\sigma_M$ であるが，これはリスクの市場価格を表している。また，縦軸切片は⑫式の R_f であるが，これは市場における時間の価格を表している。このように効率的ポートフォリオの期待リターンは，時間に対する報酬部分とリスクに対する報酬部分とから構成される。

(2) 資本資産評価モデル（ＣＡＰＭ）とその応用

資本市場線は効率的ポートフォリオのリスク・リターン関係を表現しているが，個別資産のリスク・リターン関係については何も説明していない。導出過程は省略するが，⑫式の関係から市場均衡では次式のような個別資産のリスク・リターン関係が成立する。

$$E(\tilde{R}_i) = R_f + [E(\tilde{R}_M) - R_f] \beta_i \cdots\cdots ⑬$$

ただし，$\beta_i = \mathrm{cov}(\tilde{R}_i, \tilde{R}_M)/\sigma_M^2$ である。（$\mathrm{cov}(\cdot,\cdot)$ は2変量間の共分散を表す。）

⑬式からわかるように，ある個別資産 i のリスク・リターン関係は，やはり線形関係で表現される。⑬式のリスク尺度である β_i をベータ係数あるいは単にベータと呼ぶ。このとき，個別資産 i のリスクに対する報酬は，$[E(\tilde{R}_M) - R_f]$ で表される市場全体のリスク・プレミアムのベータ倍となる。もしベータが1であれば，$E(\tilde{R}_i) = E(\tilde{R}_M)$ となり，i の期待リターンは市場の期待リターンと同一になる。このように，投資家は個別資産のベータの大きさに注意すれば，その投資でどのような投資ポジションをとることになるのかを直ちに理解することができる。すなわち，投資しようとする資産のベータが $\beta_i < 1$ であれば市場平均よりも低いリスク・リターンを意味し，反対に $\beta_i > 1$ であれば市場平均よりも高いリスク・リターンを意味する。

第7章 財務管理

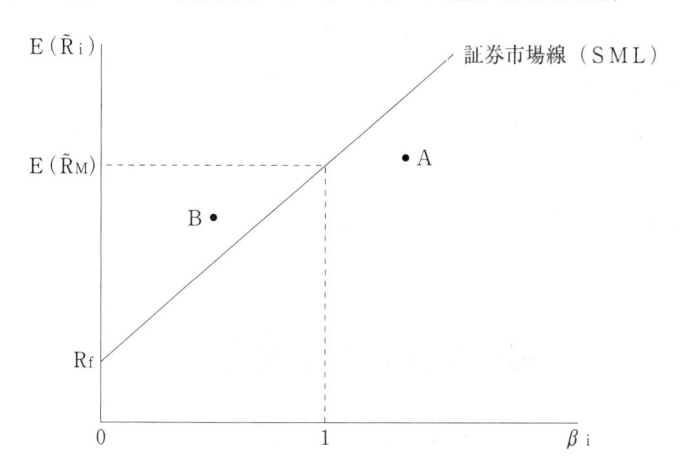

図7-4 個別資産のリスク・リターン関係（証券市場線）

 この⑬式がＣＡＰＭの関係式である。また，これを図示した直線を証券市場線（security market line，ＳＭＬ）と呼ぶ。ＣＡＰＭを応用すれば，前節で考察した投資決定に，投資案のリスクを明確に加味した考え方を取り入れることができる。

 たとえば，図7-4における証券市場線がｉ社証券の全体的なリスク・リターン関係を表すとき，ｉ社の投資案Ａと投資案Ｂがそれぞれのイ ＲＲの期待値とベータの値からこの直線上には位置しなかったとしよう。ここで，リターンの大きさだけを比べて投資案Ａの方が優れていると判断してよいだろうか。投資案のリターンの大きさは，それぞれのベータの大きさすなわちリスクの大きさを反映している。しかも，投資案ＡはリターンがЕ大きいといってもＳＭＬより下に位置するため，全社的な平均から見れば本来とるべき値を下回っている。これに対して，投資案ＢはＳＭＬより上に位置し，リスクに見あう以上のリターンを期待できる割のよい投資になっている。このように，証券市場線で示される期待リターンを棄却率とすれば，投資案Ａを棄却し，投資案Ｂを採用することになる。

 ところで，資産や株式の評価モデルは，ＣＡＰＭ以外にも裁定評価理論

(arbitrage pricing theory, APT) やオプション評価モデル (option pricing model, OPM) などの理論モデルがあり, また実務的にはよく知られた配当割引モデル (dividend discount model) などがある。近年, 盛んになったリアル・オプション (real option) の考え方は, 前者のOPMを実物資産投資へ応用したものである。このように, 企業の投資決定基準は, 今後も財務理論の発展とともにさまざまな手法が登場し, さらに精緻化されていくだろう。

4　資本調達に関わる諸問題

(1) モジリアーニ=ミラー命題 (MM命題)

　企業の資本調達源泉は大別すれば2つしかない。すなわち, 自己資本と他人資本である。これらの資本調達のあり方やその結果生じる資本構成をどのようにするのかは, 理論的に言えば企業の財務政策とはなりえない。財務政策の目的を将来のキャッシュ・フローの価値の最大化あるいは株主価値の最大化であるとするならば, ある資産を手に入れそれを有効活用してキャッシュ・フローを生み出すというときに, その資本を誰が提供してくれたのかは直接問題とはならない。重要なのは資本調達源泉の差異ではなく, あくまでどのような資産を手に入れるのか, つまりどのような投資を行うのかであり, さらにはそれを実行するときの経営者の能力や戦略のよしあしなのである。

　1つのピザパイをどのように分割しようが, ピザ全体の大きさは変わらないしピザの味も変わらないだろう。モジリアーニ (Modigliani, F.) とミラー (Miller, M. H.) は, 企業価値が資本調達源泉の差異とは無関係であることを1958年の論文で発表した。この内容をモジリアーニ=ミラー命題 (MM命題) と呼ぶ。その後, 2人は, 法人税を考慮した1963年の修正論文で, 負債の節税効果から自己資本はほんのわずかで最大限の負債利用が望ましいという修正MM命題を提示した。MM命題や修正MM命題の内容は, どこかに自己資本と他人資本の加重平均資本コストを最小にするような最適負債比率が存在すると考

えた従来の伝統的見解を真っ向から否定した。そのため，長期間にわたり多くの論争を引き起こしたが，今日ではMM命題は財務理論の1つの中核をなすものとみなされている。

MM命題は3つの命題から構成される。その第1命題の成否が最も重要であるが，ここでは命題そのものの証明は行わず，資本コストに関する第2命題の意味あいを簡単に見ていくことにする。均衡において，あるリスク・クラスkに属する企業jの株式の期待収益率Y_jは，

$$Y_j = \rho_k + \frac{(\rho_k - i)B_j}{S_j} \cdots\cdots ⑭$$

と表される。ここで，ρ_kはそのクラスに固有の割引率で100％自己資本調達している企業の資本コストである。また，iは市場利子率であり他人資本コストを意味し，B_jとS_jはそれぞれ企業jの負債と自己資本の総額を表す。⑭式は，Y_jには，基準となる100％自己資本企業の資本コストにプラスαの部分があることを示している。そのプラスαは，($\rho_k - i$) という一種のリスク・プレミアムにB_j/S_jという負債比率を乗じたものである。

ここで，r_Sを自己資本コスト，$r_B = i$を他人資本コスト，r_Aを加重平均資本コストとして⑭式を資本コストで書き直すと，

$$r_S = r_A + (r_A - r_B)B_j/S_j \cdots\cdots ⑮$$

となる。⑮式から明らかなように負債比率が上昇すれば左辺の自己資本コストは比例的に増加する。この関係を図7－5で説明する。

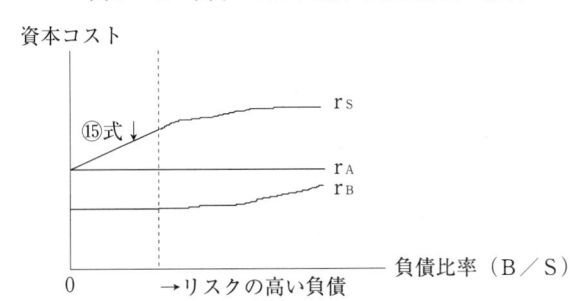

図7－5　資本コストに関するMM命題の説明

（縦軸：資本コスト，横軸：負債比率（B／S），r_Sは右上がり，r_Aおよびr_Bは水平，⑮式↓，→リスクの高い負債）

第Ⅱ部 現代の経営管理

一般に，他人資本コストは自己資本コストを下回る。この相対的に安価な負債利用のメリットをちょうど打ち消すように，負債比率の増加に伴って自己資本コストが上昇する。そのため，加重平均資本コストは100％自己資本（負債比率ゼロ）としたときのまま一定となる。負債比率増大の結果，r_B が徐々に上昇しはじめればこの線形関係は崩れるが，r_S の上昇が負債調達のメリットを相殺する関係には変わりがなく，結局 r_A は不変である。

表7－5の簡単な数値例で確認しよう。負債比率が50％や60％のとき市場利子率が6％だったとしよう。このとき，相対的に安価な負債利用を増加させても，自己資本コストが10％から11％に上昇するならば加重平均資本コストは8％と変わらない。さらに負債比率を80％まで高めると，今度は利子率も7％に上昇するが，それでも負債利用のメリットをちょうど相殺する自己資本コストの上昇により，加重平均資本コストは8％のままとなる。

表7－5 数値例によるMM命題の説明

負債比率（B／S）	r_B	r_S	r_A
0	—	8％	8％
0.5	6％	10％	8％（＝6％×0.5＋10％×0.5）
0.6	6％	11％	8％（＝6％×0.6＋11％×0.4）
0.8	7％	12％	8％（＝7％×0.8＋12％×0.2）

このように加重平均資本コストが一定であれば，これを割引率としたある一定のキャッシュ・フローに対する割引計算を行ったとしても，一定のもので一定の値を割り引くことになるために，その現在価値は変わりようがない。つまり，どのような負債比率であっても r_A は一定となるので，負債比率の選択がその企業の生むキャッシュ・フローの価値に影響を及ぼすことはない。これがMM命題の意味するところである。

MM命題から類推すると，企業の合併・買収（merger and acquisition，M＆A）において取り上げられるシナジー（synergy）についても疑問が生じる。一般に，M＆Aの利点として，1＋1＝3とか2＋2＝5といったたとえで相乗効果の

存在が指摘される。しかし,均衡状態で評価される2つの企業の価値は,それらを足し合わせても$V_{AB} > V_A + V_B$とはならず,あくまで$V_{AB} = V_A + V_B$になると考えられる[4]。分割したピザをくっつけても元の大きさを超えることはない。MM命題からはそのように考えられる。MM命題は,企業の意思決定の細部にわたる見直しを迫った理論でもある。

(2) 現実の財務政策

　MM命題や修正MM命題の教えにもかかわらず,現実の企業の財務政策としては,ある負債水準を維持したり自己資本比率を改善したりする行動が見られる。MM命題の理論的正当性は否定できないにしても,現実をよりよく説明しようとする試みは数多く存在する。たとえば,企業内の株主と経営者および債権者と株主の関係すなわちエージェンシー関係(代理人関係)に注目して,そこから最適負債水準を明らかにしようとするエージェンシー・アプローチ[5],経営者が行う財務政策や資本構成の変更が市場にシグナルを送り,最終的にそれが企業価値に影響すると考えるシグナリング・アプローチ[6]などがある。以下では,そうした理論研究の1つであるペッキング・オーダー理論(pecking order theory)[7]を検討する。

　資本調達源泉は自己資本と他人資本という区別のほかに,外部資金と内部資金といった分け方もできる。一般に,経営者には内部資金を選好する傾向が見られるが,これを理論的に説明しようとするのがペッキング・オーダー理論である。この理論は,情報の非対称性や税制の影響があるときに,調達資金の選好順序が内部資金→負債(リスクの低い負債→リスクの高い負債)→新株発行となることを主張する。この内容は図7-6で示される。

第Ⅱ部　現代の経営管理

図7-6　ペッキング・オーダー理論の説明

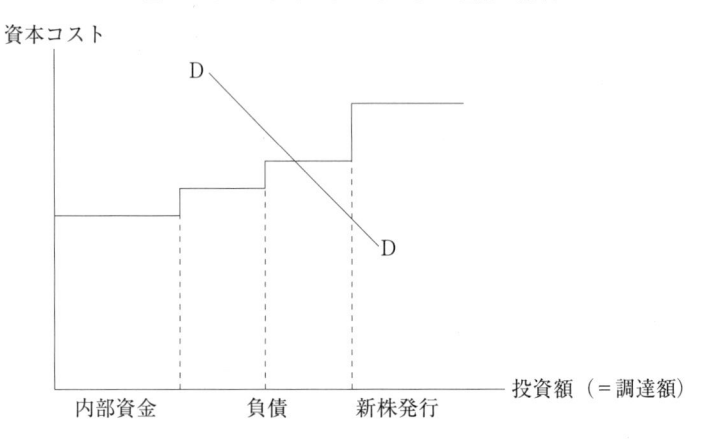

　外部資金に比べて，情報の不完全性を回避できる内部資金が相対的に安価となり，まずはじめにこれが調達源泉となる。これで不足する場合は，負債で調達するが，負債は比較的リスクの低い負債に手がつけられその後徐々にリスクの高い負債にも手がつけられると考える。そして，それでもなお不足するときの最終手段として新株発行がある。図では企業の資金需要はDD線で表され，これに対応する供給曲線はそれぞれの調達源泉の資本コストを反映した階段状のステップ・ファンクションになっている。

　こうして，ペッキング・オーダー理論によれば，現実の調達政策に見られる特徴をある程度説明できるだろう。ただ，実際の企業で内部資金の選好が強まると，これまでとは別の観点から新たな問題が生じる。内部資金は情報の不完全性を回避できる反面，外部資金調達が持っていた投資家によるある種のコントロール機能を持ち合わせていないというマイナス面もある。たとえば，銀行借入金であればよく言われるようなメインバンク機能などが期待できるだろうし，新株発行であれば市場における投資家の厳しい眼があるだろう。内部資金ではこれらのコントロールが効かないことになる。このことは企業統治（コーポレート・ガバナンス）の観点からも重要な問題となってくる。

　しかし，これは筆者の考えであるが，通常は経営者の行動をコントロールす

る要因が別にあり、それらが機能する限り何ら追加的な対応は必要ではないだろう。その要因とは、第一に、市場に備わっている牽制機能がある。「経営者労働市場」や「企業支配権の市場」（M＆Aの市場）が十分に機能すれば、安易な経営者主義は抑制されるだろう。それでもなお投資家を軽視するような企業があったとしても、最終的にはそうした企業は市場から淘汰されることになるだろう。第二に、社会的な制度としての株式会社制度そのものに、すでに備わっている固有のコントロール・メカニズムがある。株主総会を頂点に取締役会や監査制度が存在し、一方では商法や会社法などの法的枠組みも存在する。経営者はこうした枠組みの中でしか行動できない。第三に、これはやや観念論的あるいは理念的内容になるが、無視できない「パブリック・コンセンサス」がある。たとえば、ライブドアがニッポン放送株を時間外取引で取得したことが批判されたが、これは法的には全く問題がなくまた投資戦略として理解できる行動であったとしても、一般社会がそうした行動をどこまで容認できるのかを如実に表した一件であった。また、いわゆる「のれん」を汚さないといった経営姿勢もここに含まれるだろう。

　このように内部資金への選好が、直ちに経営者の横暴や企業の不祥事などにつながるわけではない。内部資金に関しては、むしろそれをどのように活用するのかが重要になってくる。たとえば、「トヨタの無借金経営」とも評されるトヨタ自動車は、確かに銀行借入に頼らず豊富な内部資金を保有しているが、だからといって投資家軽視の経営を行ったりはしない。これとは正反対に、その内部資金で自社株購入を行い、余剰資金を直接株主に還元して株主のリターンを高める行動をとっている。このような自社株購入の動きは、日本では1994年の商法改正およびその後の改正や規制緩和もあいまって、次第に企業の新しい財務政策として定着してきた。自社株購入のように、株主価値を高めるとともに敵対的買収への備えともなる財務政策は、今後も拡大が予想される。

第Ⅱ部　現代の経営管理

〔注〕
1) 以下の文献を参考にして筆者が作成した。Howard, B. B. and M. Upton, *Introduction to Business Finance*, McGraw-Hill Companies, Inc., 1953, p. 10.
2) 後述するMM命題によれば，このような最適資本構成は存在しない。資本構成の理論は，このMM命題の成否やMM命題の修正，補完をめぐって展開される（堀（1991）参照）。なお，ここでの貸借対照表は，簿価ではなく時価評価し直したものと考える。
3) この数値例は，Van Horne, J. C., *Fundamentals of Financial Management*, second edition, Prentice-Hall, Inc., 1974, p. 156に基づく。
4) ここでの説明は，Copeland, T. E. and J. F. Weston, *Financial Theory and Corporate Policy*, second edition, Addison-Wesley Publishing Company, Inc., 1983, pp. 565-566を参照。
5) Jensen, M. C. and W. H. Meckling, "Theory of the Firm : Managerial Behavior, Agency Costs and Ownership Structure," *Journal of Financial Economics*, vol. 3, No. 4, October 1976.
6) Ross, S. A., "The Determination of Financial Structure:the Incentive-Signaling Approach," *Bell Journal of Economics*, vol. 8, Spring 1977. および，Leland, H. E. and D. H. Pyle, "Informational Asymmetries, Financial Structure, and Financial Intermediation," *Journal of Finance*, vol. 32, No. 2, May 1977.
7) Myers, S. C., "The Capital Structure Puzzle," *Journal of Finance*, vol. 39, No. 3, July 1984.

〔参考文献〕
Brealey, R. A. and S. C. Myers, *Principles of Corporate Finance*, seventh edition, McGraw-Hill Companies, Inc., 2003.（藤井眞理子・国枝繁樹監訳『コーポレートファイナンス（第6版）上下』日経BP社，2002年。）
Fama, E. F. and M. H. Miller, *The Theory of Finance*, Holt, Rinehart and Winston, Inc., 1972.
Higgins. R. C., *Analysis for Financial Management*, sixth edition, McGraw-Hill Companies, Inc., 2001.（グロービス・マネジメント・インスティテュート訳『新版ファイナンシャル・マネジメント：企業財務の理論と実践』ダイヤモンド社，2002年。）
Modigliani, F. and M. H. Miller, "The Cost of Capital, Corporation Finance and the Theory of Investment," *American Economic Review*, vol. 48, No. 3, June 1958.
Ross, S. A., R. W. Westerfield and J. F. Jaffe, *Corporate Finance*, fourth edition, Richard D. Irwin, Inc., 1996.
新井富雄・渡辺　茂・太田智之『資本市場とコーポレート・ファイナンス』中央経済社，1999年。
内田交謹『コーポレート・ファイナンス』創成社，2004年。

第 7 章　財 務 管 理

岡部政昭『企業財務論』新世社，1990年。
榊原茂樹・菊池誠一・新井富雄『現代の財務管理』有斐閣，2004年。
堀　彰三『最適資本構成の理論〈第2版〉』中央経済社，1991年。
若杉敬明『企業財務』東京大学出版会，1988年。

第8章
人的資源管理―女性活用―

　日本でも女性宇宙飛行士や女性の政治家が活躍する時代となった。やる気のある女性が，男性の仕事と思われていたさまざまな職種に進出し活躍しはじめた。その一方で，女性社員の登用は進んでいないとの報告がある。日本企業における女性活用にはまだまだ問題が多い。

　本章では，日本企業における人的資源管理，その女性活用について見ていく。米国では多様性を活かすダイバーシティ・マネジメントが競争優位の源泉であり，それが企業業績を高めていくと言われている。日本においては，その最初のステップとして女性活用に焦点があてられている。ここでは，人的資源管理が従来の人事労務管理とどのように違うかを把握し，女性活用に関して広い視点で考察していく。

第Ⅱ部　現代の経営管理

1　人的資源管理とその研究課題

　人的資源管理（Human Resource Management：HRM）という表現は，これまで人事労務管理（Personnel ManagementまたはPersonnel Administration）と呼ばれていた領域の比較的新しい名称である。HRMという呼称は，1970年代後半から米国において急速に広まった。この背景となる理念は，人的資本理論（Human Capital Theory）と行動科学（Behavioral Science）や組織行動論（Organizational Behavior）という領域から構成されている。故に，HRMはそれまでの人事労務管理よりもより総合的な視点から考えるもので，ハーバード・ビジネス・スクールでは，企業と従業員との関係のあり方に影響を与える経営の意思決定や行動のすべてを統轄しているものであると定義している。

　HRM研究の課題は多いが，その中でのホット・トピックスの1つは，企業においていかに多様な人材を活かしていくことができるかということである。すなわちダイバーシティ（diversity）に関する問題である。ダイバーシティをそのまま訳すと「多様性」となるが，日経連ダイバーシティ・ワーク・ルール研究会（2001）では，「多様な人材を活かす戦略」が適切であると考えている。

　米国では，企業がグローバルな競争に勝ち残っていくためには，ダイバーシティ・マネジメントを競争優位の源泉として捉え，多様な人材を活用する組織作りを目指していくことが重要な課題であると考えられている。それは日本においても同様であり，その第一歩として女性活用を積極的に行っていく必要がある。日本における女性活用の問題を取り上げる前に，ダイバーシティ・マネジメントについて簡単に触れておく。

第8章 人的資源管理

2 ダイバーシティ・マネジメント

(1) ダイバーシティ・マネジメントとダイバーシティ・イニシアティブ

ダイバーシティ・マネジメントとは，個人や集団間に存在するさまざまな違い，すなわち多様性を競争優位の源泉として活かすために，文化や制度，プログラム，プラクティスのすべてを含む組織全体の変革を志向するマネジメント・アプローチのことである。

上述のような組織変革のために企業が率先して行う取り組みを称して，ダイバーシティ・イニシアティブという[1]。具体的に，欧米企業は組織内の女性に対して，カウンシルやメンタリング活動などをはじめとするさまざまなサポートを行っているが，それらの取り組みがダイバーシティ・イニシアティブである。

(2) ダイバーシティ・マネジメントの背景

米国においてダイバーシティが叫ばれるようになった背景には，将来的に労働者として参入してくる人材が，女性やマイノリティーであり，これらの人々を活用していかなければ企業の存続に影響を及ぼしてくるとの認識が一般化したためである。企業を取り巻く社会環境の変化が大きな要因の1つである。

そのような状況を受けて，日経連のダイバーシティ・ワーク・ルール研究会(2001) は，ダイバーシティ・マネジメントは大きなリスクとコストを抱えるものであり，社会的責任の一端である「倫理観」で考えるとコストとなるが，優秀な人材確保・活用と考えると「戦略」となると結論づけている。

米国企業の現状はと言えば，1994年フォーチュン500社の7割以上の企業でダイバーシティ・イニシアティブをはじめている[2]。また多くのコストがかかるにも関わらず，785人の人事担当者を対象とした研究結果においては，32%がダイバーシティ・トレーニングを行っていることが示されている。そのトレーニングの成果はトップ・マネジメントのダイバーシティ支持と関連してお

り[3]，トップ・マネジメントがダイバーシティをどのように捉えているかがキーとなっている。

(3) ダイバーシティ・マネジメントと企業業績

ダイバーシティ・マネジメントは，究極的には企業の生産性向上，業績向上を目指すものである[4]。特に，グローバル企業においては，あらゆる顧客への対応と多様性によるシナジー効果が注目されている。たとえば，ＩＢＭの業績が90年代半ばに復活した背景には，多様な人材を有効活用する戦略があった。このように，世界各国のさまざまな顧客，消費者などとの間で効率的な関係を築くために，また異質な労働者に生産性を高めさせるために，ダイバーシティ・マネジメントの考え方が進められている。

しかし，数々のリスクを抱えてまで多様性を追求する意味があるのかと，ダイバーシティ・マネジメントを疑問視する声もある。英人材開発研究所は報告書の中で「研究者の間では，まだ判決はくだされていない」としている[5]。それは，実際どのようなメカニズムで企業業績を高めていくのかはブラックボックスのままだからである。

3　日本における働く女性

最初に，日本における女性雇用の背景と現状を見ていく。女性雇用に関する社会的要因を押さえておく。

(1) 女性雇用における背景

① 国際社会の動き

日本では，1986年に男女雇用機会均等法が施行され，性差別の壁が取り壊される第一歩が始まった。このような女性の地位向上と平等参画への動きは，国際連合成立時からはじまった。男女共同参画までの主な国際社会の動きと日本

第8章　人的資源管理

社会の動きは，表8－1に示した。

表8－1　男女共同参画までの主な国際社会の動きと日本社会の動き

年　次	国際社会の動き	日本社会の動き
1975年 国際婦人年	世界女性会議（メキシコ） テーマ：平等・開発・平和	
1976年	1976年～1985年　国際女性の10年	
1979年	国連第34回総会 「女子差別撤廃条約」採択	
1980年	第2回世界女性会議 （コペンハーゲン）	
1985年	第3回世界女性会議（ナイロビ）	「女子差別撤廃条約」批准
1986年		「男女雇用機会均等法」施行
1991年		「育児休業法」成立
1995年	第4回世界女性会議（北京）宣言，綱領	「育児・介護休業法」成立
1997年		「改正男女雇用機会均等法」成立 ポジティブ・アクションの規定
1999年		「男女共同参画基本法」制定 「改正男女雇用機会均等法」施行
2000年	国連特別総会「女性2000年会議」 （ニューヨーク）	「男女共同参画基本計画」策定 ポジティブ・アクションの推進

　1995年に北京で開催された女性会議では，さまざまな局面における女性のエンパワーメントと女性の地位向上が宣言され，そのための具体的な行動綱領が示された。さらに国連特別総会「女性2000年会議」では北京宣言および北京行動綱領の目的と目標達成のための再確認が行われ，男女共同参画社会の実現に向けたさまざまな話し合いがなされた。

② **女性行動の変化**

　上述してきた女性会議を通して，女性行動に関する変化が生じた。女性行動の目標達成方法が，「女性の地位向上」から「男女共同参画」，「フェミニズム（女性解放論）」から「ジェンダー・フリー」へと変わったことである[6]。

第Ⅱ部　現代の経営管理

　ジェンダーとは，生物学的「性」とは別に，社会的・文化的に形成された性別のことで，一般に「男は外で仕事，女は家庭で家事と育児」という概念のことである。また，ジェンダー・フリーは男女共同参画に対応する表現でもある。

③　雇用分野における変化

　このような動きを背景に，雇用の分野においても，ジェンダー・フリーや男女共同参画の概念を取り入れ，職場と家庭を考えた政策がとられるようになった。1992年に育児休業法が施行され，その後育児・介護休業法に改正された。この改正法では，育児または家族介護を行う労働者の深夜業務の制限を規定した。

　また，男女雇用機会均等法も1997年の改正を経て強化された。主要な改正点としては，募集・採用，配置・昇進における差別が努力義務規定から禁止規定になったこと，機会均等調停委員会に対して，労使双方の同意を必要とせず，一方の申請を可とすることになったことがあげられる。また新たに規定されたのは，募集・採用，配置・昇進における差別禁止規定に違反し勧告に従わない場合は企業名を公表すること，女性のみ・女性優遇は原則禁止であること，ポジティブ・アクション（積極的格差是正措置）などである。均等法の改正とともに労働基準法も改正となり，女子の時間外・休日労働・深夜業の就業規制の女子保護規定は解消された。

　そして，1999年には男女共同参画社会基本法が制定された。これは，男女共同参画社会の実現を21世紀の最重要課題と位置づけた。さらに，男女共同参画のための基本理念とその方向を示し，国，地方公共団体および国民の責務を明らかにし，男女共同参画社会の形成を総合的かつ計画的に推進することを目的とした。

　このように男女に均等な雇用機会を保障し，さらに家族的責任を支援することで就業継続を可能とする女性の働くための環境整備が進められた。

第8章 人的資源管理

(2) 女性雇用の現状

① 女性雇用者数の推移

我が国における女性雇用者数の割合は高まってきている。表8－2女性雇用者数の推移で明らかなように，1972年から2000年に男性雇用者数が1.5倍になったのに対し，女性雇用者数は2倍となった。さらに2004年には雇用者総数に占める女性雇用者数は41%まで上がった。世界的にも女性雇用者数の割合は高まっており，特に先進地域での増加が大きいと言われている[7]。

表8－2　女性雇用者数の推移

(単位　万人)

	1972年	1985年	1995年	2000年	2004年
女性雇用者数	1,096	1,548	2,048	2,140	2,203
（男性雇用者数）	(2,210)	(2,764)	(3,215)	(3,216)	(3,152)
雇用者総数に占める女性の割合（%）	33.2%	35.9%	38.9%	40.0%	41.1%

(出所)　労働省婦人局編「働く女性の実情（平成12年版）」，日本婦人団体連合会編「女性白書2005」

表8－3　役職者に占める女性の割合の推移

(産業計，企業規模100人以上，学歴計)（単位　%）

	部　長	課　長	係　長
1980年	1.0	1.3	3.1
1985年	1.1	1.6	3.9
1990年	1.1	2.0	5.0
1995年	1.3	2.8	7.3
2000年	2.2	4.0	8.1
2004年	2.7	5.0	11.0

(出所)　日本婦人団体連合会編「女性白書2005」

次に役職者に占める女性の割合を表8－3で見ていくと，1980年から2004年の間に，係長クラスに占める女性の割合は3.5倍，課長クラスは3.8倍，部長クラスは2.7倍となった。しかし，全体に占める割合は，係長クラスで11%，課長クラスで5%，部長クラスで2.7%にすぎず，男女の雇用比である41%からはほど

第Ⅱ部　現代の経営管理

遠い。これは，図8－1女性の年齢別労働力率でも明らかなように，日本の女性年齢別労働力が，いまだに20歳代後半から30歳代前半にかけて比率が落ち込むM字型の就業形態をとっているためである。このようなM字型の就業体系をとるのは，先進国の中では日本と韓国だけである。この現象は，欧米でも1970年代にみられたが，今日では見られなくなり，台形型となっている。

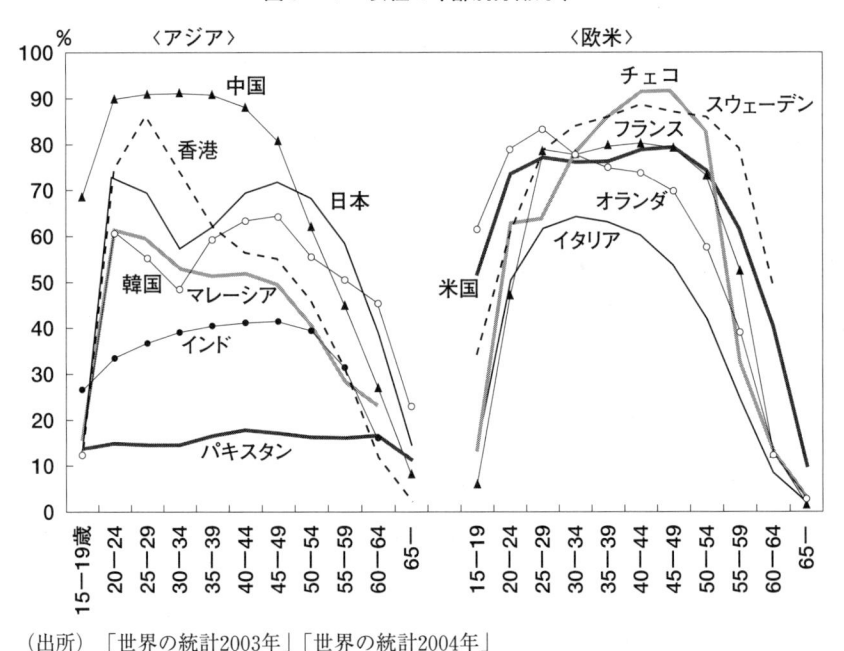

図8－1　女性の年齢別労働力率

（出所）「世界の統計2003年」「世界の統計2004年」
　　　　日本：2000年　中国：1990年　インド：1991年　パキスタン：1997／1998年

ただ日本も，1975年に25歳から29歳層のところにあった谷底は，2000年には30歳から34歳層へと移動した。またその労働力率は1980年の49.2％から2002年の71.8％と増加し，35歳以上64歳までの労働力率も上昇している（以上は総務庁「労働力調査（2002年）」を参照）。このようにM字型ではあるが，徐々にその谷間は浅くなり全体として右上へとシフトしてきた。

② 女性の働きやすさ

働く女性のための環境整備は進められてきたが，女性が働きやすい状況はどのようなものであろうか。経済企画庁の試算によると（経済企画庁「新国民生活指標（1998年版）」参照），日本の女性の働きやすさは，1980年を100とすると1996年は112.82となり，大きな伸びを見せた。「就業」「男女雇用機会均等」「家事分担」「保育・介護」の4つの分類のうち「男女雇用機会均等」に関連する項目の男女格差が縮まり，1986年に施行された男女雇用機会均等が一定の成果をあげたことを示した。

表8－4　「女性の働きやすさ」指標，GEM値

国	「女性の働きやすさ」指標		GEM値		
	1980年	1995年	1999年	2000年	2004年
日本	46.99	44.05	0.520	0.527	0.531
アメリカ	57.04	55.30	0.738	0.757	0.769
カナダ	56.02	54.34	0.763	0.777	0.787
イギリス	52.18	51.92	0.671	0.684	0.698
ドイツ	49.63	49.42	0.749	0.749	0.804
フランス	50.53	51.99	－	－	－
イタリア	48.80	42.99	0.536	0.539	0.583
オランダ	44.35	45.60	0.755	0.781	0.817
ベルギー	42.39	46.69	0.692	0.706	0.808
デンマーク	56.90	49.84	0.705	0.821	0.847
スウェーデン	58.26	61.81	0.809	0.824	0.854
オーストラリア	52.35	54.72	0.738	0.759	0.806

（出所）　労働政策研究・研修機構「データブック　国際労働比較2005」
（注1）　「女性の働きやすさ」指数とは「管理的職業従事者（男性に対する割合）」や「男女賃金格差」など，女性が働くことに関する8指標についての平均値をとったものである。
（注2）　GEM値とは，ジェンダー・エンパワーメント指数（Gender Empowerment Measure）をいい，女性が積極的に経済界や政治生活に参加し，意思決定に参画できるかどうかを測るものである。具体的には，女性の所得，専門職・技術職に占める女性の割合，行政職・管理職に占める女性の割合，国会議事に占める女性の割合を用いて算出している。

図8－2　女性と男性の賃金比率

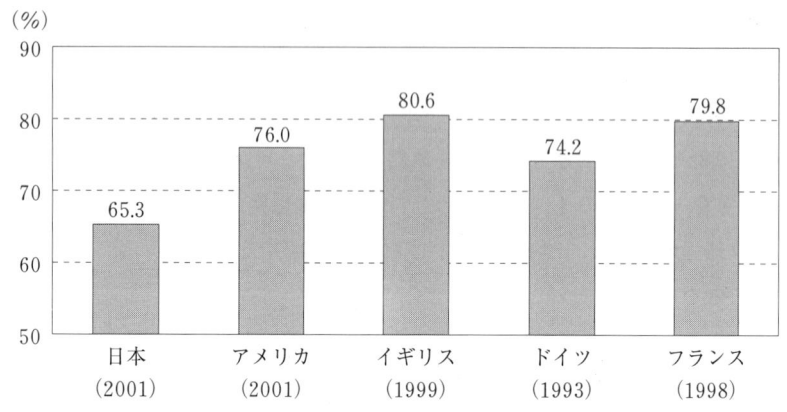

国	比率(%)
日本（2001）	65.3
アメリカ（2001）	76.0
イギリス（1999）	80.6
ドイツ（1993）	74.2
フランス（1998）	79.8

（出所）日本：厚生労働省「賃金構造基本統計調査」(2001年)，アメリカ：労働省「Employment and Earnings」(2001年)，イギリス・ドイツ・フランス：ＩＬＯ「Year Book of Labor Statistics」(2000年)

　次に，表8－4に「女性の働きやすさ」指標とＧＭＥ値を示した。これによると，「女性の働きやすさ指標」は1980年，1995年ともに比較可能な先進国・12ヶ国中下位4分の1に属する。またＧＥＭ値も最下位である。これは，管理職についている女性の男性に対する比率や，男女間賃金格差が他国ほど改善しなかったためである（図8－2　女性と男性の賃金比率を参照）。

　以上，本節で見てきたことから，我が国の女性雇用は徐々に進んできているが，まだまだ欧米には及ばないのが実情であることがわかる。

4　女性が活躍できる職場

　女性が活躍できる職場とはどのようなものであろうか。1つには，性差別のない職場ということが挙げられる。これには，職場で働く人間の意識や経営管理者にジェンダー意識のないことが必要である。次に，女性が人生の節目において就業選択を迫られる場面で，就業継続を望む女性に不快感を与えない職場

である。これはまた，男性にとっても家族としての責任を果たせる職場であると言えるだろう。個人のキャリア形成には，個人や家庭の生活からの影響を無視して考えることはできないからである[8]。

(1) 日本的雇用慣行と差別

女性雇用に関しては，社会科学の分野において多岐の方面から研究がされている。そこで問題となってきていることの1つが，差別という問題である。差別については，さまざまな捉え方がある。ここでは最初に日本的経営との関わりから考えていく。日本的経営は人的資源に焦点をあてたものであるので，ここでは日本的雇用慣行と捉えていく。

日本的雇用慣行は，長い間一般的に終身雇用慣行，年功序列，企業内組合が三種の神器と言われ，その特徴とされてきた。その本質的な特徴は，新規学卒者を一括採用し，教育・訓練を行うことにより戦力とし，その投資を長期的に回収するものである。長期的に投資を回収するという観点で見ていくと，女性は男性よりも辞めてしまうケースが多いため，平均的に辞めることの少ない男性を優先することになる。それによりやる気も能力もあり，さらに辞める気もない女性が差別を受けることになってしまった。これが統計的差別である。

統計的差別論（Theory of statistical discrimination）とは，女性の働く能力に偏見がなくとも，企業が効率を求めて行動すれば男女差別が生じるという理論である。

また，日本的雇用慣行は，労使関係の安定化と熟練工の定着化を目的として重工業の大企業を中心に普及・定着した。このように男性中心の日本的雇用慣行を行ってきた日本企業，特に大企業では，女性は基幹労働者とみなされない枠外であったという歴史があり[9]，長い間女性は社内におけるお客様的存在であった。職場におけるＯＬと幹部候補生の関係は，伝統的なジェンダーを再生しているという見方も存在する[10]。

女性に対して，このような考え方や対応しかしてこなかった日本企業の経営者が，女性に対して否定的な見方をしていることは想像に難くない。女性を雇

いたくないと表だって言う経営者はいないが，女性の扱い方がわからないので雇わないでリスクを避けたいという意識は報告されている[11]。こういった性差別の改善には，より多くの女性の活躍事例，並びに多くの企業における女性雇用の実績の積み重ねが必要となるであろう。

その一方で，男性の中でも共働きで育児・介護の経験を持つ男性は，職場の男性の意識改革を望んでいるという結果が出ているのは興味深い[12]。ライフスタイルの変化や価値観の多様化により，男性の意識も確実に変化しているようである。

(2) ジェンダー意識

女性の社会進出が進んでいる米国においては，日本よりも職場や家庭における制度の整備が進んでいるが，それでも職場における性差別の存在と，それが男女のジェンダー意識に根づいているという議論が長い間なされてきている。しかし家族休暇政策のよりいっそうの充実とアファーマティブ・アクション（Affirmative Action）[13] による一定の成果により，状況は改善されつつある。

日本ではジェンダー意識が根強く，日本の男性は特に欧米諸国の男性に比べると，家庭よりも仕事を優先すると指摘されている[14]。このジェンダー意識は個人の内面に存在するもので，職場の男性社員に無意識のうちに共有されているとすると，雇用の平等を拒んだり[15]，女性の育成や活用を阻害する要因となる。「ガラスの天井（Glass Ceiling）」や「出産の壁（Maternal Wall）」といった女性の処遇も，その根本的な問題が絡んで生じたものである。

「ガラスの天井」とは，昇進につながるような割り当てをしない，最初に将来性の薄い仕事に配置する，女性に教育をほどこさないといった例が挙げられる。そういったことが総合的に作用して，女性には見えない天井がある。「出産の壁」とは，出産休暇から復帰したとき，今までの職からはずされてしまったり，昇進できなくなっていたりすることである。

男性側のジェンダー意識の改善は，制度・状況の改善以上に女性の就業継続率を上昇させる[16]。また男性側のジェンダー意識が低いほど女性役職者の組織

コミットメント[17]を高める[18]ことにつながることが明らかになっている[19]。これらのことは，職場における男性社員の意識改革が，女性，特にやる気のある女性を有効に活用していくことにつながっていくことを示唆している。

男性側のジェンダー意識がさまざまな事柄に影響を与えているのはもちろんのこと，女性自身の中にもこの意識が存在することが問題である。女性のジェンダー意識が女性の処遇にも影響を与え，ひいてはそれがやる気のある女性のモチベーションを下げ，その結果女性の就業継続が困難になるという悪循環を呼んでしまう。やる気のある女性の足を引っ張るのは，ジェンダー意識を持つ女性なのである。働く女性にとっては，その女性の持つ職業人性[20]の意識が組織コミットメントに影響していることから，女性側の主体性が大変大事な要因であると言える。

このようなジェンダー意識の強い企業文化（または企業風土）を変革せずに女性を雇用したとしても有効な活用はできない。企業文化は，企業に属している人々が共有している価値観，共通の考え方，意思決定の仕方および目に見える行動パターンの総和であり，企業風土は企業文化の構成変数の1つで，組織風土では従業員が組織構造，人事制度，リーダーシップ・パターンをどのように認識しているかということである。しかし，企業風土という日本語は曖昧で，通常企業文化の代替に用いられている[21]。したがって，ジェンダー意識のある企業文化（または企業風土）は，企業内における意思決定にもさまざまに影響してくる。女性の就業継続支援諸施策の導入に影響を与えているという報告もある[22]。それ故に，女性側からは職場の男性の意識改革を望む声が多い[23]。

5　女性が就業継続していける企業

1990年初頭のバブル経済末期には，新卒の女性社員を営業職などに大量に採用する動きがあった。しかし彼女達の定着率は低く，女性活用は事実上失敗したと言われている。その原因は，どんなに大量に雇用しても，女性社員を育て

活用する体制や，出産・育児を支援する制度が整備されなくては女性が就業を継続していくのは困難だからである。その後人事制度を根本的に見直して成果主義を導入し，育児支援制度やフレックス勤務制度を取り入れ，女性の就業継続の環境整備につとめる企業が少しずつではあるが増えてきている[24]。

(1) 女性の就業継続支援制度・諸施策

女性側が重要と考えている雇用管理制度・諸施策には，育児休業制度，介護休業制度，事業所内託児所，フレックスタイム制度等がある[25]。実際に，女性の就業継続支援策として育児休業制度は有効であり[26]，介護休業制度も女性の長期定着に効果がある[27]。さらに，事業所内保育所のある企業の方が女性の就業継続の割合が高いが[28]，これは企業側からもよい人材が集まるという点で評価は高い[29]。ただしフレックスタイム制度は，女性の就業継続支援策としては有効ではないという結果がある[30]。

また，女性が望んでいる施策改善としては，男女賃金格差解消，充実感のある仕事，男女昇格条件の同一化があげられる[31]。これらの改善は，男女同等の人材育成と仕事内容，その結果に対する要望でもある。実際に女性をきちんと人材育成している企業ほど女性の定着率は高いし[32]，男女同等の人材育成は女性の就業継続支援策として有効である[33]。このような諸施策が女性の就業継続に与える影響に関しては，企業の女性活用のコミットメントという側面が大きいと考えられる。

上述してきた女性の就業継続支援施策は女性だけのものではない。男性にも関係してくる。従業員の家族的責任に配慮した施策を行っている「ファミリー・フレンドリー企業」，略して「ファミフレ企業」について，次に説明する。

(2) ファミリー・フレンドリー企業

ファミリー・フレンドリーの概念は，国際的に確立された定義はないと言われる[34]。これは，おおまかに言えば，「労働者の家族的責任に配慮した」，「仕

事の事情を常に優先させるのではなく，仕事と家庭の事情との折り合いをつけた」という意味である。さらにこの概念は，育児や介護などを女性のみが負担し，家庭内で男女の公平な分担がないとすれば，真の男女平等はありえないという立場をとった。

　ファミフレ企業は家族に優しい職場制度を目的としているが，実際のところ米国においてすら女性のための諸施策と考えられてきた[35]。前項で，企業の女性に対する就業支援諸施策を挙げたが，これらはすべてファミフレ施策と捉えることができる。

　米国の「家庭と仕事の研究所（Families and Work Institute）」によるファミフレ施策の段階を見ると，ファミフレ施策は3段階に分けられる。第1段階は，従業員の仕事と家庭生活の調和は企業が関与すべき問題ではなく，支援は女性の育児に限定される。第2段階では，仕事と家庭生活の調和への支援が企業の管理上の課題として認識されるようになる。男女両者を対象として，施策の範囲は介護なども対象に含まれるようになる。第3段階になると，人事管理上の課題としてだけでなく，企業の競争力を左右する事柄として重視され，支援の範囲は広がる[36]。日本企業をこのような段階にあてはめてみると，仕事と家庭生活の調和への支援が企業の人事制度上における課題として認識される第2段階への途上であるとの報告がある[37]。

　日本企業の場合，ファミフレ企業であるから男女均等の職場環境であるかというとそうではない[38]。しかし，募集・採用，配置・昇進，教育・訓練などの男女均等化施策とファミフレ施策は補完性がある[39]。米国では男女均等化施策がとられてファミフレ施策が取り入れられるようになったと考えるのが自然であり，日本企業でも大企業を中心に均等度を高め，それからファミフレ度を高める傾向にある[40]。

(3) ワーク・ライフ・バランスへ

　ファミフレ企業は，従業員の家族的責任に配慮した施策を行うことによって，従業員の能力発揮，ひいては生産性の向上を目指す企業である。米国では，家

第Ⅱ部　現代の経営管理

庭と仕事の両立を目的とした環境整備を行う企業が，1990年代後半から更なる進化を始めている。「家庭と仕事の両立」から「仕事と生活の調和」を目指し，ファミリー・フレンドリーに代わって，ワーク・ライフ・バランスへとサポート体制の進化が起きている。仕事と生活の両立がより優秀な人材の確保につながり，さらに仕事と生活の調和を目指すことで社員のモラールをあげようとする企業の意識が，企業の競争力とつながっていくと考えられている。この背景には，ダイバーシティへの動きがある。

6　女性登用とポジティブ・アクション

　日本の職場での女性活用は，米国に比べて20年，他の先進諸国に比べてもかなり遅れていると言われている。欧米の例を見ると，アファーマティブ・アクションやポジティブ・アクションが一定の成果をあげ，女性活用が進んできたと指摘できる。その意味でも，日本におけるポジティブ・アクション導入は大きな意味があると考えられる。
　ポジティブ・アクションは米国やオーストラリアではアファーマティブ・アクション，カナダではエンプロイメント・エクイティ，欧州ではポジティブ・アクションと呼ばれる。1995年に北京で行われた女性会議で，ポジティブ・アクションという用語統一が打ち出され，今後はポジティブ・アクションに統一されていくと思われる[41]。
　我が国においては，ポジティブ・アクションは，1999年に施行された改正男女雇用機会均等法に，その暫定的措置として導入された。これは，女性が職場においてその能力を十分発揮できるように，社会に根ざすジェンダー意識に基づく諸慣行等から生じる格差を解消するための積極的な取り組みである。表8－5にポジティブ・アクションの進捗状況を示したが，これから日本におけるポジティブ・アクションへの取り組みが増えていることがわかる。
　「既に取り組んでいる（2003年）」企業割合を規模別に見ると，5,000人以上規

第 8 章　人的資源管理

表 8 － 5　ポジティブ・アクション進捗状況

	2001年	2003年
ポジティブ・アクションに取り組んでいる	26.3%	29.5%
今後取り組むことにしている	13.0%	8.8%
今のところ取り組む予定はない	34.2%	28.7%
わからない	26.5%	33.0%

（出所）　2001年　「女性労働白書（平成13年度）」，2003年　「平成15年度女性雇用管理基本調査」

模で74.0%（2001年では67.7%），1,000～4,999人規模で59.5%（同57.9%），300～999人規模で46.7%（同41.1%），100～299人規模で34.7%（同32.3%），30～99人規模で25.2%（同22.2%）となっており，規模が大きい企業ほどポジティブ・アクションに取り組んでいることがわかる（以上は「平成15年度女性雇用管理基本調査」を参照）。

図 8 － 3 では，ポジティブ・アクションに取り組んでいる企業の項目別企業割合を示した。これによると，ポジティブ・アクションに取り組んでいる企業の中で，女性の積極的登用に取り組んでいるのは40.6%であり，半数にも満たないのが実情である。

第Ⅱ部　現代の経営管理

図8－3　ポジティブ・アクションに既に取り組んでいる企業における取組事項別企業割合

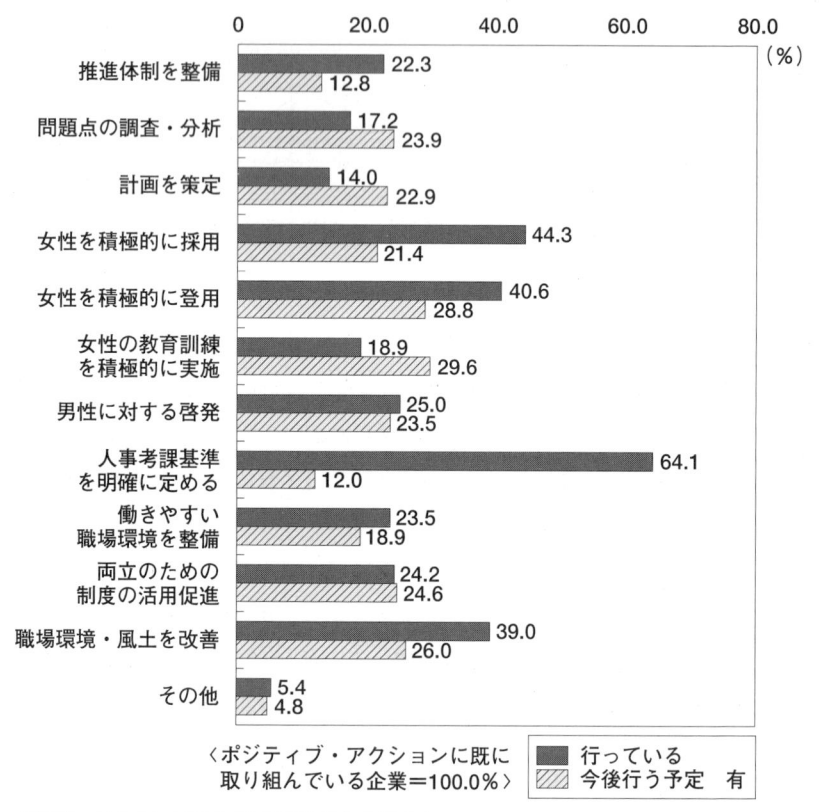

取組事項	行っている	今後行う予定 有
推進体制を整備	22.3	12.8
問題点の調査・分析	17.2	23.9
計画を策定	14.0	22.9
女性を積極的に採用	44.3	21.4
女性を積極的に登用	40.6	28.8
女性の教育訓練を積極的に実施	18.9	29.6
男性に対する啓発	25.0	23.5
人事考課基準を明確に定める	64.1	12.0
働きやすい職場環境を整備	23.5	18.9
両立のための制度の活用促進	24.2	24.6
職場環境・風土を改善	39.0	26.0
その他	5.4	4.8

〈ポジティブ・アクションに既に取り組んでいる企業＝100.0％〉

（出所）「平成15年度女性雇用管理基本調査」

7　女性と企業業績

　1995年にグラス・シーリング（Glass Ceiling）委員会は，男女均等化が進んでいる企業では利益率が18.3％であるのに対し，男女均等化が進んでいない企業では利益率は7.9％であると報告した。女性と企業業績には関係があるのだろうか。ダイバーシティ・マネジメントは企業業績を向上させるのであれば，女性を活用している企業は業績が向上する。

第 8 章　人的資源管理

(1)　**女性数と企業業績**

　米国では，女性が多く雇用される企業・事業所ほど業績（利益率）が高く，その傾向は市場占有率が高い企業ほど見られるという研究報告がある[42]。これは，日本でも，女性を多く雇うほど収益（経常利益，売上高）が高い。その一方で，技術的優位性などで女性比率が低くても高い収益をあげる企業もあると指摘する研究がある[43]。

　これらは，ベッカー (Becker 1971) の「差別仮説」を基にしている。これは，差別をする企業があると，差別をしない企業は優秀な人材を安く雇うことができ，業績が高まると考える説である。

　経済産業省による「女性の活躍と企業業績 (2003)」においても，女性比率の高い企業は企業業績がよいという結果を出している。しかし，それは見かけ上のものであり，本当に企業業績に影響するのは，男女均等の企業文化の存在であることが実証されている。男女均等化施策が企業業績に肯定的に関係していることは，他の研究結果でも見られる[44]。これは，男女均等の企業文化が企業業績に影響を与えていることと整合的である。

　男女均等化施策やファミフレ施策は，女性の働きやすさを向上させる。そしてこれらの施策の組み合わせによっては，企業業績にプラスの影響を与える[45]。これらのことは，女性数が問題なのではなく，家庭と仕事の両立や多様性を活かすシステムとして一貫性を持つファミフレ施策（またはワーク・ライフ・バランス施策）を用いながら，女性活用を進めている企業は，企業業績がよいということを示唆しているのではないだろうか。

(2)　**女性活用と企業業績**

　女性活用への取り組みと企業業績の関係はあるのだろうか。21世紀職業財団の調査・女性社員の活用と経営業績の関係を表 8 - 6 に示した。これからは，女性の能力開発促進の取り組みが進んでいる企業では，進んでいない企業に比べて企業業績がよい。また，女性管理職比率が大幅に増えた企業では大幅に減った企業に比べて企業業績が伸びていることがわかる。これらのことは，女

第Ⅱ部　現代の経営管理

性活用と企業業績が関係していることを示唆している。しかし，ここからそれらの因果関係は明らかではない。女性活用を進めることで企業業績が向上するというメカニズムを明らかにすることは，今後の課題である。これは，ダイバーシティ・マネジメントが企業業績を向上させることを明らかにすることとも関連してくる。

表8－6　女性社員の活用と経営業績の関係

女性活用状況		経営実績 競争相手の企業と比較した自社の業績に関する評価（％）					5年前と比較した売上指数（注）
		良い	やや良い	ほぼ同じ	やや悪い	悪い	
女性の能力発揮促進の取り組みに関する自己評価	進んでいる	11.5	19.2	38.5	15.4	3.8	111.5
	ある程度進んでいる	12.0	19.4	33.1	19.4	12.0	112.9
	あまり進んでいない	4.6	15.8	36.7	27.0	13.3	106.8
	進んでいない	2.9	17.6	20.6	20.6	32.4	97.8
5年前と比較した女性管理職比率の変化	大幅に増えた	25.0	14.3	39.3	7.1	7.1	173.7
	やや増えた	12.4	15.5	31.8	25.6	10.1	110.9
	現状維持	3.8	18.7	35.7	22.1	16.2	102.6
	やや減った	—	20.0	40.0	25.0	15.0	93.1
	大幅に減った	—	16.7	—	50.0	33.3	83.5

（出所）　21世紀職業財団「企業の女性活用と経営業績との関係に関する調査」（2003年）
（注）　5年前の売上高を100とした場合の現在の売上高

8　まとめ

　日本企業の女性活用は，欧米企業よりも明らかに遅れている。今後日本企業が女性活用を進めていく上では，ポジティブ・アクションにより積極的に女性登用を行っていく必要があるが，そのためには男女均等化施策とファミフレ施策（最終的にはワーク・ライフ・バランス）の導入，それとともに男女均等の企業文化（企業風土）への変革も推し進めていかなければならない。さらにファミフレ施策（最終的にはワーク・ライフ・バランス）は，家庭と仕事の両立（仕事と生活の調和）を目指す柔軟なシステムとして企業内で一貫性をもつことが重要

第8章　人的資源管理

である。このような企業の意識や姿勢で女性活用を進めていくことが，ダイバーシティにつながっていくと考えられる。

〔注〕
1) 有村貞則「在米日系企業とダイバーシティ・マネジメント［1］」『山口経済学雑誌』Vol. 49, No. 5, 2001年, pp. 813-843.
2) 馬越恵美子「ダイバーシティ・マネジメント」筒井清子&山岡煕子編『グローバル化と平等雇用』学文社, 2003年。
3) Rynes, Sara & Rosen, Benson "A Field Survey of Factors Affecting the Adoption and Perceived Success of Diversity Training" *Personnel Psychology,* 1995, pp. 247-270.
4) 有村貞則「アメリカン・ビジネスとダイバーシティ：アメリカ企業は労働者の間の多様性を如何に管理してきたか」『山口経済学雑誌』Vol. 47, No. 1, 1999年, pp. 247-295.
5) NEWSWEEK 2005, pp. 247-295.
6) 筒井清子&山岡煕子編『グローバル化と平等雇用』学文社, 2003年。
7) 渡辺真知子「世界の国々の女性の経済活動」『統計』Vol. 5, No. 25, 2001年, pp. 13-19.
8) Scehein, E. H. *Career dynamics : Matching Individual and Organizational Needs* MA : Adison-Weley, 1978（二村敏子・三善勝代訳「キャリア・ダイナミックス」白桃書房, 1991年).
9) 津田眞澂『人事労務管理』ミネルバァ書房, 1993年。
10) 小笠原祐子「職場内のジェンダー関係」『組織科学』Vol. 30, No. 2, 1996年, pp. 27-36.；松永真理&日置弘一郎「組織の中の女性を求めて」『組織科学』Vol. 30, No. 2, 1996年, pp. 4-13.
11) 山岡煕子「女性の平等参画理念の現時点と経営変格—日本企業の中の女性像に関する実態調査と男女共同参画経営実現のための諸施策—」『組織科学』Vol. 30, No. 2, 1996年, pp. 14-25.
12) 山岡（同上）。
13) 積極的格差是正。日本ではポジティブ・アクションと言われる。詳しくは「6　女性登用とポジティブ・アクション」を参照。
14) 大沢真知子『経済変動と女子労働—日米の比較研究—』日本経済評論社, 1993年。
15) 山岡煕子他『ワーキング・ウーマンの仕事と生活』マネジメント社, 1995年。
16) 吉田　悟&南　隆男「「職業生活と家庭生活の調和・統合」への模索」『日本労務学会誌』Vol. 1, No. 1, 1999年, pp. 22-31.
17) 組織コミットメントは，Porter et al.（1974）による目標一致説（Porter et al.,

第Ⅱ部　現代の経営管理

"Organizational Commitment, Job Satisfaction, and Turnover among Psychiatric Technicians", *Journal of Applied Psychology,* Vol. 59, No. 5, 1974) で考えている。目標一致説は，企業のために働きたいとする積極的意識，企業にとどまりたいとする強い願望，そして企業の目的，規範，価値観を自己の価値観として受け入れるという 3 つの側面がある。このような組織コミットメントのレベルが高いと，高い職務満足を導く。さらに，結果的に出勤率，従業員定着性，業績を高める (Steers, R. "Antecedents and Outcomes of Organizational Commitment", *Administrative Science Quarterly,* Vol. 22, 1977)。

18)　組織コミットメントは，個人的レベルの認知であり，個人から組織へのコミットメントが生じるのは，組織から個人に対してコミットメントが働いているからである（これは Perceived Organization Support といわれる概念である）。すなわち企業と社員の間に信頼関係が存在し，社員が企業側から望ましいと考えられる評価を得ている証拠でもある。

19)　加藤里美「大企業における女性活用—役職者の視点から—」日本経営診断学会編『経営パラダイムシフトの診断—新経営システムの提言—』同友館，2002年，pp. 232 -242.；加藤里美「中小企業における女性活用—大企業と店頭企業における女性役職者の意識比較—」日本経営診断学会編『経営診断の社会性を考える—資源・環境を意識して—』同友館，2003年，pp. 232 - 244.

20)　職業人性はプロフェッショナル・コミットメントを表す指標である。職業人性と組織人性は相反するものではなく，強く関連していることは示唆されている。

21)　河野豊弘＆Ｓ．Ｒ．クレグ『経営戦略と企業文化』白桃書房，1999年。

22)　藤本哲史「企業の女性従業員訓練制度に関する研究」『日本労務学会誌』Vol. 1, No. 1, 1999年，pp. 32 - 41.

23)　山岡（同上）．

24)　日本経済新聞　2002年 8 月 5 日。

25)　冨田安信「女性の仕事と育児休業制度」『経済研究（大阪府立大学）』Vol. 39, No. 4, 1994年，pp. 49 - 67.，冨田安信「女性が働き続けることのできる職場環境：育児休業制度と労働時間制度の役割」『経済研究（大阪府立大学）』Vol. 40, No. 1, 1994年，pp. 43 - 56.

26)　冨田，1994；1994；滋野幸子＆大日康史「育児休業制度の女性の結婚と就業継続への影響」『日本労働研究雑誌』No. 459, 1998年。

27)　藤本哲史「休業制度と女性の教育訓練との相互関連」経営行動科学学会年次大会，発表論文集(1), 1998年，pp. 135 - 138.

28)　冨田，前掲の両論文。

29)　中村艶子「キャリア形成のための企業支援政策」『日本労務学会誌』Vol. 1, No. 2, 1999年，pp. 13 - 23.

30)　冨田，前掲の両論文。

31)　山岡，1996年。

32)　樋口美雄「育児休業制度の実証分析」『現代家族と社会保障：結婚・出生・育児』

第8章　人的資源管理

　　　社会保障研究所（編）東京大学出版会，1994年，pp. 181-204.
33)　冨田，前掲の両論文。
34)　Harker. L. M. "The Family-Frendly Employer in Europe", in S. Lewis and J. Lewis（eds.）『The Work-Family Challenge : Rethinking Employment』，Thousand Oak, CA : Sage, 1996.
35)　藤本哲史「アメリカにおける企業の家族支援制度の展開」『日本労働研究雑誌』Vol. 459，1998年，pp. 63-73.
36)　Galinsky E., D. E. Friedman & C. A. Hernandez "The Corporate Reference Guide to Work-Family Programs", Families and Work Institute, 1998.
37)　佐藤博樹「日本における「ファミリー・フレンドリー」施策の現状と課題」『季刊家計経済研究』Vol. 50，2001年，pp. 11-17.
38)　加藤里美「大企業における女性活用—役職者の視点から—」日本経営診断学会編『経営パラダイムシフトの診断—新経営システムの提言—』同友館，2002年，pp. 232-242.
　　　加藤里美「中小企業における女性活用—大企業と店頭企業における女性役職者の意識比較—」日本経営診断学会編『経営診断の社会性を考える—資源・環境を意識して—』同友館，2003年，pp. 232-244.
39)　脇坂明「仕事と家庭の両立支援制度の分析—女性雇用管理基本調査を用いて—」猪木武徳＆大竹文雄編『雇用政策の経済分析』東京大学出版会，2001年，川口　章「ファミリー・フレンドリー施策と男女均等施策」『日本労働研究雑誌』Vol. 503, 2002年。
40)　脇坂，2001年。
41)　東京女性財団『諸外国のアファーマティブ・アクション法制』，1996年。
42)　Hellerstein, J. K., Neumark, D. & K. R. Troske "Market Forces and Sex Discrimination," Journal of Human Resources, Vol. 37, No. 2, 2002, pp. 353-380.
43)　川口大司「性差別のマーケットテスト」『わが国企業における統治構造の変化と生産性の関係に関する調査研究（3）』財団法人機械振興協会経済研究所編，2003年。
44)　児玉直美「女性活用は企業業績を高めるか」『日本労働研究雑誌』No. 525，2004年，pp. 38-41.
45)　坂爪洋美「ファミリー・フレンドリー施策と組織のパフォーマンス」『日本労働研究雑誌』No. 503，2002年，pp. 29-42.

〔学習用参考文献〕
経済産業省男女共同参画研究会「男女共同参画研究会報告『女性の活躍と企業業績』」，2003年。
ダイバーシティ・ワーク・ルール研究会『日本型ダイバーシティ「倫理」から「戦略」へ：日経連ダイバーシティ・ワーク・ルール研究会中間報告書』，日本経営者団体連盟，2001年。

第Ⅱ部　現代の経営管理

ダイバーシティ・ワーク・ルール研究会『原点回帰―ダイバーシティ・マネジメントの方向性―』，日本経営者団体連盟，2002年。
佐野陽子編『ジェンダー・マネジメント』東洋経済新報社，2001年。
筒井清子&山岡熙子編『グローバル化と平等雇用』学文社，2003年。
労働省女性局編『「ファミリー・フレンドリー」企業めざして』2003年。
Becker, Gary S. (1971) The Economics of Discrimination. 2nd ed. The University of Chicago Press, Chicago.

第9章

技術経営

　本章では，経営上の戦略的資源として技術を活用し，新しい価値の創出へと挑む技術のマネジメントを考察する。加速化する技術革新や海外への生産拠点展開が急速に進展する現在，バリューチェーンを考慮し，イノベーションにより桁違いの成果をあげ，世界をリードするモノづくりのさらなる強化が欠かせない。死の谷を克服し技術をマネジメントし，技術投資の費用対効果を最大化することが重要視されている。

　とりわけ世界のフロントランナーとして追随を許さない競争優位を構築しているプロセスイノベーションに重点を置き，規模と複雑性を増しながら拡大していく国際競争における諸課題を生産システムと人の視点から明らかにする。

第Ⅱ部　現代の経営管理

1　技術のマネジメント

(1)　新しい価値の創出

　厳しい国際競争のなかで，モノづくりをさらに強化していくには，経営上の戦略的資源として技術を活かし，これをマネジメントして製品・サービスの高付加価値化や新製品・新市場開発により，世界を凌駕することが不可欠となっている。MOT（Management of Technology），すなわち技術経営とは，「技術が持つ価値を最大限引き出し，新製品や新事業を創出すること」である[1]。

　シュンペーターは，生産手段の新結合を遂行することが「革新」（Innovation）であると指摘し，新結合の5つの概念として，①新しい生産物または生産物の新しい品質の創出と実現，②新しい生産方法の導入，③産業の新しい組織の創出，④新しい販売市場の開拓，⑤新しい買い付け先の開拓，を挙げている。「発展」とは，経済が自分自身のなかから生み出す経済生活の循環の変化を意味し，生産手段の新結合を通じて現れる。こうした革新の担い手が企業家であるとする[2]。

　ドラッカー（2005）によれば，イノベーションとは，物事を新しい方法で行うことによって資源の持つ富の創出能力を増大させることである[3]。イノベーションは発明と同義ではなく，経済的な能力の増大を意味し，資源を生み，資源を利用することと言える。新産業や新技術の出現が既存の産業と事業を陳腐化する。と同時に，破壊する以上に多くを誕生させ，既存の企業に自己革新を迫り，新技術をマネジメントすることが必要となる。

　日本経団連（日本経済団体連合会）では，「MADE "IN" JAPAN」から「MADE "BY" JAPAN」へと，技術革新のダイナミズムを高め，世界の力を活用して日本が生み出す価値を最大化することを提言している[4]。日本におけるモノづくりの評価は極めて高い。しかしながら海外からの追撃もまた厳しい。アジアや中・東欧のモノづくりが低コストのみならず品質や生産性の水準においても急速に競争力を高めつつある。世界中の企業が地球規模での最適な開

第9章 技術経営

発・調達・生産体制の構築へと挑戦している。さらには経済成長が著しいＢＲＩＣｓ（ブラジル，ロシア，インド，中国）諸国の台頭による新しいビジネス開拓もはじまっている。

製造業を取り巻く環境は激変し，「MADE "IN" JAPAN」のブランドだけでは世界に冠たるモノづくりの座を維持できなくなっている。

製造業にとどまらず，新技術や新製品の市場への投入は，新しいサービスやビジネスモデルの誕生を導く。このような新たなる価値の創出は，更なるイノベーションの契機となる。

(2) 技術投資の費用対効果

通信技術や高速輸送技術の発達により，経営資源としてのヒト・モノ・カネ・情報は容易に国境を越えて移動する大交流時代を迎えている。ＩＴにより距離や時間の障壁が極端に低くなり，情報は瞬時に世界中を駆けめぐり，ボーダレスな競争状況にある。技術をマネジメントし，技術投資の費用対効果を最大化することがますます重要視されている。

多額の費用を投入して研究開発を行っても，製品化できずに研究費が回収されないケースも散見される。いわゆる「死の谷（The Valley of Death）」の問題であり，基礎研究と製品化の間には深い溝がある[5]。基礎研究と市場投入の間で，開発・スケールアップ段階における資金調達の困難性が増大し２つのプロセスが不連続となる。死の谷の克服には，技術の目利きにより，事業化可能かどうかを見きわめ意思決定を技術の視点とビジネスの視点の双方から行う技術のマネジメントが重要となる。

不確実性の高い未来の技術の方向性を予測し，バイオ，エネルギー，環境，ライフサイエンス，ＩＴといった今後有望な領域における新しい技術開発，革新的とも言えるインパクトの強い新製品開発へと挑戦するには，事業性評価力，分析力，市場洞察力が求められる。画期的な技術革新も新商品の導入や新市場の開拓につながらなければ技術への投資が持続できなくなり，やがてそのことが技術革新の停滞を招く。人間の知的活動の成果である特許や意匠，著作など

の知的財産の創造に注目が集まるが、単に発明するだけではなくそれを新製品化し、さらには競争力ある商品として市場へ送り込み技術開発成果をあげるマネジメントにより、技術を活かしビジネスのイノベーションを惹起する。

(3) プロセスイノベーションとプロダクトイノベーション

イノベーションは大きく2つに分けられる。1つはモノをつくるオペレーションに関わる領域に焦点を当て、QCD (Quality, Cost, Delivery) の指標から、高品質・低価格・短納期にての画期的な効率を追求するプロセスイノベーションであり、もう1つはモノ自身の革新、すなわち新製品開発へと挑戦するプロダクトイノベーションである。

テクノロジーマネジメントの領域は、図9－1のように定義できる。

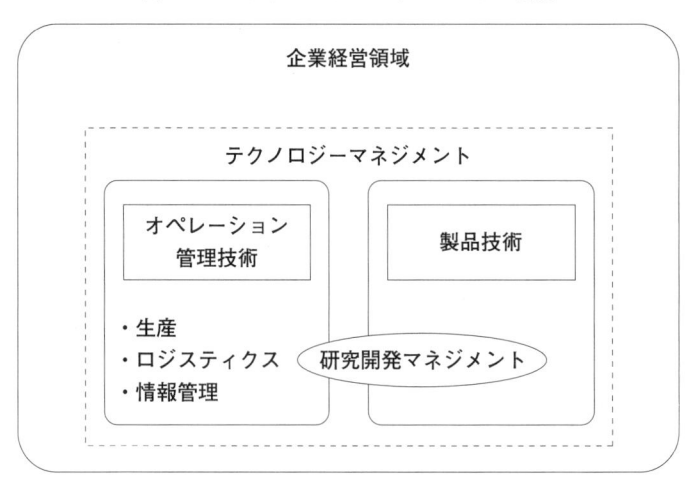

図9－1　テクノロジーマネジメントの定義

```
┌─────────────────────────────────────┐
│            企業経営領域              │
│  ┌───────────────────────────────┐  │
│  │      テクノロジーマネジメント    │  │
│  │ ┌──────────┐  ┌──────────┐ │  │
│  │ │オペレーション│  │ 製品技術  │ │  │
│  │ │ 管理技術   │  │          │ │  │
│  │ └──────────┘  └──────────┘ │  │
│  │ ・生産                         │  │
│  │ ・ロジスティクス ( 研究開発マネジメント ) │  │
│  │ ・情報管理                     │  │
│  └───────────────────────────────┘  │
└─────────────────────────────────────┘
```

（出所）　寺本義也・松田修一『ＭＯＴ入門』日本能率協会マネジメントセンター、2002年

とりわけ日本においては、競争力の源泉としてプロセスイノベーションに強みを発揮することを特徴とする。高品質・高機能の製品を低コストで提供するＱＣＤの一体追求に極めて高い競争力を提示してきた。モノづくりの現場で知

恵を出しあい，さらにはこれを結集し，チームワークの総合力でプロセスイノベーションを推し進めていくことに優れている。労務コストをはじめ相対的に高コスト構造の状況にある日本で存立し続けるためには，より高付加価値分野へのシフトが必要となる。従来のプロセスイノベーションに加え，プロダクトイノベーションもより強化して世界をリードしていくことが求められている。

さらには非製造業部門におけるマネジメントシステムの改革や新しいサービスの提供などによる生産性向上も課題となる。

2 プロセス革新と現場尊重

(1) 日本の特徴的な生産システム

日本における製造業は，これまで生産システムの地道な改善の積み重ねによるプロセス・イノベーションの領域で顕著な成果を収めてきた。人ならではの知恵や工夫を競争力の真髄とし，最先端の科学技術の成果と生産現場の創意工夫，すなわち技術の粋を集めた生産設備とこれを使いこなし性能を十二分に引き出す優れた技能，この両者があいまってスパイラルに高めあい，不断に世界最高水準の製品を市場に提供してきた。

世界から高い評価をうけている日本発の生産システムとして，ウォマックが，「lean production」の概念を提示したトヨタ生産方式を挙げることができる[6]。プロセスイノベーションの代表格と言えるこの方式は，革新的であったがゆえに，現場を尊重し現場の主体的協力による漸進的な改善の積み重ねがその革新を成功させる不可欠な条件であった。

この独自の生産システムは2本の柱，すなわち自働化とジャスト・イン・タイムに基礎を置く。図9－2のように，トヨタ生産方式では，あらゆるムダを排除し付加価値をつける作業のみを実行し生産性をあげることを狙いとする[7]。

「なぜ？」を繰り返しながら検討し問題点を洗い出し，その評価・検証を重ね，問題解決の能力を養い，チームによる円滑なライン運営を追求する。不断

第Ⅱ部　現代の経営管理

に現行水準を超え，より高いレベルへと問題の顕在化を通じて生産性向上，品質向上，コストダウンなどの継続的改善を推し進める仕組みが織り込まれている。

「限量生産」とは，大野耐一氏の主張で，必要なものを，必要な時に，必要な量だけ作ることを意味し，ムダの排除に大きく貢献する。ムダには，①作りすぎのムダ，②手待ちのムダ，③運搬のムダ，④加工のムダ，⑤動作のムダ，⑥不良・手直しのムダ，⑦在庫のムダ，の7つが挙げられ，これら多岐にわたるムダが原価を押し上げる。

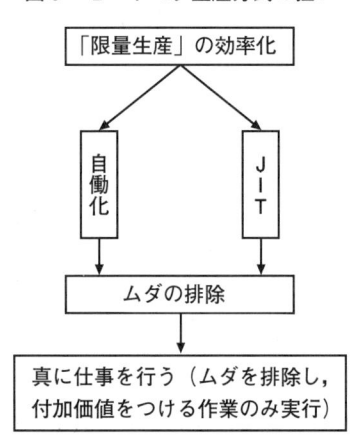

図9－2　トヨタ生産方式の狙い

```
          「限量生産」の効率化
           ↙           ↘
        自働化          JIT
           ↘           ↙
          ムダの排除
              ↓
    真に仕事を行う（ムダを排除し，
    付加価値をつける作業のみ実行）
```

（出所）　小川英次編『トヨタ生産方式の研究』日本経済新聞社，1994年。

ここでは作りすぎのムダが一番問題視される。ともすれば，売れる量，スピードより供給側の論理が優先されてしまい，作りすぎや停滞が生じ，本来「物流」であるべき流れがよどみ「物留」となりかねない。大ロット生産に陥りリードタイムが長くなり，生産量の変動への機動的な対応を困難とする。そして何よりも在庫の増大により問題点が隠されてしまう恐れがある。

改善には技能のレベルアップが欠かせない。習得する技能の幅を広げ多能工化することで多工程持ちが可能となる。この場合の「多能工」とは，徒弟制度

第9章　技術経営

に基づくいわゆるクラフトマンシップを求めるものではなく，①標準化された繰返し作業の組み合わせを決められた時間で迅速・確実にこなす，②この複数の組み合わせを幅広くこなす，③標準作業で発生する異常への機敏な対応や改善，作業指導などを遂行できる等の能力を獲得していることを意味する[8]。

　小池は，生産ラインの円滑な運営に関わる技能を知的熟練の概念で提示する。知的熟練とは，問題と変化をこなす腕，不確実性に対処するノウハウであり，匠の技というよりは知的推理を強調し，その形成には時間がかかると指摘する[9]。

　これにより知恵を絞り，創意と努力と実行力で生産必要数に応じて何人でも生産できる「目のない少人化」のラインを作りあげる。「少人化」とは，定員化しないで生産量の変動に対して生産性の維持が可能となる仕組みを指す。さらには工程の改善により作業を寄せて人を抜くことでライン全体の作業バランスがとれた生産性向上を図ることができる。

　こういった仕組みにより，生産現場のひとりひとりがトータルなシステムを作りあげることに参画していると実感でき，働きがいにつながり分業の弱点とされた単調な作業から解き放ち意欲を高めることもできる。

　前工程さらには広く部品メーカーを含めた前工程と一体となり，品質は工程でつくり込み部門間の連携を推進し，停滞やムダがないモノと情報の流れを構築する。ジャスト・イン・タイム（ＪＩＴ）とは，必要なものを必要な時に必要な量だけ作ることが基本的考え方であり，これを実現するための管理の道具としてかんばんが用いられる。これにより，生産現場の作業に潜むムダ・ムラ・ムリを発見し排除する。ＪＩＴの狙いは問題の顕在化と改善意識の徹底・定着化にある。

　かんばんにより，後工程から納入指示や生産指示が行われ，後工程が必要な部品を必要なだけ前工程に引き取りにいくこの方式は「後工程引き取り」，すなわち「引っ張り方式」（プル・システム）とも呼ばれる。かんばんがムダを排除する有効な手段として機能するためには後工程の引き取りを小刻みかつ少量とし，山と谷をできるだけ崩して流れの表面を穏やかにする平準化が大前提と

なる。

　自働化とは、「機械に人間の知恵を付与すること」[10] であり、豊田佐吉が考案した豊田式自動織機にその発想を辿ることができる。経糸が切れたり緯糸がなくなったりすると、機械が直ちに停止する仕組み、すなわち機械に良し悪しの判断をさせる装置が組み込まれていることを指す。この考え方を機械だけではなく作業者のいるラインにも拡大し、異常が発生したら、作業者がひもスイッチを引っ張りラインをストップさせることを徹底している。設備の異常や不良品が出はじめると、"機械が自動的に止まる""人が作業を止める"ことで、後工程に高品質を保証する。自働化により、不良品の発生を防止し、作りすぎを抑えることができ、製造現場の異常を自動的にチェックできるメリットがある。

　異常とは「正常でないもの」を指す。異常が発生したら、作業者や監督者、関係者が一目で判り異常処置をとることができるように、目で見る管理の道具として、①設備の異常にはあんどんや設備のランプ表示、②人の作業の異常に対しては標準作業、定位置停止、ペースメーカー、③モノの異常は量の過不足でわかるように、かんばんや生産管理板、在庫表示、標準手持ちなどが備えられている。

(2) 変動への対応

　製品のライフサイクルは劇的に短命化し、競争力の強い新製品を市場に投入しても、顧客ニーズの多様化や移ろいやすさ、他社の追随により、その競争力は瞬く間にして消失し、死蔵在庫に陥る恐れも大きい。いくら緻密な計画を事前に立てても、現実の世界では需要変動や新機種短命化、生産計画の変更、設備故障などの突発事象が頻繁に発生する。日本の製造現場は従来、こういった変動やバラツキへの対応能力にきわめて優れた力を発揮してきた。変化・変動時、不具合時の原因追及、要因を特定し速く確実に対策を講じることができる、未然に防止策がとれる、こういった現場の対応能力の高さが競争力の源泉にある。

　リードタイムをできうる限り短縮し、売れる分だけを売れるタイミングで速

く確実に生産しないと『売れ残り』『売り逃し』を発生する。企業にとってのリードタイムとは，企画→設計→設備調達→生産計画→生産→物流→販売に及ぶ。生産のリードタイムは加工時間と停滞時間の合計であり，停滞時間を削減することがリードタイム削減へとつながる。

このリードタイム短縮に目を奪われて品質保証が疎かになれば，長期にわたり築きあげてきた信頼が一挙に崩壊してしまう。品質の信頼性を第一に，急激な変動に即座に対応できる機動力のあるモノづくり体制を築く必要がある。

(3) 画期的な効率追求

地球規模での世界最適分業体制の構築が急速な勢いで進んでいる。海外の生産拠点においても日本と遜色なく短期間で品質や生産性を飛躍的に向上，定着させることが求められている。今まで経験したこともない規模や複雑性を伴う急激な拡大には，従来手法の延長線上での対応には限界もまた見えている。

個々の段階における効率を追求した部分最適ではなく，顧客価値の視点から全体最適へとトータルでのモノづくり最適化を追求するために，モノづくりのプロセスすべてに疑問を投げかけ画期的な効率を追求する手法を開発する必要性が生じている。

生産設備や工程，プロセス全体を抜本的に見直し，開発部門・設計部門・生産技術部門・製造部門といった関係する諸部門が一体となり源流に辿り問題点を潰し込むことで，品質を確保し極限までの高い効率をあげる革新的な生産体制を構築することが可能となる。

3 生産システムの進化と人の役割

(1) 品質は工程でつくり込む

トヨタ生産方式の『自働化』の発想では，品質や設備に異常が起こった場合，機械が自ら異常を検知して停止し，あるいは人が異常を見つけて作業を止める。

第Ⅱ部　現代の経営管理

不良品を作らない，不良品を次工程に流さない，不良品を顕在化させることで品質は工程でつくり込み全数品質保証している。異常の原因が早期に発見・復帰でき再発防止の対策を講じることができる。

品質管理（quality control）は，検査により不良品を検出し外部への流出を防止する品質保証にはじまる。検査（inspection）とは，ＪＩＳ定義では，「品物を何らかの方法で試験した結果を，品質判定基準と比較して，個々の品物の良品・不良品の判定をくだし，またはロット判定基準と比較して，ロットの合格・不合格をくだすこと」を指す。

検査を厳しくすることで不良品が減少するわけではない。出荷前に不良を検出することで，外部不良は低減できるが，「不良品が生産される」ことを前提にしており，廃棄や手直し，再検査に伴うコストは上昇する。競争力の構成要素としては，品質よりはむしろコストに負の影響を及ぼしている。検査要員を多数配置し検査に依存するのではなく，不良品を作らない工程管理に重点を置き，不具合の原因となる要因を追及し，再発防止の対策を確実に講じ，「品質は工程でつくり込む」予防に重点を置く品質保証が必要となる。

現在では製造部門だけではなく，新製品企画，設計，試作，試験からはじめて，購買，生産準備，量産設計，生産，販売，アフターサービスの関係する全部門が協力し，全員参加の活動として全社的品質管理（ＴＱＣ：total quality control），さらには経営活動全般を扱い人と組織の活力を高めるＴＱＭ（total quality management）へと発展を遂げている。

米国では，第2次世界大戦における軍需品の増産が契機となり，ベル研究所のW. A. Shewhartの管理図（control chart）を用いる統計的品質管理（ＳＱＣ：Statistical Quality Control）手法を適用することで，量産における品質確保が試みられた。

日本における品質管理の普及・発展にきわめて大きな役割を果たしたW. E. Deming博士によれば，統計的品質管理とは，「よい品質の品物を最も経済的に生産するために，生産のすべての段階において統計的な原理と手法を応用すること」であり，「ＰＤＣＡ（plan-do-check-action）サイクル」あるいはデミン

第9章　技術経営

グサイクルを回すことで品質を向上させる[11]。1946年に日本科学技術連盟（日科技連）が設立され，1951年にはデミング賞が設けられた。

　石川（1981, 1989）によれば，新しい品質管理とは，最も経済的な，最も役に立つ，しかも買い手が満足して購入してくれる品質の製品を開発し，設計し，生産し，販売し，サービスすることである[12]。この目的を達成するために全社的に協力し各部門が同様に努力しやすい組織を作りあげ，標準化を行い，これを確実にしていくことが必要となる。1950年代には管理図や抜取検査等の手法を活用した統計的品質管理導入が開始されたが，技能に依存して発展を遂げてきた工場の現場と数々の軋轢を生じた。その衝突には大きく5つが挙げられる。第一に，従来，経験と勘で工場を最適にマネジメントしてきた現場からの感情的な反発，統計的手法の有効性への疑問。第二に工場を管理するために必要な技術標準，作業標準，検査標準の未整備。作成しようとしても，「要因が沢山ありすぎて，技術標準にまとめきれない」「標準などなくとも立派に工場は運転できる」等の反発。第三に，ＱＣを実施するためのデータ不足。第四にデータをとるためのサンプリング方法や縮分方法の未熟さ。第五にデータを取るために計測器や自動記録計を取りつけると，作業者が監視されていると誤解して，計器を壊してしまうという事件さえも起こったという。

　品質向上意識の高まりに伴い，品質管理・改善のための現場の小集団活動としてＱＣサークルが開始された。ＱＣサークル（quality control circle）とは，第一線の職場で働く人々が継続的に製品・サービス・仕事などの質の改善や管理を行うための小グループである[13]。小集団活動は組織によってはＺＤ，ＪＫなどと呼ばれることもあるが，いずれも改善による競争力向上と同時に全員参加の活動による動機づけを目的とする。これらの活動を支える品質改善のための統計的な手法として，ＱＣ7つ道具，すなわち，特性要因図（cause-effect diagram：魚の骨），チェックシート（check sheet），層別（stratification），ヒストグラム（histogram），パレート図（pareto diagram），散布図（scatter diagram），管理図（control chart）により全員参加の問題解決が行われる。

第Ⅱ部　現代の経営管理

⑵　生産設備の高度化をささえる保全

技術進歩に伴い，高度化・複雑化を増す機械設備を効率的に運営し，生産システムをトータルで捉えた効率化の極限追求をしていくには，設備管理，すなわち設備の計画と保全の管理が重要となる。

設備の計画部門・使用部門・保全部門に加え，生産部門だけではなく開発や営業，管理などのあらゆる部門にわたりトップから第一線作業員にいたるまで全員参加による重複小集団活動によりロス・ゼロを達成するＴＰＭ（Total Productive Maintenance）が生産革新の重要な手段となっている。

日本の製造現場では，優れた熟練技能者が小さな異常や些細な機械トラブルに即座に対処しあるいは未然に防止して円滑な稼働を支えている。不良の要因となる設備や治工具，測定具などの磨耗や劣化の進行，材料などの不具合を未然に防止し突発故障の減少に取り組んでいる。五感で現物を把握し，現象を見極め対処してきた多岐にわたる体験から，機械設備の限界精度や機械固有のクセを見抜き，治工具を考案し，想定外の突発事象，数値化困難な複雑な事象を判断し，高性能機械設備を使いこなして機動的なモノづくりを牽引してきた。

保全とは，機械を故障のない正常状態に維持し，安全，効率的に使用するために行う監視，点検，検査，修理，交換，消耗品補充，改修等の行為を指す。

故障とは，「規定（または所定）の機能を失うこと」であり，設備の故障は大きく突発型故障と劣化型故障に2分類される。人間にたとえれば，「故障」とは，怪我や病気等であり，製品では欠陥や不良と呼ばれる。

故障が発生すると，設備が停止することによる大きな損失を引き起こす。チョコ停ロス・空転ロス・段取り調整ロス・速度低下ロス・不良ロス・歩留まりロス・エネルギーロス・工数ロス・保全費ロス・災害発生ロスなど，多岐にわたる故障停止ロスを発生させる。

故障が発生してからアクションをとる，という事後保全から，故障の原因究明と再発防止の対策を講じ，予防保全により設備の信頼性を向上させる段階にある。さらには保全性を向上させ，計画保全や突発修理の保全作業を効率化し，生産効率を向上させることが必要である。

第9章 技術経営

　生産システムが進化していくとは言え，生産技術の粋を集めた最新鋭の機械設備のみにより成果をあげることができるわけではない。設備の高度化，メカトロ化・自動化のなかで，異常の原因を推定し設備の信頼性を高め，さらには寿命の延長を図り，異常や故障の発生を抑えることができる人ならではの役割の重要性はむしろ増大している。

4　技術と技能は車の両輪

(1) 技術と技能

　「技術と技能は車の両輪」と言われる。最先端の技術とこれを支え活かす技能，この両者があいまってQCDの一体追求と新製品開発を達成し，日本のモノづくりは世界市場から高い評価を獲得してきた。

　技術に分類されるのは，機械設備やマニュアル，技術資料等が挙げられ，文字・数値・図形などの媒体による表現・伝達が比較的容易である。これに対し個々の人に内在化している技能は，文字・数値・図形などを駆使して客観的な形で伝達することは本質的には容易ではない。この特性ゆえに技能の継承や洗練には，「場」を共有し直接経験を通じて人から人へと伝えられることに依存してきた側面が強い。この属人的な特質を持つ技能は，だからこそ他企業による模倣には困難性を伴い，持続的な競争優位を確立する重要な源泉ともなりうる。

　「ものづくり懇談会」によれば，「技能」とは，長期間の蓄積によって特定の人に付くものであり，標準化されていないもの」である[14]。一方，「技術」とは，「客観化することが可能で再現性のあるもの」を指す。ＩＴを駆使することで技能を科学的に分析し可能な限り客観化し，再現性のある技術に変換していく一方で，これを基礎に人を育て更なる技能の開発を推し進める必要がある。

　技能は科学技術の進歩に伴い機械設備に置き換えられ一部は不要となり棄却

される。しかしながら中核となる技能は依然として必要とされ洗練されながら継承されていく。一方で，高度化・複雑化していく生産設備を活用し性能を十二分に引き出す技能や新素材・新工法の開発・実用化といった技術革新を支える技能も新しく創出されていく。技能は時代や環境の移ろいに伴い変容を遂げ，所番地を変えながら存在し続ける。

技能に支えられて，頻繁な変更への対応や突発事象への即応，不具合の原因追及，要因を特定し対策を講じ，さらには未然に防止することを可能としてきた。急激な需要変動や短期化する製品ライフサイクルに対応し，高品質，高精度，高生産性を達成する重要な要因として技能が深く関わっている。

小川（1996）の技術の概念では，技術とは「目標達成のための手段体系であって，関係者はその体系をその時点での最良の選択であると考えている」と定義する[15]。技術は知識ベースの技術と技能ベースの技術とから構成される。知識ベースの技術とこれを取り巻く関連概念は，図9－3のように提示される。前者は科学知識を基盤とした目的達成の知識体系であり，後者はある目的を達成するための手段として技術に含まれるが，言語など情報化の容易ではない，人，時にはチームに内在する目的を達成するうえでの「すぐれた進め方」であり，容易に言葉，記号，絵では伝えることのできない部分を指す。

図9－3　知識ベースの技術とこれを取り巻く関連概念

科学 ⇄ 知識ベースの技術 ⇄ 芸術

↕

技能

伝統技能の　　新技術から生
温存と洗練　　まれた技能

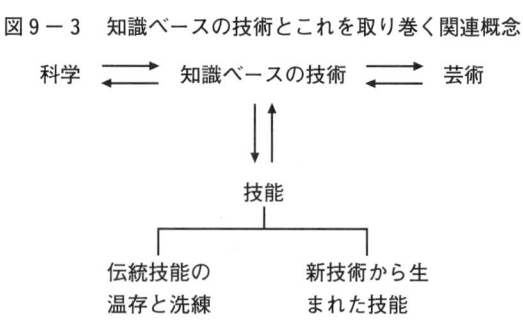

（出所）　小川英次『新起業マネジメント』中央経済社，1996年。

(2) 高度なITの活用と知恵の結集

　国際競争が激化し，きわめて速いスピードにて事業展開を迫られるなか，期待される技能像も高まり，従来より短期間にてより高いレベルへと技能を育成することを迫られている。従来のあ・うんの呼吸から徹底的な定量化，さらには，ITの進歩に支えられて，動画・CG・音などの活用を試み整理・分析し，デジタル化したツールにより，誰にでもわかるような手法が考案されている。

　高度な情報技術（IT：information technology）を徹底的に活用することで，技能を可能な限り技術に置き換え，情報技術（IT）と製造技術（MT）を融合した新しい生産システムを構築することへのチャレンジが欠かせない。

　日本のモノづくりは，現地現物を強調し経験を積み重ね五感を研ぎ澄ませながら，リアルな世界で体感し，安全・品質・原価・納期への感性を磨いてきた。ITへの過信は，リアルな世界における現場・現物の体験をすることなく，バーチャルな世界でわかったつもりになる危険性も否めない。

　現場感覚から離れた知識武装で煙に巻くことなく，現場で現物を確認し，常に五感で現実を把握することが重要である。モノづくりを支えているのは人であり，リアルな世界に生きる人こそがモノづくりの中心にいる。チームワークにより，人の知恵を結集し地道にこつこつと取り組む愚直な姿勢が基礎にあればこそ，世界をリードする最先端のモノづくりを実現できる。

5　革新への挑戦

(1) 知識創造の場の形成

　持続的な成長を達成するために，新たなる知を創出する場を整備し，絶えず革新へと挑むことが必要となる。創造的緊張感の高い現場にて，不断に現行水準を超え，継続的改善を推し進め，急激な需要変動や新機種短命化，さらには頻繁に発生する突発事象に対処して柔軟に対応できる日本の製造現場ならではの知恵の結集が世界に誇るモノづくりを可能としてきた。

第Ⅱ部　現代の経営管理

　野中（1996，2000，2003）によれば，経験や五感から得られる個人的で主観的な暗黙知に対し，これを言葉や体系にした，デジタルで共有可能な知は形式知であり，新たな知識は暗黙知と形式知の相互作用によって創出される[16]。

　図9－4のように，暗黙知から新たに暗黙知を生み出す共同化（Socialization），暗黙知から新たに形式知を生み出す表出化（Externalization），形式知から新たな形式知を生み出す連結化（Combination），形式知から新たに暗黙知を生み出す内面化（Internalization）のＳＥＣＩモデルの提示により，この4つのフェーズを経て，個や集団，組織が知識を持続的に創造していくこと，あるいはその創造のための能力が競争優位の源泉となると指摘する。

　時代の移ろいに伴いモノづくりも変容を遂げる。変化が常態となり「ベストウェイ」は立ち止まれば陳腐化し，現状維持は相対的に劣化していくことに等しい。その意味で過去の成功体験自身が硬直化を惹起するコストへと変貌する。

　知識創造の活動には5つのナレッジ・イネーブラー，すなわち(1)ナレッジ・ビジョンの浸透，(2)会話のマネジメント，(3)ナレッジ・アクティビストの動員，(4)適切な知識の場作り，(5)ローカル・ナレッジのグローバル化，が重要な役割を果たす。

　人間性尊重を根本思想として，ひとりひとりの技量を常に高め，個人の創造性と同時に強いチームワークによる効率的なオペレーションを実現する知識創造の場が，日本のモノづくりの現場には形成されている。

　「人がいかに成長し続けられるか，そういう環境をどう提供し続けられるか」「人を創る」ということは，モノづくりの精神，すなわち「製造現場を大切にする心」「そこで働く人に対する敬意」「現地現物主義」「失敗から学ぶ気持ちとたゆまぬ挑戦」，これを実務を通じて体得させることである[17]。

第9章 技術経営

図表9－4　知識創造のSECIモデル

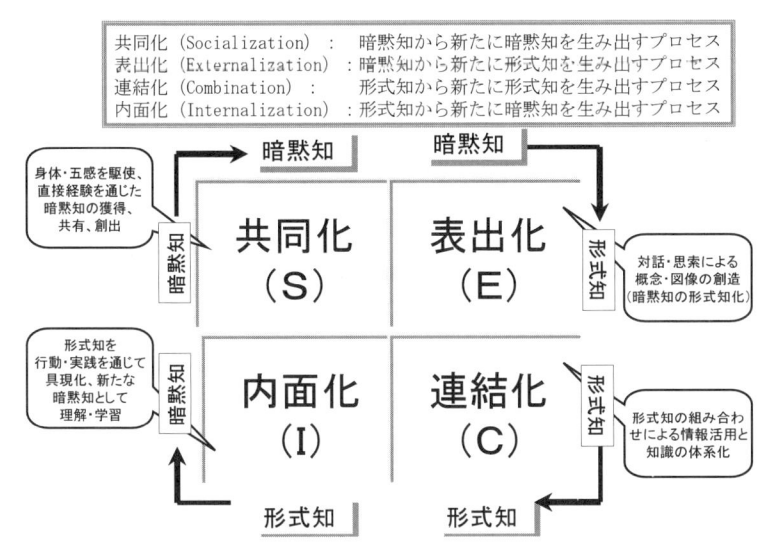

共同化（Socialization）　　：暗黙知から新たに暗黙知を生み出すプロセス
表出化（Externalization）：暗黙知から新たに形式知を生み出すプロセス
連結化（Combination）　　　：形式知から新たに形式知を生み出すプロセス
内面化（Internalization）：形式知から新たに暗黙知を生み出すプロセス

	暗黙知	暗黙知	
身体・五感を駆使、直接経験を通じた暗黙知の獲得、共有、創出	共同化（S）	表出化（E）	対話・思索による概念・図像の創造（暗黙知の形式知化）
形式知を行動・実践を通じて具現化、新たな暗黙知として理解・学習	内面化（I）	連結化（C）	形式知の組み合わせによる情報活用と知識の体系化
	形式知	形式知	

（出所）　野中郁次郎・紺野　登『知識創造の方法論』東洋経済新報社，2003年。

(2)　2つのボーダレス化への対応

　日本におけるモノづくりの強さの真髄は人づくりにある。人間性を尊重し人を育て，チームワークにより知を創出し撚り合わせ，世界一のモノづくりを進化させてきた。総力を結集し究極のモノづくりへと挑戦し続けてきた。

　このモノづくりが急速に拡大していく現在，2つの「ボーダレス化」への対応も欠かせない。1つ目は国境を越え世界最適地にての事業活動を行うことによる組織あるいは地理的な「ボーダレス化」，もう1つは，日々進化する高度な技術進歩に伴い，個々の要素技術はますます深耕され専門性を強めると同時に要素技術が複雑に絡み合い，検討すべき技術領域が従来の壁を越える「ボーダレス化」である。こういった境界を越えて共通理解や合意形成を行うことは容易ではない。価値観や雇用慣行，習慣の違い，専門領域の違いが引き起こす異質性・多様性は，創造的な衝突となり新たなる価値の創出へとつながる可能性がある。と同時に自らの流儀を絶対視するだけでは行き詰まる。言語の障壁，

第Ⅱ部　現代の経営管理

専門領域の障壁，これに伴う思考経路の違いや認知スタイルの違いを念頭に，「違う」ということを受け容れ，技術を融合させていく必要がある。

ドロシー（1995, 2005）は多様な専門性を持つ人々が集まり，衝突しながらイノベーションを行うことを創造的摩擦（creative abrasion）と呼ぶ。異なったアイデアが摩擦しあうからこそ，火花も散るが，このプロセスのマネジメントに成功すれば創造的問題解決へと道が拓かれる。衝突によるエネルギーは破壊よりも創造へ，断片化より総合化へ向けることができると強調する[18]。こういった創造的摩擦を巧みに扱いながら，技術をマネジメントすることにより，新しい価値を創出することが国際競争力を強化するうえでますす重要となる。

〔注〕
1）『MOTの真髄』日経BPムック，2004年。
2）清成忠男編訳J．A．シュンペーター『企業家とは何か』東洋経済新報社，1998年。
　　小谷義次・置塩信雄・池上　惇『マルクス・ケインズ・シュムペーター』大月書店，1991年。
3）Peter F. Drucker, *The Essential Drucker on Technology*, 2005.（上田惇生編訳『テクノロジストの条件　ものづくりが文明をつくる』ダイヤモンド社，2005年）
4）日本経済団体連合会編『活力と魅力溢れる日本をめざして』日本経団連出版，2003年。
5）山田太郎『製造業のPLMと技術経営』日本プラントメンテナンス協会，2003年。
6）Daniel Roos, Ph. D., James P. Womack, Ph. D., Daniel Jones, Ph. D., *The Machine That Changed the World*, Rawson Associates, 1990.
7）小川英次編『トヨタ生産方式の研究』日本経済新聞社，1994年。
8）藤本隆宏『生産マネジメント入門』日本経済新聞社，2001年。
9）小池和男『日本企業の人材形成』中公新書，中央公論新社，1997年。
　　小池和男「競争力を左右する技能とその形成―文献サーベイ―」『経営志林』（法政大学経営学会第39巻第4号，2003年1月。
　　小池和男『仕事の経済学』東洋経済新報社，2005年。
10）大野耐一『トヨタ生産方式』ダイヤモンド社，1978年。
11）日本生産管理学会編『生産管理ハンドブック』1999年。
12）石川　馨『品質管理入門』日科技連，1989年。
　　石川　馨『日本的品質管理』日科技連，1981年。
13）日本経営工学会編『生産管理用語辞典』日本規格協会，2002年。

14) ものづくり懇談会『「ものづくり懇談会」提言』2000年。
15) 小川英次『新起業マネジメント』中央経済社，1996年。
16) ゲオルグ・フォン・クロー・一條和生・野中郁次郎『ナレッジ・イネーブリング』東洋経済新報社，2001年。
　　野中郁次郎・紺野　登『知識創造の方法論』東洋経済新報社，2003年。
　　野中郁次郎・竹内弘高『知識創造企業』東洋経済新報社，1996年。
　　Ikujiro Nonaka, *Harvard Business Review on Knowledge Management,* Harvard Business School Press, 1998.（『ナレッジマネジメント』ダイヤモンド社，2000年）
17) 張富士夫氏。日本経済新聞2004年12月20日号。
18) Dorothy Leonard, *Wellsprings of Knowledge,* Harvard Business School Press, 1995.（阿部孝太郎・田畑暁生訳『知識の源泉』ダイヤモンド社，2001年）
　　Dorothy Leonard & Walter Swap, *Deep Smarts,* Harvard Business School Press, 2005.（池村千秋訳『「経験知」を伝える技術—ディープスマートの本質—』ランダムハウス講談社，2005年）

〔学習用参考文献〕

Dorothy Leonard, *Wellsprings of Knowledge,* Harvard Business School Press, 1995.
　（阿部孝太郎・田畑暁生訳『知識の源泉』ダイヤモンド社，2001年）
Dorothy Leonard & Walter Swap, *Deep Smarts,* Harvard Business School Press, 2005.
　（池村千秋訳『「経験知」を伝える技術—ディープスマートの本質—』ランダムハウス講談社，2005年）
藤本隆宏『生産マネジメント入門』日本経済新聞社，2001年。
久米　均『品質管理』岩波書店，2005年。
石川　馨『日本的品質管理』日科技連，1981年。
小池和男『仕事の経済学』東洋経済新報社，2005年。
長田　貴・土屋正司・中西勝義『ものづくり改革のためのＴＰＭ』日刊工業新聞社，1997年。
小川英次編『トヨタ生産方式の研究』日本経済新聞社，1994年。
小川英次『新起業マネジメント』中央経済社，1996年。
Peter F. Drucker, *The Essential Drucker on Technology,* 2005.（上田惇生編訳『テクノロジストの条件　ものづくりが文明をつくる』ダイヤモンド社，2005年）
田口玄一『品質工学の数理』日本規格協会，1999年。
寺本義也・松田修一『ＭＯＴ入門』日本能率協会マネジメントセンター，2002年。
山田太郎『製造業のＰＬＭと技術経営』日本プラントメンテナンス協会，2003年。

第10章

リスクマネジメント

　本章は，近年，企業経営において重要性を増しているリスクマネジメントおよびクライシスマネジメントについての基本的な知識を理解してもらうことを目的としている。まず，これまでのリスクマネジメント研究を体系的に理解するための整理を行う。さらに，近年，企業の社会的責任との関わりから取り上げられる企業リスクについて，その発生メカニズムおよび対応施策についての考察を行う。

第Ⅱ部　現代の経営管理

1　リスクマネジメントの系譜

　近年，企業経営において，リスクマネジメント，クライシスマネジメント，危機管理の重要性が高まってきていると言われている。リスク (risk) とは，直訳すれば「危険」のことであり，クライシス (crisis) は，「危機」ということになる。つまり，リスクマネジメントやクライシスマネジメントを，一言で表すならば，企業が直面する各種の危険や危機的状況に対して，何らかの手段を用いて対応することになるであろう。

　しかし，よくよく考えてみれば，各種の危険や危機的状況に対応しなければならないのは，企業経営においてだけでなく，生命を持つものやその集団であれば，当たり前のように行っているものでもある。では，なぜ近年，企業経営において，この危険や危機的状況への対応の仕方がクローズアップされてきたのであろうか。それは，企業を取り巻く環境において，危険や危機的状況が多様化してきたということと，こうした企業環境の変化に対して，企業経営における対応が十分になされてなかったという理由が，その背景にある。

　もちろん，リスクマネジメントやクライシスマネジメントが，ここ数年の間に登場してきた概念かといえば，そうではなく，これまでも企業は何らかの手段を講じて，危険や危機的状況には対応してきたし，そうした企業のリスクマネジメントやクライシスマネジメントのあり方について，学問的にも考察されてきた。まずは，こうしたリスクマネジメントおよびクライシスマネジメントの系譜を概観してみよう。

　リスクマネジメントのルーツは，1920年代のドイツにおける悪性インフレ下の企業防衛策・経営政策としての危険政策と，1930年代のアメリカにおける大不況下の経営合理化・費用管理の一環としての保険管理であると言われている[1]。ただ，現在，体系化されているリスクマネジメント論は，主として，アメリカ企業における保険の有効利用を目的とした保険管理から，時代の変遷とともに，その体系を発展させてきたと言ってよい。1920年代から1930年代にか

第10章　リスクマネジメント

けての大不況期のアメリカにおいて，企業は全面的な費用の見直しを行わなければならず，この費用見直しの過程において，保険にかかる費用が注目され，各企業の中に保険部門が設置されるようになった。そして，保険利用者の立場から，いかにして企業リスクを保険でカバーするのかを中心的な課題として，リスクマネジメント論が展開されるようになったのである。

　しかしながら，1960年代から1970年代にかけて保険会社による賠償保険の引き受け拒否，保険料の大幅増額，引き受け条件の制限といった保険危機の時代が到来することによって，各企業は，保険以外のリスク対応を実施せざるを得なくなり，多種多様なリスクマネジメント施策がとられるようになったのである。それは，損失を未然に防ぐものであったり，保険以外の損失補填・移転の手段を見いだしたりするものであり，これらのリスク対応手段は，リスクマネジメント技法としてリスクマネジメント論の中でそれぞれ議論されるようになってきた。

　1980年代以降では，企業事故・災害が多発することによって，多大な被害が，消費者や地域住民などのステークホルダー（利害関係者）にまで及ぶこととなり，その賠償・浄化・管理の責任が付与されるリスクへの対応も求められるようになり，リスクマネジメントにおいても，多岐にわたるリスクへの対応について議論されるようになってきたのである。そして，こうしたリスクへの対応に不備があると，企業は危機的状況に陥ることになる。特に近年では，企業の社会的責任が問われるような企業の不祥事や企業事故をめぐる対応に，社会的な注目が集まるようになってきた。こうした意味からも，企業に付与される責任への対応という意味でのリスクマネジメントにも，高い関心がもたらされるようになってきた。

　このように，企業の直面するリスクは，企業の置かれた時代や環境によって多種多様に異なる概念として捉えることができ，当然，そのリスクに対応するために企業で採用されるリスクマネジメント施策にも相違が出てくることになる。さらには，リスク概念やリスクマネジメント施策について，理論的に検討するリスクマネジメント論という学問分野においても，その多様性は例外では

第Ⅱ部　現代の経営管理

なく，経済学，経営学，社会学，心理学，安全工学などのさまざまな分野において，多種多様な学問言語が飛び交っている。そこで，まず次節では，こうした多種多様な学問言語が飛び交うリスクマネジメント論の体系を，理解しやすいように整理してみよう。

2　リスクとクライシス

(1)　リスク概念

　リスクという用語は，日常生活においても，また，学問領域においても，必ずしも厳密な意味で用いられておらず，多種多様な意味を有する言葉である。もちろん，概念的には，総じて「将来における損失の可能性」もしくは「将来に損失を被るおそれのある状況や環境」という意味が含まれており，基本的には，過去の事象よりも，現在進行および未来の事象のことを意味し，しかも，ポジティブなイメージよりも，損失というネガティブなイメージの方が強いものとして捉えられている[2]。また，このリスクを数値として表現するときもある。それは，将来，そのネガティブな事象の発生する確率（頻度）と，その規模（強度）によって示される。そして，リスクの高低は，ネガティブな事象の発生する頻度と強度の積によって示されることも多い。

　では，リスクが意味する「将来における損失の可能性」とは，一体，どんな損失を想定しているのであろうか。実は，その想定される損失によって，リスクを分類することができ，また，想定される損失に対して，何らかの対処手段を講じることも可能となる。具体的には，管理対象として想定すべきリスクを，人的リスク，物的リスク，責任リスクとに分類することができ，そこで想定される損失に対して，対処手段を講じていくのが，リスクマネジメントとなる（表10－1参照）。

　人的リスクとは，人の健康や生命が脅かされるリスクである。特に，企業経営にとって，有能な人材・人的資源の損失はその代替が不可能性であるため，

第10章　リスクマネジメント

人的リスクへの対応は必要不可欠のものになる。物的リスクとは，金銭や資産が損なわれるリスクである。物的リスクの場合，その損失を経済的指標で把握しやすいため，保険などを通じて金銭的にカバーしやすく，比較的対応しやすいと考えられる。責任リスクとは，人的・物的な被害が現実化した場合に，それを修復・浄化・賠償する責任を負担させられるリスクである。近年において多発する企業事故・災害によって，企業外部のステークホルダーにまで被害が及ぶ場合，その被害の賠償・浄化・修復などの責任が課せられる。法規制によってその責任が規定されているとはいえ，その責任はかなりに流動的なものであるため，責任リスクへの対応が最も困難であるといえる。

表10－1　想定される損失によるリスクの分類

人的リスク	物的リスク	責任リスク
人間の死傷	資産の喪失	各種責任の負担
（具体的事象） 死傷・疾病 農作物・食品への汚染 ＝健康な生活への影響	（具体的事象） 設備・優良資産の喪失 製造停止・株価低下 ＝経済的損失	（具体的事象） 賠償責任・浄化責任の負担 新たな法規制の制定 ＝法制度による罰則

もちろん，それ以外にも，リスク概念の分類方法は存在する。伝統的な分類として，純粋リスクと投機的リスクという区分がある。純粋リスクとは，損害のみを発生させるリスクであり，一般的なリスクとしてイメージされるものに近い。たとえば，事故・災害などによって損失が発生する可能性は，この純粋リスクに相当する。これに対して投機的リスクとは，損害または利益のいずれかを発生させるリスクである。たとえば，株式投資・ギャンブルなどにつきまとう損失の危険性が投機的リスクに相当する。

伝統的に，リスクマネジメント論の対象となるのは，損害のみを発生させる純粋リスクであったと考えられる。なぜならば，純粋リスクの多くは，大数の法則，すなわち，数多くの事象を観察することで，損失の確率や規模を特定することが可能となり，保険という，これらの損失をカバーする仕組みを成立す

ることができるからである。しかしながら，今後のリスクマネジメント研究においては，保険可能な純粋リスクだけでなく，投機的リスクをも研究対象に含めることが求められよう。

(2) クライシス（危機）概念

一方，クライシス（危機）が意味する危機的状況とは，リスクにさらされている影響が，システム全体に及んだ状況を指す[3]。つまり，事故・災害の発生など何らかのきっかけによって，あるシステムの存続・維持が危ぶまれる状況に陥ることをいう。その意味では，ただ，一様にクライシスといっても，リスクにさらされる対象となるシステムによって，クライシスの定義は異なる。たとえば，企業全体にとってそれほど影響のあるリスクとは言えなくても，企業内の一部署にとってはクライシスになることもあり，逆に，企業にとってはクライシスとは言いきれないものでも，企業を取り巻く社会全体にとってはクライシスになることもある。

こうしたクライシスの考え方において，特に注意を置きたいことが以下のことである。それは，クライシスとは，事故・災害そのものや，事故・災害が発生することではないということである。事故・災害発生の位置づけは，ある「システム」が「クライシス（危機）」に陥る「きっかけ」に過ぎないのである。つまり，クライシスと定義されるのは，事故や災害が発生することによって，あるシステムの存続が危ぶまれる状態に陥ることであり，災害の発生がシステム全体にもたらすインパクトをクライシスと呼ぶことになるのである。このように，災害など，何らかのきっかけによって，あるシステムの存続・維持が危ぶまれる状態になることがクライシスであって，災害そのものではないのである。

このことは，クライシスマネジメントおよび危機管理において，どのシステムのクライシス（危機）に対応しようとしているのかによって，マネジメントのドメインが多様に異なることを示している。

たとえば，技術システムの危機を対象とする研究では，有害化学物質や原子

力といった技術そのもの危険性が問われたり，フロンガス，発ガン性物質，環境ホルモンなどといった，新たな危険な技術の存在が指摘されたり，危険な技術が社会的に受容されなくなることに研究の焦点をあてている。また，企業システムにおける危機研究では，災害を発生させたことによって，賠償金や浄化費用などの負担，社会的な評価の低下，株価の低迷やそれによる企業乗っ取りの危険性など，企業の存続が危ぶまれる状態を「企業危機」として，こうした危機の回避・防止策および対処策が考案されている。

社会システムの危機に関する研究では，危険な技術の生産・分配，それによる健康被害や環境破壊を促進するような構造が社会の中に組み込まれており，そうした社会の仕組みを非難することで，社会システムの危機を訴えかけている。生態システムの危機についても，環境汚染や環境破壊などによる種の減少や生態異常などに焦点が当てられ，心理システムの危機では，災害を通した被害体験などによる精神破壊やトラウマといった心理的な危機的状態を取り上げている。

考察の対象となるシステムの違いに着目して，産業災害や環境災害に端を発するクライシス（危機）に関する研究の違いを見ると，以上のような説明ができる。このように，同じような産業災害や環境災害に端を発するクライシスをマネジメントの対象にしていても，どのシステムのクライシスを想定するのかによって，マネジメントのドメインは大きく異なるのである。

3　リスクマネジメントとクライシスマネジメント

(1)　クライシスの発生過程の把握

前節で述べたように，リスクマネジメントおよびクライシスマネジメントにおいて管理の対象となるべきリスクやクライシスという概念には，多様な意味や事象を含んでいることがわかる。つまり，一概に，リスクマネジメントやクライシスマネジメントといっても，管理の対象とすべき事象もまた多様に異

なっているのである。リスクマネジメントおよびクライシスマネジメントを体系的に理解しておくには，こうした多様な事象の間の関連性を捉えておくことが重要となろう。まず，既存のリスクマネジメント研究において，リスクやクライシスが発生するという過程をどのように扱ってきたのかについて見てみよう。

図10－1は，スリバスタバ（Shrivastava, P.）が示した，逐次的な段階を踏む「クライシス（危機）の発生過程」のモデルである[4]。このモデルでは，クライシス（危機）という現象を「①危機の前提条件（Crisis Precondition）」，「③危機の引き金となる事故（Triggering Event）」，「④危機以降の長期的な回復（Post-Crisis Long-Term Recovery）」という流れで捉えている。また「危機の引き金となる事故」には「②人間・技術の介在（Human／Technological Intervention）」が関与している。こうしたモデルの構成要素となっている「危機の前提条件」，「人間・技術の介在」，「危機の引き金となる事故」および「危機以降の長期的な回復」について，以下で簡単に説明する。

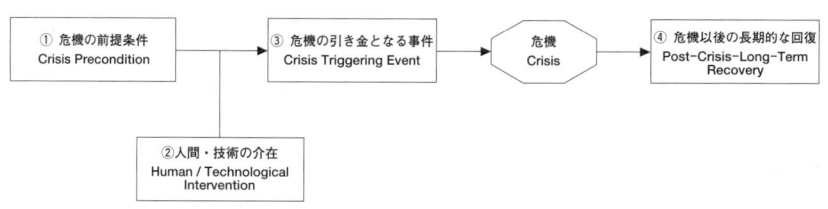

図10－1　既存研究において見られるクライシス（危機）発生過程

①危機の前提条件　Crisis Precondition → ③危機の引き金となる事件　Crisis Triggering Event → 危機 Crisis → ④危機以後の長期的な回復　Post-Crisis-Long-Term Recovery

②人間・技術の介在　Human / Technological Intervention

「危機の前提条件」とは，事故を発生する要因や事故のインパクトを拡大する要因が事故の発生以前に存在しているという状況のことである。この時点の特徴としては技術上の小さな失敗が，多数発生している。ここでいう小さな失敗というのは，災害やクライシス（危機）の前兆（シグナル）となるので，この時点での管理のあり方として，こうした小さな失敗の発見や認識，さらにはこうした失敗の要因を改善することが求められる。

「人間や技術の介在」とは，具体的には，事故につながってしまった人間の

第10章　リスクマネジメント

失敗（ヒューマンエラー）や技術上の失敗のことである[5]。災害の発生の背後には，こうしたエラー，特にヒューマン・エラーが存在している（表10－2を参照）。そして，こうしたヒューマン・エラーによる事故や災害の発生を防止・回避する手段が考案されることになる。「危機の前提条件」の特徴として先ほど示した小さな失敗の「小さな」という意味は，事故につながらなかったという意味であり，この点で，事故や災害の直接的な原因となる「人間や技術の介在」とは大きく異なっている。つまり，エラーが発生したからといって必ずしも事故につながるとは限らなく，また，事故が起きなかったからといってエラーが存在していないわけではないということである。

表10－2　重大事故とヒューマン・ファクター

西暦	主な事件や事故	主なヒューマン・ファクター上の問題
1979	・アメリカ，スリーマイル島原子力発電所事故	・制御室の設計不良，運転員の判断ミス，メンテナンス不良
1980	・川治温泉ホテル火災	・防災管理体制の不備
1982	・赤坂ホテルニュージャパン火災	・防災管理体制の不備，防災意識の低さ
	・羽田沖日本航空機墜落事故	・乗員の健康管理体制
1983	・サハリン，大韓航空機墜落事件	・自動操縦装置（オートパイロット）の過信
1984	・インド，ボパール化学工場毒ガス漏出事故	・作業者の知識と技能の不足，勤務態度の怠慢
1985	・御巣鷹山日航ジャンボ墜落事故	・メンテナンス不良，品質管理体制の不十分さ
1986	・スペースシャトル，チャレンジャー爆発事故	・設計ミス，マン・マシン・システムの問題，組織内報告体制の硬直化
	・ソ連，チェルノブイリ原子力発電所事故	・安全規則違反（安全文化の欠如）
1987	・ベルギー，大型フェリー転覆事故	・車輌出入口のドアの閉め忘れ
1988	・潜水艦「なだしお」，釣り船「第一富士丸」衝突事故	・海上交通ルール違反，回避判断の遅れ
1989	・アラスカ，タンカー「バルディーズ号」座礁原油流出事故	・操船者が無資格，船長が飲酒
1991	・広島新交通システム建設工事橋げた落下事故	・ジャッキの誤操作，事故防止策の怠慢，安全確保の軽視（工事区間の交通可能を優先）の風土
	・信楽高原鉄道衝突事故	・安全装置の欠陥，異常時対応の規則違反，安全投資の削減
1992	・島原鉄道衝突事故	・信号の見落とし，運転手の若年化と経験不足
1994	・名古屋中華航空機墜落事故	・人間と機械（自動操縦装置）との不整合

（出典）　電力中央研究所（1995）「電中研レビュー」No.32（海保・田辺　1996より再引用）

第Ⅱ部　現代の経営管理

「危機の引き金となる事故」とは，具体的には，災害や事故の発生のことである。また，突発的な事故とは異なり，環境汚染や健康への被害といった，慢性的なインパクトを持つ事故の場合には，こうした損害に関する情報が暴露される（公開される）ということが，この「危機の引き金となる事故」にあたることになる。しかしながら，ここでは，事故が起こった時点とそのインパクトが認識される時点とが同一であると仮定しておこう。この時点での管理のあり方としては，被害の沈静化や汚染の浄化といった緊急的な対応をとり，被害の削減に務めることになる。ただ，こうした事故や災害のインパクトを削減する努力には，この「緊急的な対応」以外にも，「危機の前提条件」においてインパクトの拡大要因を改善しておくことも重要になってくる。そして，この事故や災害のインパクトが拡大したときに「クライシス（危機）」と呼ばれる段階になる。

こうした「クライシス（危機）」の説明については，大泉（1995）が記した「危機の2つの条件」が，それを端的に示している。1つは，クライシス（危機）によってシステム全体が影響を受けること，もう1つは，システムの所属メンバーが，基本理念の土台がそもそも間違っていたことに気づくとか，基本理念に対する防衛機構を確立しようとするようなところにまで影響を受けることという2つでの条件である。それゆえ，上述したように，システムの一部にしか影響を及ぼさず，システム全体に影響を及ぼさない場合には，クライシス（危機）ではなく，事件・事故という表現をする。

そして，「危機以降の長期的な回復」の時点においては，クライシス（危機）に陥ったシステムが，通常の状態にまで回復していくプロセスをみることになる。

このように，リスクが発生するという過程に注目すると，そのプロセスの中にいくつかの段階と，その段階にそれぞれ対応したいくつかの管理形態が存在していることがわかる。リスクマネジメントは，こうしたリスクが発生するという過程の各段階のどの段階に注目するのか，また，どの管理形態を考察の対象とするかによって，その内容が多様に異なってくることになる。

第10章　リスクマネジメント

(2)　包括的なマネジメントプロセス

ここで，上述の既存研究におけるリスクが発生する過程のモデルを参考にしながら，プロセスの軸という統合軸にそった「リスク発生プロセスのモデル」を示すことにする。

「リスク発生プロセスのモデル」は4つのリスク発生段階，すなわち，「常態（Normal）」，「失敗・エラー（Error）」，「事故（Accident）」，「危機（Crisis）」という4つの段階によって構成されており，それぞれ逐次的な段階を踏むことになる。この逐次的な段階を踏むためには，ある種の条件が必要となる。こうした条件というのは，モデルの中の4つの各段階の間に記してある「機能不全」，「損害」，「インパクトの拡大」，「通常化・改善」という4つの条件である。上述したように，リスクマネジメントやクライシスマネジメントの対象となる事象が多様であるということは，リスクが発生するという過程の中で管理対象となるべき段階が多様であるということである。「リスク発生プロセスのモデル」を見ることによって，リスク発生プロセスのどの段階を管理の対象としているか，つまり，どの段階に対応した管理のあり方を考察の対象としているのかを理解することが可能になる。それでは，それぞれの段階と，それに対応している管理のあり方について簡単に説明しよう（図10−2参照）。

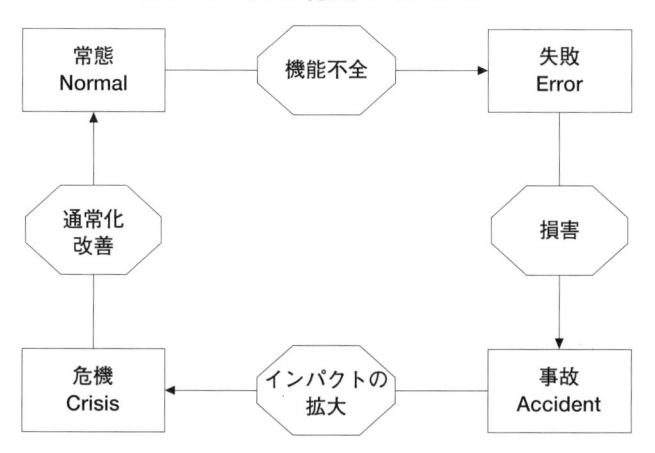

図10−2　リスク発生プロセスのモデル

第Ⅱ部　現代の経営管理

　まず，常態（Normal）とは，企業システム内の各機能が，管理者が意図したように通常に作用している状態のことである。リスクマネジメントを行った結果，それが，成功したのか，失敗したのかを測る基準を1つあげるとすれば，企業システムの「常態・ノーマル」を維持することができたか，もしくは企業システムを「常態・ノーマル」にまで回復させることができたかにあると言える。つまり，「常態・ノーマル」はリスクマネジメントの出発点でもあり，またリスクマネジメントの究極的な目標でもある。

　次に，失敗（Error）とは，企業システム内のある機能が作用しなかったとか，誤って作用してしまった状態のことである。管理者は，企業システムの各機能を正常に作用させるために，こうした「失敗・エラー」を犯さないように注意を払うことになる。こうしたエラーを犯さないことを志向する管理が，リスクマネジメントプロセスの「第1の管理フェーズ」になる。

　事故（Accident）とは，実際に損害が発生する段階であり，人間や機械のエラーによって，何らかの損害が出てしまった場合に，そのように呼ばれることになる。企業システム内の各管理者は，エラーが「事故・アクシデント」にまで発展しないように注意を払うことになる。こうしたエラーによって損害を出さないことを志向する管理が，リスクマネジメントプロセスの「第2の管理フェーズ」になる。

　クライシス（危機）（Crisis）とは，事故が発生したことのインパクトが企業システム全体にまで拡大してしまった状態のことをいう。企業システム内の各管理者は，事故のインパクトが拡大しないように，事故を初期段階で沈静化させ，事故によってもたらされる2次的なインパクト，たとえば，具体的な例で言うと，賠償金や浄化費用といった事故の間接的なインパクトを負担しないように注意を払う。こうした事故のインパクトを拡大させないことを志向する管理が，リスクマネジメントプロセスの「第3の管理フェーズ」になる。

　そして，「危機・クライシス」に陥った企業システム内の各管理者は，何とかして企業システムを存続・維持させようとする。こうした緊急的・長期的な対応によって，企業システムを存続させることを志向する管理が，リスクマネ

第10章　リスクマネジメント

ジメントプロセスの「第4の管理フェーズ」になる。

以上の説明のように，リスクが発生する過程の中の各段階に対応してそれぞれ管理段階が存在し，それを第1から第4の管理フェーズに区分することができる。4つの管理フェーズのそれぞれを一連のプロセスとしてリンクさせてみると以下のような説明ができる。それは，各管理フェーズの失敗的な結果が連続する場合に，システムの崩壊という最悪の結果を導くことになるという説明である。

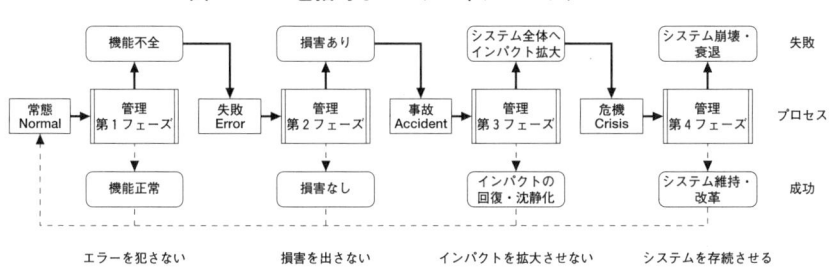

図10－3　包括的なリスクマネジメントプロセス

```
                機能不全          損害あり        システム全体へ      システム崩壊・    失敗
                  ↓                 ↓          インパクト拡大          衰退
                  ↓                 ↓                ↓                ↓
  常態    →   管理    → 失敗  → 管理    → 事故  → 管理    → 危機  → 管理        プロセス
  Normal      第1フェーズ  Error   第2フェーズ Accident 第3フェーズ Crisis  第4フェーズ
                  ↓                 ↓                ↓                ↓
                機能正常          損害なし         インパクトの      システム維持・    成功
                                                  回復・沈静化         改革

           エラーを犯さない    損害を出さない   インパクトを拡大させない   システムを存続させる
```

今まで，各機能が正常に作用していた企業システムにおいて，つまり，今まで「常態・ノーマル」の段階にあったシステムにおいて，「失敗・エラー」の発生を防止するはずの第1の管理フェーズの隙間を縫い，一部の機能に何らかの異常が発生する。こうした「失敗・エラー」に対して，それを損害にまで至らせないはずの第2の管理フェーズの機能の甲斐なく，その「失敗・エラー」が何らかの損害にまで直結してしまった場合，「事故・アクシデント」が発生することになる。発生してしまった「事故・アクシデント」のインパクトに対して，そのインパクトを沈静化するはずの第3の管理フェーズがうまく機能せず，その結果，「事故・アクシデント」のインパクトがシステム全体にまで拡大してしまう。事故のインパクトがシステム全体の存続を脅かすようになると，そのシステムは「危機・クライシス」に直面することになる。そして，システム全体の「危機・クライシス」に対して，第4の管理フェーズ，つまり，システムを存続させる手段が尽きたときに，そのシステムは「崩壊」という最悪の

249

結果を迎えることになるという説明である。このように，各管理フェーズを一連のプロセスとしてリンクさせることで，包括的なリスクマネジメントプロセスのモデルを描き出すことができる。

このように，「包括的なリスクマネジメントプロセス」のモデルは，リスクが発生するという過程，その中の4つのリスク発生段階，これらの段階に対応した4つの管理フェーズ，その4つの管理フェーズそれぞれの目標，失敗的結果，そして成功的結果を，すべて包括して記述しており，なおかつ一連のプロセスとなるようにモデル化したものである。つまり，リスクマネジメント・クライシスマネジメントには，4つの管理フェーズが存在し，それぞれに特徴があるのである。

(3) 各管理フェーズの特徴

以下，具体的に，管理フェーズごとの特徴を具体的に見ていこう。まず，「失敗・エラー」に対して，エラーを犯さないことを志向した「第1フェーズ」のリスクマネジメント・クライシスマネジメントでは，ヒューマンファクター（人的因子）に焦点を当てて災害や事故が発生するメカニズムを解明し，それを予防・防止する。つまり，人間がエラーを犯すプロセスやエラーを犯しやすい環境を分析し，技術の高度化・複雑化による人間と機械のインターフェースの困難性を指摘する一方で，こうしたエラーを減らすための努力を行う。例えば，ヒヤリハット体験に関する情報を収集し，その情報を関係者に提供するといった安全教育・訓練を通じて，エラーに関する適切な知識を蓄積するという努力である。また，定期的な設備・機械の点検などによってシステム内の機能を維持するという努力も，インヒューマンなエラーを削減するにおいて重要な努力として示されている。

次に，「事故・アクシデント」に対して，損失および損害を出さないことを志向した「第2フェーズ」のリスクマネジメント・クライシスマネジメントでは，エラーが事故にまで直結しやすい組織的・技術的特性を分析し，エラーが事故に直結しないような方策を導き出そうとする。「失敗・エラー」が事故に

第10章　リスクマネジメント

まで直結しやすい特性として，エラーによってどのような損害が出るのかなどについて従業員やステークホルダーの知識が不足していること，エラーが発生していることに気が付かないほど複雑な技術や組織構造を企業が採用していること，エラーに対応するための人間の判断や行為が介在できないほどタイトなつながりをもつ技術を企業が用いていることなどがあげられている。「失敗・エラー」が「事故・アクシデント」にまで至らないように提示される手段としては，ヒヤリハット体験情報と実際に起こった事故との比較分析によって損害が出てしまう状況をしっかり把握しておくこと，「失敗・エラー」の発見や「失敗・エラー」に対する認識についての安全教育を行うこと，「失敗・エラー」が発生したことがわかりやすいように設備・機械を設計すること，それに，設計・建設・運転・保守の各段階において多層防護を行うことなどがあげられている。

　「危機・クライシス」に対して，事故・災害のインパクトを拡大させないことを志向した「第3フェーズ」のリスクマネジメント・クライシスマネジメントでは，実際に損害が出た場合にそのインパクトが拡大していくプロセスや，その際にとられる方策について分析が行われる。事故・災害発生のインパクトが拡大するプロセスについては，事故の発生が人々に認識されないこと，事故発生への迅速な対応方法を規定している緊急対処計画が備わっていないこと，事故による損害を初期に沈静化する安全インフラが整備されていないことなど，事故が更なる事故を呼びその損害を拡大させていくといった，いわゆる事故の「連鎖反応」や損害の「増幅作用」といわれる現象によって，人的・物的損害という事故の「直接的なインパクト」が拡大していくプロセスが描き出されている。しかし，事故発生のもたらすインパクトとして描き出されるものにはこうした事故の「直接的なインパクト」だけではなく，企業が事故を発生させ，外部の者に対し損害を与えてしまった場合，その損害を補償する責任を負担することになるといった，事故によって直接もたらされる損害とは異なった種類のインパクトも存在する。このような事故発生の「間接的なインパクト」の問題も，リスクマネジメント・クライシスマネジメントにおいては重要な焦点と

なっている。リスクマネジメント・クライシスマネジメントで取り上げられる事故発生の「間接的なインパクト」には，具体的には，操業停止や罰則金といった行政処分，経営者や管理者の拘留・投獄といった刑事処罰，被害者への賠償金や汚染区域の浄化費用の負担，株価の急落など経済活動への影響，社会的な批判による企業の正当性への糾弾など，企業を取り巻くさまざまな社会制度やステークホルダーの動きを通じた企業の有形資産・無形資産に関わるインパクトである。事故・災害の「直接的なインパクト」が拡大する要因には，従業員やステークホルダーの事故への認識不足，地域緊急対処計画の不備，産業・安全インフラの未整備などを通じた連鎖反応・増幅作用が挙げられる。「間接的なインパクト」が拡大する要因については，ただ単に企業内の要因だけでなく，企業を取り巻くステークホルダーの意識・行動の変化，社会制度の展開，もしくは社会的慣習をも含まれる。産業災害や環境災害に対するステークホルダーの意識が向上すること，そして災害への帰属責任を取り決める社会的制度が強化されることなどによって，企業に対する「間接的なインパクト」が拡大する要因が整うことがわかる。

　事故の「直接的なインパクト」への対策には，従業員やステークホルダーへの安全教育，適切な緊急対処計画の設置，安全インフラの構築などといったものが挙げられる。事故の「間接的なインパクト」に対しては，「直接的なインパクト」への対策によって事故の損害そのものを最小限に押さえる努力はもちろんのこと，企業を取り巻くステークホルダーや社会制度の動向に気を配り，事故を発生させてしまった際のそのインパクトをシミュレーションすることによる対策構築が必要となってくる。特に，法制度による責任負担とメディアによる企業批判的な世論の形成への対策は必須となる。こうした対策には，たとえば，組織内部の責任明確化，外部主体とのコミュニケーション経路の確保，公開用の資料・データ作成の準備，保険を用いた責任負担資金の準備などをあげることができよう。

　そして，企業システムを存続させることを志向した「第4フェーズ」のリスクマネジメント・クライシスマネジメントでは，危機的状況における各企業や

第10章　リスクマネジメント

各組織の対応への是非に焦点が当てられ，企業および組織としての生き残るためにとられた手段を考案する。そこでは，適切かつ迅速に法的責任・社会的責任が遂行されているかどうか，またそれに必要な財源を確保していたかどうか，危機以降の企業活動・組織活動にマイナスの影響があったかどうかなど，さまざまな基準の中でその対応の是非が問われている。「第4フェーズ」において求められる企業の対応としては，法的責任は当然のこととして社会的責任を遂行する姿勢やその理念の強化・普及，こうした責任を果たすのに必要な財源を確保するための責任保険等の利用などが挙げられる。ただ，同一企業・組織の対応を評価するにあたっても，「第4フェーズ」の結果に対する評価基準は多様であり，一概にそのよしあしを断定することはできない。

表10-3　管理フェーズの特徴

	管理対象	具体的手段
第1フェーズ	エラー要因 (ヒューマン・インターフェースエラー) <常態⇒失敗>	安全教育，自己モニタリング，習熟，集団作業，モラール向上，自動化，技術の単純化
第2フェーズ	損害の発生要因 (技術的・組織的要因) <失敗⇒事故>	安全教育，生態的インターフェース設計，ニーズ適応型支援設計，多層防護
第3フェーズ	インパクトの拡大要因 (直接的・間接的インパクト) <事故⇒危機>	(直接的なインパクトの管理) 安全教育，緊急対処計画，安全インフラ設置 (間接的インパクトの管理) 法規制の遵守，責任明確化，公開データの作成，コミュニケーション経路の確保，保険
第4フェーズ	通常化要因 (各種責任の遂行) <危機⇒常態>	法的・社会的責任の遂行，危機対処への財源の確保

以上，各領域におけるリスクマネジメント研究の成果を，包括的なリスクマネジメントプロセスの中のリスクの発生段階と管理フェーズのそれぞれに当て

はめて説明を行った。このことによって，一概に，リスクマネジメント・クライシスマネジメントといっても，多様な管理フェーズが存在することがわかる。

4 リスクマネジメントとクライシスマネジメントの更なる理解

　以上，リスクマネジメント・クライシスマネジメントの4つの管理フェーズの特徴を提示した。リスクマネジメントおよびクライシスマネジメントについて考える場合，マネジメントの対象となるシステムが置かれている状況を分析することによって，どの管理フェーズやどの管理要素に管理の焦点をあてればよいのかについて判断を下すことが容易になる。たしかに，各フェーズとも完璧な管理体制を整えておくことこそが，有効なリスクマネジメント・クライシスマネジメントの必須条件であるが，そのシステムの所有する資産や技術の特徴，資産や技術の置かれている環境，そのシステムとステークホルダーとの関係などを把握することによって，そのシステム特有のリスク・危機的状況の源泉，それらを促進するような要素を見きわめることができ，そのシステムの特徴に見あった対策をとることにつながる。

　たとえば，現代社会において一般的だと考えられる企業システムの場合におけるリスクマネジメント・クライシスマネジメントを想定してみよう。現代社会の企業システムにおけるリスクおよびクライシスの発生プロセスの特徴をいくつか列挙してみると，以下のようになるであろう。技術間や産業間において相互に強いつながりを持つという状況において，複雑で多様な技術システムを用い，万一事故が発生した場合にはシステム内部だけではなく各種のステークホルダーや自然環境・生態系にも莫大な損害を与える可能性を持ち，そうした損害に対して社会より厳しい制裁措置がとられると予想される，などである。こうした企業では，リスクマネジメント・クライシスマネジメントの第1・第2フェーズであるエラーや事故の発生の防止に極端に注意するために，技術間・産業間のタイトなつながりの緩和，複雑で多様な技術の改善，技術を用いる従

第10章　リスクマネジメント

業員の教育が必要となる。しかも，それだけではなく，こうした技術を利用した場合の影響力などについて，功罪ともにステークホルダー等に説明することや，万一事故が発生した場合の損害を緩和・救済するための技術や計画を開発することなども同時に果たさないと，その企業の所有する資産・技術が社会的に受容されなくなる。

　また，外部への損害に対する社会からの制裁措置に関しては，環境法が強化されたり，製造物責任法が施行されたりといった法的な制裁措置が準備されているだけでなく，企業システムの外部ステークホルダーの意識変革によってグリーンコンシューマリズムや社会的責任投資といった企業に関わる行動が変化したり，環境保護団体や企業評価団体等の組織化・ネットワークの広がりによる市民レベルにおける企業活動を評価するシステムも整備されたりと，外部システムにおいて事故発生による企業への「間接的なインパクト」が拡大する要素が揃いつつある。こうした社会からの制裁措置が整備されることによって，一度事故を起こし外部に損害を与えてしまった場合には，企業システムはこうした「間接的なインパクト」によって莫大な損害を被ることになるであろう。そのため，現代社会における企業システムの危機管理においても，外部システムによる制裁措置に関する情報を十分に入手した上で，それへの対策をとっておくことが望ましい。

　以上のような形で，現代社会における企業を例に取り各フェーズにおけるさまざまな特徴と照合しながら，リスクマネジメント・クライシスマネジメントのあるべき姿について見てきたが，最後に今後の課題について若干述べることにする。リスクマネジメント・クライシスマネジメントにおいて最も重要なことは，リスク・クライシスに関する膨大な情報および知識を獲得することであると言える。このことは，既存の各管理フェーズに関する研究において，従業員やステークホルダーへの安全教育をその具体的方策として挙げていることからもうかがい知れる。つまり，リスク・クライシス情報の獲得の重要性は，システムの管理者だけに限った話でなく，事故や災害によって影響を受けることになる人々すべてにあてはまることであり，リスクマネジメント・クライシス

第Ⅱ部　現代の経営管理

マネジメントを行うべき企業にとっては，情報の獲得というよりも普及のほうがふさわしい表現かもしれない。しかしながら現実には，大規模な事故や災害が発生したとしても，その関係者たちは，自分たちの「過ち」を，外部による検査や監査にさらされるのを嫌がり，危機に関する情報の提供を拒む場合も少なくない。また，最悪の場合，関係組織が崩壊することによって，リスク・クライシスの情報の入手が不可能になる場合もある。こうしたリスクマネジメント・クライシスマネジメントの有効化を妨げるような要因を除去するためには，システム内だけでなく，さまざまな主体の間で，情報を相互に交換・利用するためのコミュニケーション経路を確保することが必要となってくる。近年のリスクマネジメント・クライシスマネジメント研究において，こうした情報の相互交換および相互利用の仕組み，すなわちリスク・コミュニケーションという管理現象および管理形態に焦点があてられてきているのも，こうしたことが原因であると考えられる[6]。

〔注〕
1）　リスクマネジメントの系譜については，亀井（1992），石名坂（1994）を参照。
2）　リスク概念については，亀井（1992），石名坂（1994），近見他（1998）を参照。
3）　クライシス（危機）概念については，大泉（1995）を参照。
4）　クライシス（危機）の発生過程のモデルについては，Shrivastava（1995）を参照。
5）　人的なエラーについては，海保・田辺（1996）を参照。
6）　リスク・コミュニケーションについては，吉川（1999）を参照。

〔参考文献〕
近見正彦・前川　寛・高尾　厚・古瀬政敏・下和田功『現代保険学』有斐閣アルマ，1998年。
石名坂邦昭『リスクマネジメントの理論』白桃書房，1994年。
海保博之・田辺文也『ヒューマン・エラー――誤りからみる人と社会の深層―』新曜社，1996年。
亀井利明『リスクマネジメント理論』中央経済社，1992年。
吉川肇子『リスク・コミュニケーション―相互理解とよりよい意思決定をめざして―』福村出版，1999年。

第10章　リスクマネジメント

大泉光一『災害・環境危機管理論―企業の災害・環境リスク管理の理論と実践―』晃洋書房，1995年。

Shrivastava, P., Industrial/Environmental Crises and Corporate Social Responsibility, *Journal of Socio-Economics*, 25(1), pp. 211-227., 1995年。

人名索引

【あ行】

イールズ（R. Eells） ……………17
伊丹敬之………………………143
ウェーバー（M. Weber） ………11
大野耐一……………………222

【か行】

キャロル（A. B. Carroll） ……22, 23
ギルブレス夫妻（F. Gilbreth and
　J. Gilbreth） ……………………9

【さ行】

サイモン（H. A. Simon） …………6

【た行】

土屋守章………………………143
デイヴィス（K. Davis） …………23
テイラー（F. W. Taylor） ……9, 152
出見世信之……………………143
ドラッカー（P. F. Drucker） ……16

【な行】

野中郁次郎……………………232

【は行】

ハーシュマン…………………133
パーソンズ（T. Parsons） ………13
バーナード（C. I. Barnard） ……12
バーリとミーンズ（A. A. Berle and
　G. C. Means） ……………15, 131
ファヨール（H. Fayol） …………10
フォレット（M. P. Follett） ……10
フォン・ベルタランフィ
　（L. von Bertalanfy） …………13
ベアード（L. S. Baird） …………8
ベッカー（G. S. Becker） ………211
ヘンリー・フォード（H. Ford） …9, 156
ポスト（J. E. Post） ……………23

【ま行】

マクガイヤ（J. W. McGuire） ……20
マグレガー（D. McGregor） ……12
マズロー（A. Maslow） …………12
メーヨー（E. Mayo） ……………11
モンクスとミノウ（R. A. G. Monks
　and N. Minow） ………………144

【ら行】

ロー（Roe, J. Mark） ……………141

事項索引

【あ行】

アーキテクチャ……………………167
アカウンタビリティ……………133, 143
アダム・スミス『諸国民の富』………150
アファーマティブ・アクション…204, 208
アングロサクソン型………………127
アンドン……………………………160
暗黙知………………………………232
委員会等設置会社……………138, 139
育児休業制度………………………206
イシューマネジメント……………108
一般経営学……………………………2
移動組立方式………………………157
インセンティブシステム…………133
インターネットを通じた議決権行使…143
ウェルテムパード・コーポレーション
　…………………………………18
運動の事業化／事業の運動化………68
営業循環過程………………………170
営利性…………………………………35
エージェンシー問題……………132, 133
エージェンシー理論……………132, 133
エージェント………………………132
ＡＰＯ（利益獲得後の義務）………62
エクイティファイナンス…………126
Ｘ理論…………………………………13
ＮＰＯ…………………………………49
ＭＯＴ………………………………218
Ｍ字型の就業体系…………………200
エンプロイメント・エクイティ……208
オーナー企業……………120, 121, 122

【か行】

会計的利益率（ＡＲＲ）法………176
介護休業制度………………………206
会社機関の形骸化…………………127
会社機関を通じた意思決定………124
会社機構を通じた意思決定………123
会社利益のルール……………………61
回収期間（ＰＰ）法………………176
改善活動……………………………163
科学的管理……………………………9
科学的管理法………………………152
各種委員会の設置…………………137
確認会社………………………………50
加重平均資本コスト………………184
価値主導型ビジネス…………………59
価値判断………………………………6
株式会社…………………………37, 123
株式会社論…………………………130
株式相互持ち合い…………………126
株式の発行…………………………123
株主価値最大化論…………………130
株主権の強化………………………136
株主総会……………………………124
株主代表訴訟………………………124
株主提案権…………………………124
株主モデル……………………………81, 83
貨幣の時間価値……………………173
ガラスの天井………………………204
監査役強化会社……………………139
監査役の独立性確保………………138
監査役または監査役会……………124
監視機能と業務執行機能との分離……137
間接的なインパクト………………251
かんばん……………………………162
管理機能………………………………10
管理的問題……………………………8
官僚制…………………………………57
官僚制組織……………………………11
企業……………………………………2

260

事項索引

企業観の再構築 …………………81
企業危機 ………………………243
企業経営学 ………………………2
企業形態 ………………………123
企業事故 ………………………239
企業市民 ………………………101
企業統治（コーポレート・ガバナンス）
　………………………………188
「企業と社会」論 …………19, 80, 86
企業ドメイン ……………………54
企業の合併・買収（M&A） ………186
企業の社会的応答 ……80, 85, 86, 90, 92
企業の社会的責任（CSR）
　………………………79, 85, 86, 95
企業の社会的即応性 ………………80
企業の社会問題への取り組み ………79
企業不祥事 …………………78, 79
企業文化（または企業風土）………205
技術的環境 ……………………102
技術的問題 ………………………8
技術論的経営学 …………………4
技能 ……………………………229
キャッシュ・フロー ……………170
協同組合 ………………………48
組み合わせ ……………………167
クライシス ………………238, 242
クライシス（危機）の発生過程 ……244
クライシスマネジメント …154, 238, 254
経営意思決定 …………………137
経営学の体系 ……………………7
経営学の対象と領域 ………………2
経営学の方法 ……………………2
経営者支配論 ……………………15
経営目的 ………………………53
経営理念 ………………………54
経済的環境 ……………………102
経済的責任 ……………………104
啓発された自利 …………………100
啓発的株主価値論 ………………130

現業官庁 ………………………31
現在価値 ………………………173
現代ポートフォリオ理論（MPT）…179
権力・責任均衡の鉄則 ……………97
公開株式会社 …………120, 121, 122
公企業 …………………………30
公共事業体 ……………………31
合資会社 …………………37, 123
公私混合企業 ……………………31
構成員課税 ……………………44
合同会社（LLC）………………43
合名会社 …………………36, 123
効率的フロンティア ……………181
ゴーイング・コンサーンの原則 ……78
コーズリレーテッドマーケティング…112
コーポレートシチズンシップ ………60
個人企業 ………………………34
コンプライアンス活動（法令遵守活動）
　………………………………104
コンベア方式 …………………157

【さ行】

差別仮説 ………………………211
差別的出来高給 …………………153
3種委員会 ……………………139
CRM …………………………60
CSR（Corporate Social Responsibility）
　…………………………59, 95
GEM値 ………………………210
JCGF（日本コーポレート・
　ガバナンス・フォーラム）……134, 135
ジェンダー ……………………198
ジェンダー・フリー ………197, 198
ジェンダー意識 …………………204
時間外取引 ……………………118
時間研究 ………………………153
自働化 …………………………159
事業所内託児所 …………………206
私企業 …………………………33

261

自社株購入	189	新古典派経済学	57
市場ポートフォリオ	181	新制度経済学	57
システムズ理論	13	人的会社	49
執行役員	137	人的資源管理	194
執行役員制度	137	人的リスク	240
死の谷	219	スチュワードシップ原則	100
資本資産価値モデル（CAPM）	179	ステークホルダー	78, 142, 239
資本市場線（CML）	182	ステークホルダー・アプローチ	21, 102
社外監査役	138	ステークホルダー・マネジメント	85
社会業績	113	ステークホルダー・モデル	82, 83, 85, 88
社会貢献型ビジネス	59	ステークホルダー間の相互作用	88, 90
社会貢献活動	112	ステークホルダーとしての正当性	84
社会貢献責任	104	ステークホルダーとの共存関係	90
社会戦略	107	ステークホルダーの企業に対する影響力	85, 86
社会的環境	102	ステークホルダーの類型化	86
社会的責任肯定論	97	擦りあわせ能力	167
社会的責任のピラミッドモデル	105	政治的環境	102
社会的責任否定論	97	生態学的環境	102
社会的即応性	90	制度的問題	8
社会的要請	80	責任リスク	241
社外取締役	137	説明責任	133
社会問題	106	セプテンバーアプローチ	102
ＪＩＴ（ジャスト・イン・タイム）	160	セル生産（屋台生産方式）	164
社団	35	全体最適	225
就業継続支援制度・諸施策	206	戦略的フィランソロピー	112
出産の壁	204	相互会社	39
純粋リスク	241	創造的摩擦	234
状況の法則	11	ソーシャルエンタープライズ	59
証券市場線（SML）	183	組織コミットメント	205
条件づけ理論	5, 14	組織的怠業	152
上場企業（公開会社）	38		
正味現在価値	174	【た行】	
職業人性	205		
職能別職長制	154	大会社	45
「女性の働きやすさ」指標	201	第三セクター	32
所得と支配の分離傾向	126	退出と発言の理論	133
所有と経営の分離	38	ダイバーシティ	194
所有と支配の分離	16, 131	ダイバーシティ・イニシアティブ	195
新会社法の「公開会社」	47	ダイバーシティ・マネジメント	195

代表取締役……………………124
タイレノール…………………63
多能工…………………………222
多元的価値論…………………130
単純出来高給…………………152
多層防護………………………251
男女共同参画…………………197
男女均等化施策………………207
知識創造………………………232
知的熟練………………………223
地方公営企業…………………32
地方公共事業体………………32
チャリティ原則………………100
中小会社………………………45
中小企業………………………47
帳簿閲覧権……………………124
直接的なインパクト…………251
賃金動機の経営哲学…………158
ＴＢＯ…………………………118
ディスクロージャー制度……124
定置生産方式…………………157
敵対的な企業買収……………118
デザイン・イン………………166
伝統的企業……………………18
ドイツ型………………………127
投機的リスク…………………241
動作研究………………………153
統計的差別……………………203
トヨタ生産方式………………221
取締役会………………………124

【な行】

内部利益率……………………175
日本型…………………………127
日本の雇用慣行………………203
人間関係論……………………12
人間性尊重……………………232
年金現価係数…………………176

【は行】

ＢＲＩＣｓ……………………219
ＢＰＯ（利益獲得前の義務）…62
ＢＳＲ…………………………59
非営利組織……………………49
非公式的組織…………………12
ビジネス・エシックス………59
ビジネス・ジャッジメント・ルール…60
非上場企業（非公開会社もしくは
　閉鎖会社）…………………38
一株一議決権の原則…………124, 131
ヒヤリハット体験……………250
ヒューマン・エラー…………245
品質管理………………………226
品質保証………………………226
ファミフレ企業………………206
ファミリー・フレンドリー企業…206
フォード・システム…………156
複利現価係数…………………174
物的会社………………………49
物的リスク……………………241
プリンシパル…………………132
プル・システム………………161
フレックスタイム制度………206
プロセス・イノベーション…221
分業……………………………150
ベータ…………………………182
ペッキング・オーダー理論…187
包括的なリスクマネジメントプロセス
　………………………………249
法人格…………………………35
法的責任………………………104
ポカよけ………………………160
ポジティブ・アクション……197, 198, 208
保全……………………………228
ボトルネック工程……………161

263

【ま行】

マス・メディア……………………89
マッチングギフト…………………61
ミッション…………………………54
みなし大会社………………………45
民法組合……………………………35
無限責任……………………………34
MADE "BY" JAPAN ……………218
メクチザン…………………………64
メトロコーポレーション…………18
モジリアーニ＝ミラー命題（MM命題）
　………………………………184
持分…………………………………36
モニタリング………………………133
モラルハザード……………………132

【や行】

有限会社………………………38, 123
有限責任………………………37, 123
有限責任事業組合（ＬＬＰ）……43

【ら行】

ライブドア……………………118, 119
リードタイム…………………224, 225
lean production……………………221
利害関係者…………………………78
利害関係の正当性…………………84
リスク…………………………238, 240
リスク・コミュニケーション……256
リスク発生プロセスのモデル……247
リスクマネジメント…………238, 254
理論…………………………………4
倫理的責任…………………………104

【わ行】

Ｙ理論………………………………13
ワーク・ライフ・バランス………207
割引キャッシュ・フロー（ＤＣＦ）法
　………………………………175
われわれの信条……………………63

編著者紹介

櫻井克彦（さくらい　かつひこ）　序章

　1938年名古屋市生まれ。名古屋大学大学院経済学研究科博士課程単位修得。現在，中京大学経営学部教授。経営学原理・企業社会責任論専攻。名古屋大学名誉教授・長崎大学名誉教授。経済学博士。

　主要業績『現代の企業と社会』（千倉書房），『現代企業の経営政策』（千倉書房），『現代企業の社会的責任』（千倉書房）ほか。

著者紹介（執筆順）

市古　勲（いちこ　いさお）　第1章
　　東海学園大学経営学部助教授　経営財務論・企業論　博士（経済学）

高岡伸行（たかおか　のぶゆき）　第2章
　　和歌山大学経済学部助教授　企業環境論　博士（経済学）

榁田智子（むろた　さとこ）　第3章
　　名古屋商科大学総合経営学部非常勤講師　「企業と社会」論・利害関係者論　博士（経済学）

谷口勇仁（たにぐち　ゆうじん）　第4章
　　北海道大学大学院経済学研究科助教授　「企業と社会」論　博士（経済学）

津田秀和（つだ　ひでかず）　第5章
　　愛知学院大学経営学部助教授　企業論・「企業と社会」論　博士（経済学）

浅井敬一朗（あさい　けいいちろう）　第6章
　　愛知淑徳大学ビジネス学部助教授　生産経営　経済学修士

吉田高文（よしだ　たかふみ）　第7章
　　長崎大学経済学部助教授　経営財務論・企業経済論　経済学修士

加藤里美（かとう　さとみ）　第 8 章
　　朝日大学経営学部助教授　人的資源管理・国際経営　博士（経済学）

浅井紀子（あさい　のりこ）　第 9 章
　　中京大学経営学部助教授　技術経営論　博士（経済学）

小室達章（こむろ　たつあき）　第10章
　　金城学院大学現代文化学部助教授　リスクマネジメント論　博士（経済学）

編著者との契約により検印省略

平成18年9月15日　初版第1刷発行

現代経営学
―経営学研究の新潮流―

編 著 者	櫻 井 克 彦	
発 行 者	大 坪 嘉 春	
製 版 所	株式会社ムサシプロセス	
印 刷 所	税経印刷株式会社	
製 本 所	株式会社三森製本所	

発 行 所　東京都新宿区下落合2丁目5番13号　株式会社 税務経理協会

郵便番号　161-0033　振替 00190-2-187408　電話 (03) 3953-3301 (編集部)
　　　　　　　　　　FAX (03) 3565-3391　　　　 (03) 3953-3325 (営業部)
URL http://www.zeikei.co.jp/
乱丁・落丁の場合はお取替えいたします。

© 櫻井克彦 2006　　　　　　　　　　　　Printed in Japan

本書の内容の一部又は全部を無断で複写複製(コピー)することは、法律で認められた場合を除き、編著者及び出版社の権利侵害となりますので、コピーの必要がある場合は、予め当社あて許諾を求めて下さい。

ISBN4-419-04730-5　C1034